Ao longo dos séculos, os humanos têm-se dividido quanto à forma como a política deve enformar a sua vida em sociedade, o que originou o aparecimento de inúmeras correntes e teorias políticas. Por isso, a «Biblioteca de Teoria Política» visa ser um ponto de encontro abrangente dos vários autores que num passado mais recente se dedicaram à reflexão e filosofia políticas, mas também das diversas orientações da moderna teoria política.

As Dificuldades do Socialismo

Título original:
The Difficulties of Socialism
Cooperation: Closing Speech
Civilization
Of Property; The Same Subject Continued
Of the Grounds and Limits of the Laisser-Faire or Non-Interference Principle
Centralisation

Introdução, Tradução e Notas:
Pedro Galvão
(Faculdade de Letras, Universidade de Lisboa)

Revisão: Célia Costa

Design de coleção: FBA

Capa: Edições Almedina

Depósito Legal nº 487550/21

Biblioteca Nacional de Portugal – Catalogação na Publicação

STUART-MILL, John, 1806-1873

As dificuldades do socialismo: e outros escritos sobre a liberdade.
(Biblioteca de teoria política)
ISBN 978-972-44-1733-2

CDU 321

Paginação: MA

Impressão e acabamento:
Forma Certa
para
EDIÇÕES 70
Setembro de 2021

EDIÇÕES 70, uma chancela de Edições Almedina, S.A.
LEAP CENTER – Espaço Amoreiras
Rua D. João V, n.º 24, 1.03 – 1250-091 Lisboa – Portugal
e-mail: editoras@grupoalmedina.net

JOHN STUART MILL

As Dificuldades do Socialismo e Outros Escritos sobre a Liberdade

Introdução, tradução e notas de Pedro Galvão

70

Índice

Introdução

1. Este livro

A edição das obras completas de John Stuart Mill perfaz trinta e dois volumes, na sua maioria com largas centenas de páginas. A diversidade dos interesses de Mill é quase inexcedível. Os seus escritos abrangem generosamente todas as grandes áreas da filosofia, o que não será muito surpreendente, mas incluem também, entre outros assuntos, a economia, a literatura, a história, as questões políticas, tanto as perenes como as do seu tempo, e até a botânica. Mill foi aquilo a que atualmente chamaríamos um *intelectual público* — na verdade, o grande intelectual público da Inglaterra vitoriana. Não é, assim, de estranhar que, além de obras estritamente académicas, o seu legado escrito seja abundante em discursos, polémicas e artigos variadíssimos destinados à imprensa — por vezes muito circunstanciais, mas noutros casos bem acima das circunstâncias. A tudo isto há que juntar uma correspondência copiosa.

Hoje, a notoriedade de Mill resulta, sobretudo, do seu pensamento moral e político. Neste campo, destacam-se duas obras relativamente pequenas: *Utilitarismo* (1861) e *Sobre a Liberdade* (1859). Em cada uma destas obras, Mill empreende uma defesa de um princípio normativo. No primeiro caso, advoga a promoção da felicidade geral como padrão ético basilar; no segundo, propõe um princípio distintamente liberal para traçar os limites da interferência aceitável do Estado — e, de um modo mais geral, da sociedade — na vida dos indivíduos.

Os escritos que constituem este volume enquadram-se na filosofia política e, tendo todos eles o tema da liberdade, complementam de um modo muito substancial o livro que Mill dedicou ao tema. São escritos menos conhecidos não por serem menos interessantes, mas por estarem dispersos pelo vasto *corpus* milliano. Estudando-os, descobre-se em Mill uma forma de liberalismo que, ao invés do que *Sobre a Liberdade* possa eventualmente fazer esperar, está longe da posição extrema dos libertários.

Dos escritos aqui reunidos, aquele que surge em primeiro lugar é também o último que Mill escreveu. O ensaio «As Dificuldades do Socialismo» foi publicado postumamente, em 1879, sendo um dos três capítulos (aquele com maior valor filosófico, a meu ver) que perfazem *Capítulos sobre o Socialismo* — estes são aquilo que nos ficou de um livro sobre o socialismo em que Mill estava a trabalhar.

Segue-se «Discurso sobre o Sistema Cooperativo», escrito em 1825, quando Mill ainda não completara vinte anos.([1]) Este discurso foi preparado para um conjunto de debates sobre cooperação entre utilitaristas,

([1]) O discurso está publicado na edição das obras completas de Mill com o título «Cooperation: Closing Speech». No manuscrito, Mill descreve-o nestes termos: «Cooperative Society / Speech on the Cooperative System».

mais precisamente liberais afetos a Jeremy Bentham (1748–1832), e socialistas owenistas, isto é, partidários do pensamento político de Robert Owen (1771–1858).

Desde a infância, Mill fora sujeito pelo seu pai, James Mill (1773–1836), a uma educação absurdamente exigente. Sendo uma criança prodigiosa, Mill esteve à altura de todas as exigências e atingiu muito cedo uma maturidade intelectual fora do vulgar. James Mill, um filósofo próximo de Bentham, planeava fazer do filho o grande arauto do benthamismo. Em 1825, esse plano começava a fracassar: o seu filho, que se expunha cada vez mais a influências diversas, dissolveu a Sociedade Utilitarista e substituiu-a por uma sociedade também vocacionada para a discussão de ideias, mas aberta a todas as tendências. Um ano depois, Mill teve uma depressão profunda. O contacto com a obra de pensadores e poetas românticos, como Samuel Coleridge (1772–1834), terá desempenhado um papel importante na sua recuperação.

O ensaio seguinte, «Civilização», foi publicado em 1836, mais de uma década depois do discurso. Mill era já um filósofo com plena voz própria e, neste ensaio, critica os conservadores e adota o otimismo moderado que o caracteriza. Embora confiante no progresso civilizacional, aponta as suas ameaças, mas também a forma de as superar. Há seis anos, Mill conhecera a mulher da sua vida: Harriet Taylor (1807–1858), que tinha o grande inconveniente de ser casada e ter filhos.

Os dois escritos que se seguem têm a mesma origem: o tratado monumental *Princípios de Economia Política*, que contribuiu muito significativamente para o prestígio académico de Mill e foi publicado pela primeira vez em 1848. Numa obra que é sobretudo de economia, alguns capítulos são, inequivocamente, discussões de filosofia política. «Sobre a Propriedade» e «Sobre os Limites e os Fundamentos do *Laissez-Faire*» são, com grande probabilidade, os melhores exemplos dessas digressões filosóficas.([2])

Este livro termina com um ensaio discreto de 1862 — escrito, portanto, no mesmo período que *Sobre a Liberdade* e *Utilitarismo*. Em «Centralização», Mill empreende uma discussão muito crítica das perspetivas de Charles Dupont-White (1807–1878) sobre os limites da interferência do governo central não só na vida dos cidadãos, mas também nas atividades dos organismos políticos locais. Entre os méritos deste ensaio, conta-se o de nos permitir discernir as diferenças de sensibilidade política entre França e Inglaterra.

Desde a primeira edição dos *Princípios*, muito tinha mudado na vida de Mill. Em 1851, casara finalmente com Harriet Taylor, que enviuvara. Apenas sete anos depois, ele mesmo enviuvou. Mudou-se para Avignon, onde Taylor fora sepultada. Viveu aí com Helen Taylor (1831–1907), sua enteada, que acabou por prefaciar os *Capítulos sobre o Socialismo*. Quando isso aconteceu, John Stuart Mill estava já sepultado havia vários anos junto de Harriet Taylor.

2. O Princípio da Maior Felicidade

Examinemos o princípio que Mill toma como fundamento ético de todo o seu pensamento moral e político. A sua formulação mais saliente é a seguinte:

([2]) Na verdade, «Sobre a Propriedade» corresponde a dois capítulos sequenciais dos *Princípios*: «Of Property» e «The Same Subject Continued». Tomei a liberdade de os fundir, renumerando as secções do segundo em conformidade com esta opção editorial.

> O credo que aceita a utilidade, ou o Princípio da Maior Felicidade, como fundamento da moralidade, defende que as ações são corretas na medida em que tendem a promover a felicidade, e incorretas na medida em que tendem a produzir o reverso da felicidade. Por felicidade, entende-se o prazer e a ausência de dor; por infelicidade, a dor e a privação de prazer. (2020: 13.)

O utilitarismo consiste na conjunção de duas perspetivas logicamente independentes, sendo uma delas o *consequencialismo.* Um consequencialista avalia certas coisas simplesmente em termos do valor das suas consequências. Afere esse valor a partir de uma perspetiva impessoal, o que significa que tem em vista as consequências imparcialmente melhores, e não, por exemplo, as consequências melhores para o agente ou para um grupo restrito de pessoas.

Enquanto tal, o consequencialismo nada diz sobre aquilo que, de um ponto de vista imparcial, é intrinsecamente bom ou mau, melhor ou pior. A este respeito, o utilitarista tem uma conceção bem definida e parcimoniosa: o valor intrínseco consiste apenas no *bem-estar agregado.* É esta a segunda perspetiva definidora de qualquer ética utilitarista. Por «bem-estar» (ou «felicidade», termo que Mill usa no mesmo sentido), entende-se a qualidade de vida de um indivíduo, ou aquilo que faz a vida de um indivíduo ser boa para si mesmo. O *bem-estar agregado* não é o bem-estar de uma entidade coletiva que estará para lá dos sujeitos individuais de bem-estar — é apenas aquilo que se obtém quando se «soma» o bem-estar dos indivíduos.

À luz da formulação citada do Princípio da Maior Felicidade, a posição ética de Mill poderá parecer transparente. Na verdade, existem divergências muito significativas quanto à versão de utilitarismo que de facto colheu o seu assentimento. Vale a pena determo-nos em duas dessas divergências.

Uma delas diz respeito a duas formas de consequencialismo que, note-se, só no século XX se tornaram perfeitamente distintas.

Um *consequencialista dos atos* pensa o seguinte:

1) Devemos fazer sempre aquilo que tenha as consequências imparcialmente melhores.

Um *consequencialista das regras* discorda. A sua perspetiva deixa-se resumir deste modo:

2) Devemos agir sempre em conformidade com os princípios (ou regras) do código moral correto (ou ideal).
3) O código moral correto é constituído pelos princípios cuja aceitação coletiva resultaria nas consequências imparcialmente melhores.(3)

Ao passo que o consequencialista dos atos avalia diretamente *atos particulares* pelo padrão da promoção imparcial do bem, o consequencialista das regras reserva essa avaliação direta para regras morais — regras que prescrevem ou proíbem *tipos de atos* — ou, mais precisamente, avalia em termos do valor das suas consequências conjuntos de regras que constituam um certo código moral. Faz isto alguma diferença? Faz. E não é pouca.

---

(3) Para uma elucidação e discussão do consequencialismo das regras, veja-se Galvão (2019).

Consideremos, por exemplo, atos particulares de roubo, de tortura ou de homicídio. O consequencialista dos atos terá de defender que devemos roubar, torturar ou matar uma pessoa sempre que desse ato resultem consequências imparcialmente melhores. Pelo contrário, o consequencialista das regras, alegando que o código moral correto inclui princípios que constituem proibições muito fortes do roubo, da tortura e do homicídio, defenderá que um ato particular de um destes tipos poderá muito bem ser moralmente inaceitável, ainda que da sua realização resultassem as melhores consequências.

Podemos opor estas perspetivas pensando em *direitos morais*. No consequencialismo dos atos, não há espaço para quaisquer limites morais à promoção imparcial do bem e, por isso, nega-se a existência desses direitos. Já o consequencialista das regras afirma caracteristicamente que temos direitos morais. A seu ver, estes, integrando o código moral correto, justificam-se pelas boas consequências do seu reconhecimento coletivo.

Será Mill um consequencialista — mais precisamente, um utilitarista — dos atos ou das regras? Esta é uma questão exegética difícil. Limitar-me-ei a sugerir que o utilitarismo das regras é a posição mais coerente com o liberalismo de Mill. Como o leitor poderá constatar neste livro, não repugna a Mill a pressuposição de direitos *morais* de propriedade ou assentes em relações familiares.

Consideremos agora a outra divergência sobre a forma de utilitarismo que Mill defende. Esta incide na sua conceção de bem-estar ou felicidade, ou seja, na sua perspetiva sobre aquilo que faz a vida de um indivíduo correr bem para si mesmo. Entre as perspetivas sobre esta questão filosófica, conta-se o *hedonismo*, que nos diz o seguinte:

4) A vida de um indivíduo corre bem para si mesmo simplesmente na medida em que contém experiências aprazíveis e está livre de experiências dolorosas.

Uma das alternativas principais ao hedonismo, que se tornou conhecida por *perfecionismo*, admite esta formulação:

5) A vida de um indivíduo corre bem para si mesmo simplesmente na medida em que ele exerce e aperfeiçoa certas capacidades.

Poderá parecer evidente que Mill está no primeiro destes campos. Não nos diz ele, afinal, que concebe a felicidade como «o prazer e a ausência de dor»? No entanto, se Mill é um hedonista, a verdade é que, demarcando-se explicitamente de Bentham, defende uma versão *sui generis* da doutrina: diz-nos que as experiências aprazíveis devem ser avaliadas não só em termos quantitativos (a sua duração, a sua intensidade), mas sobretudo de uma forma qualitativa. Segundo Mill, a experiência mostra-nos que há prazeres que, pela sua própria natureza, são *superiores* a outros. A respeito deste assunto, vale a pena citar uma das passagens emblemáticas do *Utilitarismo*:

> Se me perguntarem o que entendo pela diferença qualitativa de prazeres, ou por aquilo que torna um prazer mais valioso do que outro, simplesmente enquanto prazer e não por ser maior em quantidade, só há uma resposta possível. De dois prazeres, se houver um ao qual todos ou quase todos aqueles que tiveram a experiência de ambos derem uma preferência decidida, independentemente de sentirem qualquer obrigação moral para o preferir, será esse o prazer

> mais desejável. Se um dos dois for colocado por aqueles que estão competentemente familiarizados com ambos tão acima do outro que eles o preferem mesmo sabendo que é acompanhado de um maior descontentamento, e se não abdicariam dele por nenhuma quantidade do outro prazer acessível à sua natureza, então teremos razões para atribuir ao deleite preferido uma superioridade em qualidade que ultrapassa de tal modo a quantidade que esta se torna, por comparação, pouco importante.
>
> Ora, é um facto inquestionável que aqueles que estão igualmente familiarizados com ambos, e que são igualmente capazes de os apreciar e de se deleitar com eles, dão uma preferência muitíssimo marcada ao modo de existência que emprega as suas faculdades superiores. [...] É melhor ser um ser humano insatisfeito do que um porco satisfeito; é melhor ser Sócrates insatisfeito do que um tolo satisfeito. E se o tolo ou o porco têm uma opinião diferente é porque só conhecem o seu próprio lado da questão. A outra parte da comparação conhece ambos os lados. (2020: 15–18.)

Uma hipótese, sem dúvida, é Mill ser efetivamente um hedonista, ainda que dê uma importância vincada aos prazeres que resultam das nossas «faculdades superiores». Contudo, há quem defenda — sendo de destacar David O. Brink (2013: 46–78), um filósofo moral bem milliano do nosso tempo — que a sua posição, na verdade, é predominantemente perfecionista. De acordo com esta interpretação, quando Mill fala de prazeres, nem sempre tem em mente aquilo que se costuma entender por «prazeres»: por vezes, tem em mente não sensações aprazíveis (que poderão resultar de certas atividades), mas *as próprias atividades.* Os ingredientes mais valiosos de uma vida boa são, a esta luz, atividades de exercício e aperfeiçoamento das nossas capacidades reflexivas e deliberativas.

Mill não é puramente perfecionista. Mesmo as sensações agradáveis enquadráveis na categoria dos prazeres inferiores contribuem para o bem-estar humano. Contudo, tais sensações proporcionam mero *contentamento* e, de forma alguma, por muito abundantes que sejam, poderão constituir uma vida humana verdadeiramente *feliz*. Mas será Mill predominantemente perfecionista ou, embora se desvie de Bentham, ainda assim puramente hedonista? Uma vez mais, não vou aprofundar uma questão exegética espinhosa. Uma vez mais, limitar-me-ei a sugerir que uma das interpretações — neste caso, aquela que atribui a Mill um perfecionismo preponderante — se ajusta melhor ao seu pensamento político.

O título de um dos capítulos de *Sobre a Liberdade*, aliás, revela-se no mínimo desconcertante sob a interpretação hedonista: «Sobre a Individualidade como um dos Elementos do Bem-Estar». Repare-se que a «individualidade» é-nos apresentada não como uma fonte de bem-estar ou como um meio para este, mas como um dos seus *ingredientes*, isto é, como algo que em parte o *constitui*. Neste capítulo, Mill declara o seguinte (os itálicos são meus):

> Se se sentisse que o livre desenvolvimento da individualidade constituía um dos *elementos* principais do bem-estar [...], não haveria qualquer perigo de subestimar a liberdade, e o ajuste das fronteiras entre esta e o controlo social não representaria qualquer dificuldade extraordinária. Mas o mal consiste no facto de que os modos comuns de pensar praticamente não reconhecem que a espontaneidade individual tenha qualquer valor *intrínseco*, ou mereça respeito em si. (1859: 107.)

Alguns dos defensores mais distintos do perfecionismo, como Aristóteles ou Espinosa, advogaram conceções bastante rígidas da vida boa. Pelo modo como enfatiza «o livre desenvolvimento da individualidade», Mill, se é um perfecionista, é um perfecionista *romântico*: será melhor que cada um, à sua maneira, exercite e aperfeiçoe as suas capacidades, traçando um rumo próprio pela vida. Para que isto possa acontecer, é importante que, na sociedade, se tolere a *excentricidade* — e que as instituições políticas salvaguardem zelosamente liberdades individuais.

3. O Princípio do Prejuízo

Para Mill, o liberalismo é o corolário político da ética utilitarista para as sociedades que já atingiram um certo patamar civilizacional. Uma peça central do seu liberalismo é o Princípio do Prejuízo([4]), formulado como se segue em *Sobre a Liberdade*:

> É o princípio de que o único fim para o qual as pessoas têm justificação, individual ou coletiva, de interferir na liberdade de ação de outro, é a autoproteção. É o princípio de que o único fim em função do qual o poder pode ser corretamente exercido sobre qualquer membro de uma comunidade civilizada, contra a sua vontade, é o de evitar eventual prejuízo cometido sobre outros. O seu próprio

([4]) Traduzo «harm» por «prejuízo» e não, como tem sido mais comum, por «dano». Este último termo, ao invés do primeiro, comporta-se muito mal quando «harm» ocorre como verbo. «To harm a person», por exemplo, não é propriamente danificar uma pessoa. Na citação da edição portuguesa, substituí «dano» por «prejuízo».

> bem, quer físico, quer moral, não é justificação suficiente. Uma pessoa não pode corretamente ser forçada a fazer ou a deixar de fazer algo porque será melhor para ela que o faça, porque a fará feliz, ou porque, na opinião de outros, fazê-lo seria sábio, ou até correto. [...] A única parte da conduta de qualquer pessoa pela qual ela responde perante a sociedade é a que diz respeito aos outros. Na parte da sua conduta que apenas diz respeito a si, a sua independência é, por direito, absoluta. Sobre si, sobre o seu próprio corpo e a sua mente, o indivíduo é soberano. (1859: 39–40.)

Nesta obra, Mill empreende uma defesa meritoriamente célebre da liberdade de opinião e expressão, bem como da liberdade de associação e da liberdade de gostos e fins, que permite a cada um conceber planos de vida ajustados ao seu carácter. Todas estas liberdades estão limitadas pelo Princípio do Prejuízo. O incitamento credível à violência, por exemplo, ultrapassa os limites da liberdade de expressão.

Segundo o Princípio do Prejuízo, o Estado *deve* interferir na vida dos cidadãos no sentido de impedir que estes prejudiquem os outros sem o seu consentimento. Os prejuízos em causa não abrangem a mera ofensa. Assim, o facto de algumas pessoas se sentirem profundamente ofendidas com uma doutrina, por exemplo, não é uma razão suficientemente forte para proibir a expressão dessa doutrina. Pelo Princípio do Prejuízo, no entanto, o Estado *não deve* interferir de certos modos na vida dos cidadãos: deve abster-se tanto de interferências puramente *paternalistas*, que proíbam conduta prejudicial apenas para benefício do próprio indivíduo, como de certas interferências *moralistas*, que proíbam conduta imoral que não consista em prejuízos não consentidos.

Mill declara que o objetivo de *Sobre a Liberdade* é a defesa de um princípio «muito simples». Pelo menos neste aspeto, enganou-se inequivocamente. O Princípio do Prejuízo está longe de ser simples e levanta várias questões difíceis, tanto exegéticas como filosóficas. Uma delas, bastante evidente, é a de saber o que conta propriamente como um prejuízo não consentido. Outras são as seguintes:

- Será que, pelo Princípio do Prejuízo, deverá ser proibida, ou pelo menos restringida, *toda* a conduta que cause prejuízos não consentidos?
- E deverá ser proibida, ou pelo menos restringida, *só* a conduta que cause prejuízos não consentidos?

Na leitura mais natural do princípio, ambas as questões têm uma resposta afirmativa: Mill estará a dizer-nos que uma restrição à liberdade dos cidadãos é aceitável se, e apenas se, servir para evitar que eles inflijam prejuízos não consentidos a outrem. Todavia, estas respostas parecem ter implicações que não se ajustam às perspetivas do próprio Mill e que poucos estarão dispostos a aceitar. Por exemplo, se *toda* a conduta que cause prejuízos não consentidos devesse ser legalmente condenada, a lei deveria punir a agressão em autodefesa ou a traição entre namorados. Se *só* a conduta que cause prejuízos não consentidos devesse ser legalmente condenada, a lei deveria permitir duelos de morte.

Numa discussão magistral do Princípio do Prejuízo, Brink (2013: 173–213) defende, a respeito da *suficiência* do prejuízo não consentido para a interferência estatal aceitável, que a posição de Mill é que o primeiro é uma justificação *pro tanto*, mas não conclusiva, para a segunda. Em alguns casos, ponderados todos os fatores relevantes, *não* será aceitável o Estado restringir a inflição de prejuízos não consensuais. Quanto à *necessidade* do prejuízo não consentido para a interferência estatal aceitável, Brink atribui a Mill a seguinte perspetiva: pode restringir-se as liberdades básicas de um indivíduo (e não a liberdade em geral) só para evitar que outros sofram prejuízos não consentidos (quer esses prejuízos sejam causados pelo próprio indivíduo, quer sejam causados de outra forma).

4. Um liberal eclético

O sectarismo é um vício especialmente impróprio num liberal — um vício que Mill, recusando o papel de zeloso seguidor de Bentham, repeliu desde cedo. Nunca deixou de ser um liberal que encontrava o fundamento ético da sua perspetiva no padrão da promoção da felicidade geral, mas foi desenvolvendo o seu liberalismo procurando sempre o que houvesse de verdadeiro nas posições opostas.

Por influência de autores como Coleridge, o pensamento político de Mill tem uma veia conservadora. A passagem seguinte, extraída de «Observações sobre a Filosofia de Bentham», exemplifica esta influência:

> O próprio facto de um certo conjunto de instituições políticas já existir, de existir há muito tempo e de ter ficado associado a todas as recordações históricas de um povo é em si mesmo, dentro de certos limites, uma propriedade que adapta essas instituições a esse povo, e que lhes dá uma grande vantagem sobre quaisquer novas instituições na obtenção dessa obediência pronta e voluntária àquilo que for decidido pela autoridade legítima. Só isso possibilita os inúmeros compromissos entre expectativas e interesses

> adversos, sem os quais nenhum governo poderia sobreviver um ano e dificilmente sobreviveria sequer uma semana. Nos escritos do Sr. Bentham, mal se consegue ver um traço da perceção desta verdade importante. (2020:139.)

Também não é difícil reconhecer traços de socialismo — ou, pelo menos, preocupações sociais que costumam ser associadas à «esquerda» — no pensamento de Mill. Embora seja um defensor vigoroso do *laissez-faire*, aponta os seus limites, atribui ao Estado o papel de assegurar serviços de educação e de saúde, entende a distribuição da riqueza como um problema sério. Nada disto nos deverá parecer estranho, se tivermos presente que Mill avalia as instituições políticas e económicas em termos da promoção imparcial do bem-estar.

Todavia, nos círculos liberais mais radicais, Mill chega a ser visto como um socialista. Ludwig von Mises levou esta interpretação ao seu extremo:

> Sem um estudo atento de Mill, é impossível entender os acontecimentos das últimas duas gerações. Pois Mill é o grande defensor do socialismo. Ele elabora com um cuidado extremoso todos os argumentos que se podem apresentar em defesa do socialismo. Por comparação com Mill, todos os outros autores socialistas — mesmo Marx, Engels e Lassalle — mal chegam a ter importância. (1985: 195.)

Um «estudo atento de Mill» revelará, na realidade, que a posição de von Mises não passa de uma espécie de «pânico socialista». É verdade que Mill, na sua *Autobiografia* (1873: 172), diz o seguinte de si mesmo e de Harriet Taylor: «o nosso ideal de progresso ultrapassava em muito o da democracia e podíamos ser incluídos na rubrica geral de socialistas». Contudo, num artigo absolutamente elucidativo sobre esta matéria, Dale E. Miller mostra que o «socialismo» de Mill é compatível até com um liberalismo de carácter libertário. Miller resume assim a sua elucidação:

> Segundo Mill, as economias capitalistas deverão atravessar, mais tarde ou mais cedo, um processo «espontâneo» e incremental de socialização, que incluirá a formação de empresas «socialistas», controladas pelos trabalhadores, através da transformação de empresas «capitalistas» ou de uma criação *de novo*. Este processo implicaria escassas violações dos princípios libertários nucleares. Decorreria mediante uma série de transações voluntárias. Os direitos de propriedade dos capitalistas seriam sempre respeitados. O processo teria lugar dentro de um sistema jurídico nacional que permitisse a posse privada de propriedade produtora e a competição, e não resultaria no derrube desse sistema. E, aceites algumas ideias básicas da filosofia social de Mill, o resultado expectável do processo seria uma economia «híbrida» na qual empresas capitalistas e socialistas existiriam lado a lado. (2003: 213.)

Note-se que Mill não nos apresenta este cenário como um vaticínio infalível. Não se contando entre os filósofos que julgam ter discernido as «Leis da História», para com elas profetizar o futuro da humanidade, e estando ciente de que o sistema económico do seu tempo não se eternizaria, limita-se a descrever um futuro provável — e, a seu ver, desejável. ([5]) Não se pode dizer que esse futuro

---

([5]) Fá-lo sobretudo no Cap. 7 do Livro IV dos *Princípios*, intitulado «Do Futuro Provável das Classes Trabalhadoras». Conjetura-se que

se tenha concretizado. O fracasso da previsão talvez se deva, em grande medida, a uma sobrestimação do poder transformador da educação — e isso dever-se-á, também em grande medida, ao facto de Mill se incluir entre os empiristas que, subscrevendo a conceção falsa da mente como *tabula rasa*, foram levados a ter uma confiança exagerada na maleabilidade da natureza humana.

Noutro aspeto, o desenvolvimento da história veio dar razão a Mill. O seu pessimismo quanto aos resultados do socialismo revolucionário revelou-se trágica e plenamente justificado. Em relação aos socialistas reformistas, inspirados no pensamento de autores como Robert Owen e Charles Fourier (1782–1837) e empenhados em ensaiar as suas ideias em pequenas comunidades, Mill tem uma atitude de abertura caracteristicamente liberal: que se faça o ensaio e se extraiam da experiência as devidas ilações.

5. Leituras recomendadas

Em *Utilitarismo e Ensaios sobre Bentham* (2020), reuni os escritos mais importantes de Mill sobre filosofia moral.

Quem tenha curiosidade pelo próprio Mill, encontrará em Larsen (2018) uma biografia de grande qualidade e razoavelmente concisa, que enfatiza a relação complexa do filósofo com a religiosidade.

A quem queira inteirar-se, de um modo mais amplo, do pensamento moral e político de Mill, recomendo dois livros, ambos excelentes, que divergem bastante em questões exegéticas: Miller (2010) e Brink (2013).

---

terá sido escrito por Harriet Taylor. Por ter demasiada discussão económica, acabou por não ser incluído neste volume.

6. Agradecimentos

Este livro deve a sua existência à Suzana Ramos, que me incentivou a organizá-lo e acompanhou generosamente a sua preparação. Estou-lhe muito grato por isso. Agradeço ao meu filho e à minha mulher, o Henrique e a Paula, a ajuda preciosa na revisão das provas. Estou grato também a David O. Brink pelas suas sugestões.

As Dificuldades do Socialismo

Podemos distinguir dois géneros de pessoas entre aquelas que se consideram socialistas. Temos, antes de mais, aquelas cujos planos para uma nova ordem social, na qual a propriedade privada e a competição individual seriam suplantadas e substituídas por outros motivos para agir, se situam na escala de uma comunidade aldeã ou de um município, e seriam aplicados a um país inteiro pela multiplicação dessas unidades autónomas. São deste género os sistemas de Owen, de Fourier e, de um modo geral, dos socialistas mais ponderados e filosóficos. Aos da outra classe podemos chamar socialistas revolucionários. Estes, que são um produto mais do continente do que da Grã-Bretanha, têm em vista uma viragem muito mais ousada. O seu esquema é a gestão de todos os recursos produtivos de um país por uma autoridade central: o governo geral. E, tendo isto em vista, alguns deles têm o propósito declarado de que as classes trabalhadoras, ou alguém em seu nome, se apoderem de toda a propriedade do país e a administrem em função do bem geral.

Quaisquer que sejam as dificuldades da primeira destas duas formas de socialismo, a segunda deve, evidentemente, envolver as mesmas complicações e muitas mais. Além disso, a primeira tem a grande vantagem de poder ser implementada progressivamente, e poderá provar os seus méritos através de ensaios. Poderá ser ensaiada, primeiro, numa população selecta, e estendida a outros na medida em que a sua educação e cultura o permitam. Não precisa de se tornar, e na ordem natural das coisas não se tornará, um instrumento de subversão, sem antes se ter mostrado capaz de ser também um meio de reconstrução. Não se pode dizer o mesmo da outra forma: o seu objetivo é substituir a velha ordem pela nova de uma só penada, e trocar o vasto bem agregado realizado no sistema presente, bem como as suas amplas possibilidades de aperfeiçoamento, por um mergulho totalmente impreparado na forma mais extrema do problema de levar a cabo toda a série de operações da vida social sem o poder motivante que até agora fez funcionar a maquinaria social. Importa reconhecer que aqueles que jogariam este jogo na base da força da sua opinião privada, que até agora nenhuma verificação experimental confirma — aqueles que privariam coercivamente todos os que têm agora uma existência física confortável dos seus únicos meios presentes de a preservar, e que, em caso de resistência, abraçariam a miséria e o banho de sangue pavorosos que se seguiriam —, têm de ter, por um lado, uma confiança serena na sua própria sabedoria e, por outro, uma insensibilidade ao sofrimento das outras pessoas a um nível que Robespierre e Saint-Just, até agora os exemplos típicos da união destes atributos, dificilmente terão alcançado. Ainda assim, este esquema tem grandes elementos de popularidade que a forma mais cautelosa e razoável de socialismo não colhe, pois promete fazer rapidamente aquilo que professa, além de dar, aos entusiastas, a esperança de verem realizadas todas as suas aspirações no seu próprio tempo e de um só golpe.

No entanto, será mais conveniente examinar as peculiaridades da forma revolucionária de socialismo depois de se ponderar devidamente as considerações comuns a ambas as formas.

A produção mundial não poderia sequer aproximar-se da sua presente dimensão, nem sustentar nada que se aproximasse da presente população mundial, à falta de duas condições: por um lado, maquinaria, edifícios e meios de produção abundantes e dispendiosos; por outro, o poder de realizar longas operações e de aguardar um período considerável pelos seus frutos. Por outras palavras, tem de haver uma grande acumulação de capital tanto fixo, aplicado em instrumentos e em edifícios, como circulante, isto é, empregado no sustento dos trabalhadores e das suas famílias antes de as operações produtivas se completarem e os produtos ficarem prontos. Esta necessidade depende de leis físicas e é inerente à condição da vida humana, mas estes requisitos de produção do país, isto é, o seu capital fixo e circulante (ao que há que acrescentar a terra e tudo o que esta contém), podem ser ou propriedade coletiva daqueles que os usam, ou pertencer a indivíduos — e a questão que se põe é a de determinar qual destas formas de organização é mais conducente à felicidade humana. Aquilo que caracteriza o socialismo é a propriedade partilhada dos instrumentos e meios de produção por todos os membros da comunidade, do que resulta que a divisão do produto pelos membros do corpo de proprietários tem de ser um ato público, realizado segundo as regras estabelecidas pela comunidade. O socialismo de forma alguma exclui a propriedade privada de artigos de consumo, ou o direito exclusivo de cada um à sua quota-parte do produto recebido, seja para fruí-lo, dá-lo ou trocá-lo. Por exemplo, a terra poderá pertencer totalmente à comunidade para fins agrícolas ou outros fins produtivos, poderá ser cultivada coletivamente — e, no entanto, a residência atribuída a cada indivíduo ou família, como parte da sua remuneração, poderá pertencer-lhe exclusivamente, à semelhança do que se verifica agora, enquanto continuar a realizar a sua quota-parte do trabalho comum. E isto poderá aplicar-se não só à residência, mas também a qualquer piso ornamental que, pelas condições de associação, fique ligado à casa para efeitos de recreação. O traço distintivo do socialismo não é a posse comum de todas as coisas, mas o facto de a produção se realizar em comum e os instrumentos de produção serem, também, propriedade comum. Assim, a *praticabilidade* do socialismo, à escala das aldeias do Sr. Owen ou do Sr. Fourier, não admite controvérsia. A tentativa de gerir a produção inteira de uma nação através de uma única organização central é uma questão totalmente diferente. Contudo, uma associação agrícola e industrial mista que tivesse entre dois mil a quatro mil habitantes, em circunstâncias toleráveis no que respeita ao solo e ao clima, seria mais fácil de gerir do que muitas sociedades por ações. A questão a considerar é se será expectável que essa gestão coletiva seja tão eficiente e bem-sucedida como a gestão de empresas privadas por capital privado. E há que considerar esta questão em dois aspetos: a eficácia do gestor ou dos gestores, e a eficácia dos simples trabalhadores. Para pôr esta questão da forma mais simples, vamos supor que o modo de socialismo é o simples comunismo — ou seja, a divisão igual do produto por todos os participantes ou, em conformidade com o padrão de justiça ainda mais exigente do Sr. Louis Blanc, a sua distribuição segundo necessidades diferentes, sem distinções de compensação em função da natureza do dever, ou dos serviços ou méritos atribuídos ao indivíduo. Há outras formas de socialismo (particularmente o fourierismo), mas por agora não precisamos de as examinar. Estas, por considerações de justiça ou de conveniência, admitem remunerações diferentes para tipos e níveis diferentes de serviços à comunidade.

Na economia da sociedade, a diferença nos poderes motivantes entre a propriedade privada e o comunismo seria maior no caso dos gestores. No sistema atual, estando a gestão inteiramente a cargo da pessoa ou das pessoas que detêm o capital (ou que são pessoalmente responsáveis por este), todo o benefício da diferença entre a melhor e a pior das administrações sob as quais a atividade empresarial poderá prosseguir será obtido pela pessoa ou pelas pessoas que controlem a administração: elas colherão todo o lucro de uma boa gestão, exceto aquele que o interesse pessoal ou a liberalidade as induzam a partilhar com os seus subordinados; e sofrerão todo o prejuízo de uma má gestão, exceto aquele que possa decorrer do enfraquecimento do seu poder subsequente de proporcionar trabalho. Este forte motivo pessoal para fazer o melhor possível pela eficiência e economia das operações não existiria no comunismo, visto que os gestores obteriam do produto o mesmo dividendo que os outros membros da associação. Restariam o interesse comum de gerir as atividades de modo a tornar o dividendo tão grande quanto possível, bem como os incentivos do espírito público, da consciência moral e da honra e prestígio dos gestores. A força destes motivos, especialmente quando combinados, é grande. Todavia, varia imensamente de pessoa para pessoa, e é muito maior para alguns efeitos do que para outros. O veredito da experiência, no grau imperfeito de cultura moral que a humanidade por ora alcançou, é que os motivos da consciência moral e do prestígio e reputação, mesmo quando têm algum poder, têm-no, na maioria dos casos, muito mais como forças restritivas do que como forças impulsionantes — e são mais eficazes na inibição da imoralidade do que na mobilização de todas as nossas energias no desempenho das ocupações comuns. No caso da maioria dos homens, a única motivação que se tem revelado suficientemente constante e persistente no sentido de suplantar a influência contínua da indolência e do amor ao conforto, e de incitar os homens a aplicarem-se incansavelmente em trabalho maçador, sem nada de excitante, é a perspetiva de melhorar a condição económica de si mesmo e da sua família — e, quanto mais estreita é a conexão entre o aumento do esforço e um aumento correspondente dos seus frutos, mais poderoso é este motivo. Supor o contrário implicaria que nos homens, como eles são agora, o dever e a honra são princípios de ação mais poderosos do que o interesse pessoal no que toca não só aos atos e às omissões especiais a respeito dos quais esses sentimentos foram cultivados num grau excecional, mas também à regulação das suas vidas inteiras. Suponho que ninguém afirmará isto. Poder-se-á dizer que esta eficácia inferior dos sentimentos públicos e sociais não é inevitável — que esta resulta de uma educação imperfeita. Admito prontamente tanto isto como que existem, mesmo hoje, muitas exceções individuais à infirmidade geral. Todavia, falta muito tempo para que estas exceções evoluam para uma maioria, ou mesmo para uma minoria grande. A educação dos seres humanos é uma das artes mais difíceis, e este é um dos aspetos em que esta tem tido menos sucesso. Além disso, os melhoramentos na educação geral são necessariamente muito graduais, visto que a geração futura é educada pela presente e as imperfeições dos professores colocam um limite invencível ao grau em que poderão treinar os seus alunos para serem melhores do que eles próprios. Por esta razão, a não ser que atuemos numa porção seleta da população, temos de esperar que, por muito tempo, o interesse pessoal seja um estímulo mais eficaz do que motivos de carácter superior para a conduta mais vigorosa e cuidadosa na atividade económica da sociedade. Dir-se-á que a ganância do ganho pessoal, em virtude do seu próprio excesso, hoje contraria o seu próprio fim ao incentivar riscos temerários e frequentemente desonestos. Admito isto — e, no comunismo, essa fonte de males geralmente estaria ausente. Na verdade, é provável que o espírito empreendedor, tanto o bom como o mau, fosse um elemento deficiente, e que, de um modo geral, ficasse muito sob o domínio da rotina. Ademais, como o cumprimento do dever, nessas comunidades, tem de ser assegurado por sanções externas, quanto mais o dever de cada pessoa puder ser reduzido a regras determinadas, mais fácil será fazer cada um cumprir o seu dever. Uma condição que aumenta a probabilidade deste resultado é o poder limitado de ação independente que os gestores teriam. Obviamente, eles obteriam a sua autoridade da escolha da comunidade, que poderia retirá-los das suas funções em qualquer altura — e, por esta razão, ser-lhes-ia necessário, mesmo que a constituição da comunidade não o exigisse, obter o assentimento geral do grupo antes de introduzirem uma mudança no modo estabelecido de desenvolver o trabalho. A dificuldade de persuadir um grupo numeroso a introduzir uma mudança no seu modo habitual de trabalhar — sendo frequente que essa mudança implicasse grandes dificuldades e o risco parecesse mais óbvio do que as vantagens — resultaria numa forte tendência para manter as coisas no seu curso costumeiro. A isto há que contrapor que se poderá esperar que a escolha dos gestores pelas pessoas diretamente interessadas no sucesso do trabalho, com conhecimento prático e oportunidades para exercer o seu discernimento, produza, em média, gestores mais competentes do que os acasos do berço, que hoje tantas vezes determinam quem será o detentor do capital. Isto poderá ser verdade — e, embora se possa responder que o capitalista por herança, à semelhança da comunidade, pode designar um gestor mais competente do que ele próprio, isto colocá-lo-á apenas ao mesmo nível que a comunidade, e não num nível mais vantajoso. Mas há que dizer, por outro lado, que no sistema comunista as pessoas mais qualificadas para a gestão tenderiam muitas vezes a evitar incumbir-se dela. Atualmente, o gestor, mesmo que seja um trabalhador contratado, tem uma remuneração muito maior do que a das outras pessoas da companhia — e estão abertas à sua ambição posições sociais superiores, para as quais a sua função de gestor constitui um degrau. No sistema comunista, ele não possuiria nenhuma destas vantagens: poderia obter apenas o mesmo dividendo do produto do trabalho da comunidade que qualquer outro dos seus membros; já não teria a oportunidade de ascender de assalariado à classe dos capitalistas; e, embora de nenhuma forma pudesse ficar melhor do que qualquer outro trabalhador, as suas responsabilidades e preocupações seriam de tal modo maiores que uma grande parte da humanidade tenderia a preferir a posição menos onerosa. Platão anteviu esta dificuldade, na *República*, no seu sistema de comunidade de bens entre os membros da classe governante — e o motivo em que confiou para induzir as pessoas capazes a assumirem as preocupações e os trabalhos do governo foi o medo de serem governadas por homens piores.([1]) Na verdade, ter-se-ia de confiar sobretudo neste motivo — as pessoas mais competentes para a gestão seriam levadas a aceitar esse lugar sobretudo para impedir que este caísse em mãos menos competentes. E o motivo provavelmente seria eficaz nas alturas em que houvesse a impressão de que, com uma gestão incompetente, os negócios da comunidade se arruinariam ou, pelo menos, se deteriorariam decididamente. Contudo, não se pode esperar que, por norma, este motivo se tornasse atuante com o estímulo menos imperioso da simples promoção de melhorias, exceto no caso dos inventores ou projetistas ansiosos por experimentar um dispositivo do qual esperassem obter frutos consideráveis e imediatos. Ademais, as pessoas deste género são frequentemente inadequadas, por terem um temperamento demasiado sanguíneo e um discernimento imperfeito, para a condução geral dos negócios. Mesmo quando são adequadas, são precisamente aquelas com as quais o homem típico tende a ser preconceituoso — e muitas vezes elas não conseguiriam superar a dificuldade preliminar de convencer a comunidade, tanto a adotar o seu projeto, como a aceitá-las como gestoras. Com toda a probabilidade, a gestão comunista seria menos favorável do que a gestão privada à exploração de novos caminhos e a sacrifícios imediatos por vantagens distantes e incertas, o que,

---

([1]) Veja-se *A República*, 347c. Declara Platão: «Ora o maior dos castigos é ser governado por quem é pior do que nós, se não quisermos governar nós mesmos.» (1990: 38.) [As notas de rodapé numeradas são introduzidas pelo tradutor; os asteriscos identificam as notas do autor.]

embora raramente esteja livre de riscos, geralmente é indispensável para se realizarem grandes melhorias na condição económica da humanidade, e mesmo para se sustentar a situação existente face ao aumento constante de número de bocas para alimentar.

Até aqui, examinámos apenas a operação dos motivos nos gestores da associação. Consideremos agora a questão no que respeita aos trabalhadores comuns.

No comunismo, eles não teriam nenhum interesse, excluindo a sua quota-parte do interesse geral, em fazerem o seu trabalho honesta e energicamente. Mas, neste aspeto, a situação não seria pior do que é agora a respeito da grande maioria daqueles que pertencem às classes produtoras. Estes, recebendo salários fixos, estão de tal modo longe de ter um interesse pessoal na eficiência do seu trabalho, que não têm sequer essa quota-parte do interesse geral que todos os trabalhadores teriam na organização comunista. Por isso, comenta-se frequentemente a ineficiência do trabalho contratado, ou o modo imperfeito com que este exercita as verdadeiras capacidades dos trabalhadores. É verdade que a reputação de bom trabalhador está longe de não ter valor, pois aquele que a tem tenderá a apresentar maior facilidade em conseguir emprego, e esta por vezes granjeia-lhe salários mais altos. Dá-lhe também hipóteses de promoção à posição de capataz ou a outros postos administrativos subordinados, que, além de proporcionarem uma remuneração superior à do trabalho comum, por vezes abrem espaço a outras vantagens. Por outro lado, há que afirmar que, no comunismo, o sentimento geral da comunidade (composta por camaradas, na qual cada um trabalharia sob o olhar dos demais) seria certamente favorável ao trabalho bom e empenhado, e desfavorável à preguiça, ao descuido e ao desperdício. No presente sistema, isso não só não acontece como, muitas vezes, a opinião geral da classe trabalhadora atua no sentido exatamente oposto: as regras de algumas associações profissionais, na verdade, proíbem os seus membros de exceder um certo padrão de eficiência, para que eles não reduzam o número de trabalhadores necessários para o trabalho; e, pela mesma razão, é frequente resistirem com violência à introdução de máquinas destinadas a economizar trabalho. Uma mudança desta situação para um estado em que todas as pessoas tivessem um interesse em tornar cada um tão industrioso, competente e cuidadoso quanto possível (o que aconteceria no comunismo) seria uma mudança decididamente positiva.

Todavia, no que respeita à eficiência do trabalho, importa considerar que os defeitos principais do presente sistema poderão ser corrigidos, e que as vantagens principais do comunismo poderão ser obtidas através de ajustes compatíveis com a propriedade privada e a competição individual. O trabalho à peça, nos tipos de trabalho que o permitem, já oferece um avanço considerável. Neste, o interesse pessoal do trabalhador está estreitamente ligado à quantidade de trabalho produzido — não tanto à sua qualidade, que ainda tem de ser assegurada pela vigilância do empregador. Além disso, o trabalho à peça não colhe a aceitação geral dos membros da classe trabalhadora, que, muitas vezes, pelo contrário, se lhe opõem veementemente pelo facto de este (a seu ver) causar a minoração do mercado de trabalho. E, de facto, têm boas razões para que o trabalho à peça lhes desagrade, se, como se alega, os empregadores têm a prática frequente de, depois o usarem para determinar o máximo que um bom trabalhador pode produzir, lhe atribuírem um preço de tal modo baixo que um trabalhador que produza o máximo não será capaz de ganhar mais do que aquilo que teria de lhe ser pago como salário diário pelo trabalho normal.

Mas há um remédio muito mais completo do que o trabalho à peça para as desvantagens do trabalho assalariado, nomeadamente, aquilo a que se chama agora «parceria industrial» — a admissão do conjunto dos trabalhadores numa participação nos lucros, mediante a distribuição por todos eles, na forma de uma percentagem do seu rendimento, da totalidade ou de uma porção fixa dos ganhos, depois de uma certa remuneração ter sido reservada para o capitalista. Este plano tem revelado uma eficácia admirável, tanto neste país como no estrangeiro. Conquistou os sentimentos dos trabalhadores assim empregados, levando todos a cuidar do interesse geral da companhia — e, através do seu efeito conjunto na promoção do esforço zeloso e na atenção ao desperdício, aumentou muito substancialmente a remuneração de todos os géneros de trabalho nas companhias em que foi adotado. É evidente que este sistema admite uma extensão indefinida e um aumento também indefinido da parcela dos lucros atribuídos aos trabalhadores, até ao ponto em que deixaria de proporcionar aos gestores o grau de interesse pessoal e necessário ao sucesso da companhia. É mesmo provável que, quando esta forma de organização se tornar comum, muitas destas companhias, por ocasião da morte ou reforma dos patrões, acabem por se transformar, por acordo, em associações puramente cooperativas.

Parece, assim, que o comunismo, no que respeita à motivação para o empenho dos trabalhadores em geral, não tem nenhuma vantagem que não possa ser alcançada na propriedade privada, ao mesmo tempo que, no que respeita aos gestores, está em considerável desvantagem.

Tem ainda algumas desvantagens que lhe parecem ser inerentes, por lhe ser necessário resolver, de forma mais ou menos arbitrária, questões que, no presente sistema, se resolvem a si mesmas — muitas vezes bastante mal, mas espontaneamente.

Uma regra simples, e em certos aspetos justa, é pagar o mesmo a todos os que participam no trabalho. Mas esta será uma justiça muito imperfeita, se o trabalho não tiver sido também igualitariamente repartido. Ora, os géneros de trabalho muito diversos necessários em qualquer sociedade são muito desiguais em dificuldade e em penosidade. Ponderar estes dois fatores, a fim de fazer equivaler a qualidade à quantidade, é de tal forma difícil que os comunistas geralmente propõem que todos trabalhem por turnos, fazendo todos os géneros de trabalho. Todavia, isto implica um sacrifício quase completo de todas as vantagens económicas da divisão do trabalho — vantagens essas que, de facto, são frequentemente sobrestimadas (ou melhor, os seus inconvenientes são subestimados) pelos economistas políticos, mas que não deixam de ser, do ponto de vista da produtividade laboral, muito consideráveis, tanto porque a cooperação laboral permite que o trabalho se distribua com alguma sensibilidade às capacidades e qualificações específicas do trabalhador, como porque todo o trabalhador desenvolve maior perícia e rapidez num género de trabalho se a este se confinar. Assim sendo, a forma de organização considerada indispensável para uma distribuição justa constituiria, provavelmente, uma desvantagem significativa a respeito da produção. Além disso, exigir a todos a mesma quantidade de trabalho não deixa de ser um padrão de justiça muito imperfeito. As pessoas têm capacidades de trabalho desiguais, tanto mentais como físicas, e aquilo que é uma tarefa leve para uma pessoa será um fardo insuportável para outra. Teria de haver, portanto, um poder dispensador, uma autoridade competente para atribuir dispensas da quantidade normal de trabalho, e para tornar as tarefas em certa medida proporcionais às capacidades. Enquanto existissem pessoas preguiçosas ou egoístas que preferissem que os outros trabalhassem em vez delas, existiriam tentativas frequentes de obter dispensas através de favorecimento ou de fraude, e a frustração dessas tentativas seria um problema consideravelmente difícil, cuja resolução de forma alguma seria sempre bem-sucedida. Estas inconveniências não se notariam muito, pelo menos durante algum tempo, em comunidades constituídas por pessoas seletas, sinceramente desejosas do sucesso do experimento. Contudo, os planos para a regeneração da sociedade têm de considerar os seres humanos típicos — e, além deles, o vasto resíduo constituído pelas pessoas que estão muito abaixo da média em virtudes pessoais e sociais. As querelas e os rancores que a distribuição do trabalho não poderia deixar de produzir sempre que fosse preciso lidar com essas pessoas reduziriam muito a harmonia e a unanimidade que, segundo as esperanças dos comunistas, existiriam entre os membros da sua associação. Essa consonância, mesmo nas condições mais favoráveis, estaria muito mais sujeita a perturbações do que os comunistas supõem. A instituição asseguraria que não existiriam mais disputas sobre interesses materiais: o individualismo ficaria excluído desse ramo dos assuntos humanos. Todavia, nenhuma instituição poderia excluí-lo de outros ramos: continuariam a existir rivalidades pela reputação e pelo poder pessoal. Excluída a ambição egoísta daquele campo em que a maior parte dos homens mais a exerce (o das riquezas e do interesse pecuniário) esta far-se-ia sentir com maior intensidade no domínio que continuaria a ser-lhe acessível — e poder-se-ia esperar que as lutas pela preeminência e pela influência na gestão fossem muito amargas quando as paixões pessoais, desviadas do seu curso normal, fossem buscar a sua grafiticação principal nessa direção distinta. Por estas razões diversas, é provável que as associações comunistas fossem frequentemente incapazes de exibir a imagem atraente de amor mútuo e de unidade volitiva e afetiva que os comunistas, muitas vezes, nos dizem que seria de esperar. Em vez disso, seriam frequentemente laceradas pela dissensão, que não raras vezes levaria à sua dissolução.

Outras fontes de divergência, numerosas, são inerentes à necessidade, que o princípio comunista implica, de decidir coletivamente questões da maior importância para qualquer um — questões que, no presente sistema, podem ser (e são de facto) confiadas às escolhas individuais, decidindo cada indivíduo em função de si mesmo. A título de exemplo, consideremos a questão da educação. Todos os socialistas são muitíssimo sensíveis à extrema importância da educação dos jovens, não só pelas razões que se aplicam universalmente, mas também porque, sendo as suas exigências quanto à inteligência e moralidade do cidadão individual muito maiores do que as de qualquer outro sistema, estão ainda mais dependentes do que quaisquer outras sociedades da excelência das suas estruturas educativas. Ora, no comunismo essas estruturas teriam de ser feitas pelo corpo coletivo para todos os cidadãos, visto que os pais, se preferissem outro modo de educar os seus filhos, não disporiam de meios privados para o pagar e a sua atuação estaria limitada pela sua própria influência e educação. Porém, todo o membro adulto do grupo teria o mesmo peso na definição do sistema coletivo concebido para benefício de todos. Aqui, então, teríamos uma fonte de divergências muitíssimo fecunda em todas as associações. Todos os que tivessem uma opinião ou preferência a respeito da educação que desejariam para os seus próprios filhos teriam de confiar, quanto à possibilidade de a obterem, na influência que pudessem exercer na decisão conjunta da comunidade.

É desnecessário especificar outras questões importantes que afetariam o modo de empregar os recursos produtivos da associação, as condições da vida social, as relações do grupo com outras associações, etc. — questões a respeito das quais tenderiam a surgir diferenças de opinião frequentemente irreconciliáveis. Todavia, as dissensões que se poderiam esperar seriam muito menos más para as perspetivas da humanidade do que uma unanimidade enganadora, produzida pela prostração de todos os desejos e opiniões individuais face ao decreto da maioria. Os obstáculos ao progresso humano são sempre grandes e a sua superação requer uma conjugação de condições favoráveis. Mas uma condição indispensável para essa superação é que a natureza humana tenha liberdade para se expandir espontaneamente em várias direções, tanto no pensamento como na prática; que as pessoas pensem e façam experiências por si mesmas, e que não ponham nas mãos dos governantes, ajam eles em nome de poucos ou da maioria, o poder de pensarem por elas e de prescreverem o seu modo de agir. Contudo, nas associações comunistas a vida privada ficaria, num grau absolutamente inédito, no domínio da autoridade pública, e haveria menos espaço para o desenvolvimento do carácter individual e das preferências individuais do que aquele que existiu até agora entre os cidadãos plenos de qualquer um dos estados pertencentes aos ramos progressivos da família humana. Em todas as sociedades, a compressão da individualidade pela maioria é já um grande mal, que está a crescer. Provavelmente, seria um mal muito maior no comunismo, exceto na medida em que o indivíduo tivesse o poder de lhe impor limites, escolhendo pertencer a uma comunidade de pessoas com uma mentalidade semelhante à sua.

Destas considerações diversas, não pretendo inferir nada de adverso à possibilidade de a produção comunista poder ser, numa época futura, a forma de sociedade mais bem adaptada às necessidades e condições da humanidade. Penso que, agora e por muito tempo, esta permanecerá uma questão em aberto, que será constantemente iluminada por novos dados, obtidos tanto pelo ensaio do princípio comunista em condições favoráveis, como pelas melhorias introduzidas gradualmente no funcionamento do sistema existente, o da propriedade privada. A única certeza é a de que o sucesso do comunismo requer um padrão elevado de educação moral e intelectual em todos os membros da comunidade — moral, a fim de estarem qualificados para realizar honesta e energicamente a parte que lhes caiba no trabalho da vida, sem nenhum estímulo que não a sua quota-parte do interesse geral da associação e os seus sentimentos de dever e de simpatia para com esta; intelectual, para que sejam capazes de estimar interesses distantes, e de ponderar considerações complexas, suficientemente bem para conseguirem distinguir, nestas matérias, os bons dos maus conselhos. Ora, rejeito completamente a ideia de ser impossível que a educação e a cultura aqui em causa se tornem a herança de todas as pessoas da nação. Contudo, estou convencido de que estas são muito difíceis, e de que a transição para as mesmas a partir da nossa condição presente não poderá deixar de ser lenta. Aceito a alegação de que o presente estado da sociedade é desmoralizante no que toca aos aspetos da educação moral dos quais depende o sucesso do comunismo, e de que só uma associação comunista poderá educar eficazmente a humanidade para o comunismo. Assim sendo, cabe ao comunismo provar, através de experiências práticas, o seu poder de dar essa educação. Só as experiências poderão mostrar se existe já, num segmento da população, um nível de cultura moral suficientemente elevado tanto para o comunismo ser bem-sucedido, como para a geração seguinte desse segmento obter a educação necessária à manutenção permanente desse nível elevado. Se as associações comunistas mostrarem poder ser duráveis e prósperas, multiplicar-se-ão e, provavelmente, serão adotadas por segmentos sucessivos das populações dos países mais avançados, à medida que esses segmentos se ajustem moralmente a esse modo de vida. Todavia, forçar populações impreparadas a integrar sociedades comunistas, mesmo que uma revolução política proporcionasse o poder de tentar fazê-lo, acabaria numa deceção.

Se o ensaio prático é necessário para testar as capacidades do comunismo, não é menos indispensável para testar aquelas formas de socialismo que reconhecem as dificuldades do comunismo e projetam formas de as superar. Entre estas, a principal é o fourierismo, um sistema que, mesmo que apenas como espécime de engenhosidade intelectual, merece a maior atenção de todo aquele que estude a sociedade ou a mente humana. Quase não há objeções ou dificuldades que Fourier não tenha antevisto, e para as quais não tenha planeado de antemão mecanismos automáticos, baseados, no entanto, num princípio de justiça menos elevado do que o do comunismo, visto que admite desigualdades distributivas e a titularidade privada de capital, embora não a sua transmissão arbitrária. O grande problema com que Fourier se debate é o de saber como tornar o trabalho atraente, dado que, conseguindo-se isso, a dificuldade principal do socialismo seria ultrapassada. Defende que nenhum género de trabalho útil é necessária ou universalmente repugnante, a não ser que seja excessivo em quantidade, esteja privado do estímulo do companheirismo e da emulação, ou seja visto com desprezo pela humanidade. Os trabalhadores de uma aldeia fourierista distribuir-se-ão espontaneamente por grupos, cabendo a cada grupo um género de trabalho diferente, e a mesma pessoa poderá pertencer não a um só grupo, mas a vários; tendo sido definido previamente um certo mínimo para a subsistência de todos os membros da comunidade, sejam eles capazes ou incapazes de trabalhar, a sociedade dividirá o produto remanescente pelos diversos grupos, em parcelas suscetíveis de atrair para cada um deles a quantidade de trabalho necessário, e não mais do que isso; se houver uma afluência excessiva a certos grupos, isso indicia que esses grupos estão a obter uma remuneração demasiado alta relativamente a outros; se alguns forem negligenciados, a sua remuneração terá de subir. A parcela do produto atribuída a cada grupo será dividida em proporções fixas por três elementos: trabalho, capital e talento. A parte alocada ao talento será atribuída mediante os sufrágios do próprio grupo, e espera-se que, dada a variedade das capacidades humanas, todos ou quase todos terão qualidades para serem excelentes em algum grupo. A remuneração para o capital será a que se considere suficiente para induzir poupanças no consumo individual, a fim de aumentar a reserva comum até ao ponto desejado. O número e a engenhosidade dos mecanismos para lidar com dificuldades menores, e para eliminar inconveniências menores, são muito consideráveis. Através destas disposições variadas, os fourieristas esperam que os incentivos pessoais ao esforço pelo interesse público, em vez de serem eliminados, se tornem muito maiores do que atualmente, visto que todo o aumento do serviço prestado levará a um aumento da recompensa com uma segurança muito maior do que hoje, quando os acidentes da posição que cabe a cada um têm tanta influência. Esperam, portanto, que a eficiência do trabalho não teria precedentes, ao mesmo tempo que a economia de trabalho seria prodigiosa, tanto por se desviar para ocupações úteis o trabalho atualmente desperdiçado em coisas inúteis e prejudiciais, como por se dispensar o grande número de distribuidores supérfluos, dado que a compra e venda de bens para toda a comunidade seria gerida por uma única agência. A livre escolha dos indivíduos quanto ao seu modo de vida não sofreria uma interferência maior do que a necessária para obter as plenas vantagens da cooperação nas operações económicas. Globalmente, a imagem de uma comunidade fourierista é atraente em si mesma e exige menos da humanidade comum que qualquer outro sistema socialista conhecido — e é muito desejável que o esquema seja sujeito àquele justo ensaio que é a única forma de testar a exequibilidade de qualquer novo esquema de vida social. (*)

(*) Os princípios do fourierismo foram claramente formulados e poderosamente defendidos em vários escritos do Sr. Victor Considerant, especialmente aquele que se intitula *La Destinée Sociale*; mas o investigador curioso fará bem em estudá-los nos escritos do próprio Fourier. Aí encontrará provas inequívocas de génio, misturadas, no entanto, com as fantasias mais selvagens e alheadas da ciência a respeito do mundo físico, a par de muita especulação interessante, embora precipitada, sobre a história passada e futura da humanidade.

O resultado do nosso levantamento das diversas dificuldades do socialismo levou-nos à conclusão de que os diversos esquemas para gerir os recursos produtivos de um país pela ação pública, e não pela privada, são dignos de ensaio — e alguns deles poderão acabar por validar as suas pretensões a serem preferidos à ordem das coisas existente, mas atualmente só poderão funcionar com a *élite* da humanidade, e têm ainda de provar terem o poder de educar uma grande parte da humanidade para o estado mais avançado que pressupõem. Com maior propriedade, claro, poderá dizer-se isto do plano mais ambicioso que visa tomar posse de toda a terra e de todo o capital do país, e começar de imediato a administrá-los em nome do público. Independentemente de tudo o que se considere sobre a injustiça para os presentes proprietários, a própria ideia de conduzir toda a economia de um país dirigindo-a a partir de um só centro é tão obviamente quimérica que ninguém se atreve a propor um modo de a concretizar; e dificilmente se poderá duvidar de que os socialistas revolucionários, se atingissem o seu objetivo imediato e ficassem efetivamente com a propriedade inteira do país ao seu dispor, não encontrariam um modo praticável de exercer o seu poder sobre ela que não o de a dividir em porções, confiando cada uma delas à administração de uma pequena comunidade socialista. O problema da gestão, que vimos ser tão difícil mesmo para uma população seleta bem preparada de antemão, ficaria a cargo, para ser resolvido na medida do possível, a agregações unidas

---

Vale a pena acrescentar que, a respeito de algumas questões sociais importantes (como o casamento, por exemplo), Fourier tinha opiniões peculiares, as quais, todavia, como ele próprio declara, são totalmente independentes e separáveis do seu sistema económico.

apenas pela localização ou obtidas indiscriminadamente da população, que incluiriam todos os malfeitores, os mais preguiçosos ou os mais viciosos, os mais incapazes de indústria, planeamento ou autodomínio estáveis, bem como uma maioria constituída por aqueles que, embora não tão degradados, permanecem, na opinião dos próprios socialistas, profundamente desmoralizados pelo estado existente da sociedade no que toca às qualidades essenciais para o sucesso do socialismo. Pecaremos por defeito se dissermos que a introdução do socialismo, nessas condições, só poderá resultar num fracasso desastroso, e que os seus apóstolos poderão ter apenas o consolo de a ordem social atualmente existente ter perecido primeiro e de a ruína comum ter incluído todos aqueles que tivessem beneficiado dela — um consolo que, para alguns deles, provavelmente seria real, pois, se podemos confiar nas aparências, o princípio que anima demasiados socialistas revolucionários é o ódio, um ódio muito desculpável aos males existentes, que seria descarregado na destruição do presente sistema por maiores que fossem os custos, mesmo para aqueles que sofrem agora, na esperança de que do caos surgisse uma nova ordem, e com uma impaciência descrente a respeito de um avanço mais gradual. Eles ignoram que o caos é a posição mais desfavorável para iniciar a construção de uma ordem, e que teriam de se seguir muitas eras de conflito, violência e opressão tirânica dos fracos pelos fortes; eles não sabem que mergulhariam a humanidade no estado da natureza que Hobbes descreveu vividamente (*Leviatã*, Parte I, Cap. 13), onde todos os homens são inimigos de todos os homens:

> Nessa situação não há lugar para a indústria, pois o seu fruto é incerto, e, consequentemente, não há cultivo

> da terra, nem navegação, nem uso das mercadorias que podem ser importadas pelo mar, nem casas confortáveis, nem instrumentos para mover e remover as coisas que requerem grande força, nem conhecimento da superfície da Terra, nem contagem do tempo, nem artes, nem letras, nem sociedade; e, o que é pior do que tudo, um constante temor e perigo de morte violenta; e a vida do Homem é solitária, pobre, sórdida, embrutecida e curta.

Se os membros mais pobres e desgraçados de uma sociedade considerada civilizada estiverem numa situação tão má como aquela em que todos estariam nesse barbarismo extremo produzido pela dissolução da vida civilizada, isso não significa que a forma de os fazer ascender fosse reduzir todos os outros ao mesmo estado miserável. Pelo contrário, foi mediante a ajuda dos que primeiro ascenderam que muitos outros escaparam à sorte geral, e só uma melhor organização do mesmo processo poderá fazer-nos esperar que este, a seu tempo, tenha sucesso na ascensão de todos os demais.

A Ideia de Propriedade Privada não é Fixa, mas Variável

As considerações precedentes parecem suficientes para mostrar que aquela renovação integral do tecido social visada pelo socialismo, que instituiria a constituição económica da sociedade numa base inteiramente nova, distinta da propriedade privada e da competição, por muito valiosa que seja como ideal, e mesmo como profecia de possibilidades últimas, não está disponível como recurso presente, dado que requer daqueles que realizariam a nova ordem das coisas qualidades morais e intelectuais que precisariam de ser testadas em todos e criadas na maioria — e isso não se pode conseguir com uma lei do Parlamento, tendo de ser, segundo a suposição mais favorável, uma trabalho para um período considerável. Durante um longo período futuro, o princípio da propriedade individual dominará a sociedade. Mesmo que, num país, um movimento popular ponha os socialistas à frente de um governo revolucionário, a instituição da propriedade privada sobreviverá, por mais variadas que sejam as formas da sua violação, e será aceite por eles ou restaurada através da sua expulsão — isto pela simples razão de que as pessoas não abdicariam daquela que é, atualmente, a sua única fonte fiável de subsistência e segurança, antes de se pôr a funcionar algo que a substituísse. Se algumas pessoas tivessem partilhado entre si aquilo que fora propriedade de outrem, mesmo elas desejariam conservar o que adquiriram, e reatribuiriam à propriedade nas novas mãos a sacralidade que não tinham reconhecido nas anteriores.

Mas embora, por estas razões, a propriedade individual tenha presumivelmente uma longa vida à sua espera, mesmo se apenas com uma existência provisória, não devemos concluir que, assim sendo, terá de existir inalterada durante a sua vida, ou que todos os direitos hoje considerados conectados à propriedade lhe pertençam inerentemente e tenham de perdurar enquanto ela existir. Pelo contrário, aqueles que obtêm o maior benefício direto das leis da propriedade têm tanto o dever como o interesse de considerar imparcialmente todas as propostas de tornar essas leis menos onerosas para a maioria. Isto, que seria sempre uma obrigação de justiça, é também uma injunção da prudência, que serve para se precaverem contra as tentativas, que seguramente serão frequentes, de implementar as formas socialistas de sociedade.

Um dos equívocos cometido com maior frequência, e que é uma das fontes dos maiores erros práticos nos assuntos humanos, é o de supor que o mesmo nome corresponde sempre ao mesmo agregado de ideias. Não há palavra mais sujeita a este género de incompreensão do que «propriedade». Ela denota, em todo o estado da sociedade, os poderes mais amplos de uso ou controlo exclusivo de coisas (e por vezes, infelizmente, de pessoas) que a lei atribui ou que o costume reconhece nesse estado da sociedade. Contudo, estes poderes de uso e controlo exclusivos são diversos e variam muito em função do país e do estado da sociedade.

Por exemplo, nos estados iniciais da sociedade, o direito de propriedade não incluía o direito de legar. O poder de dispor da propriedade por testamento foi, na maioria dos países europeus, uma instituição bastante tardia — e, muito depois de ter sido introduzido, continuou a ser limitado para benefício dos chamados herdeiros naturais. Onde o legado não é permitido, a propriedade individual é só um interesse de vida. E de facto, como *Sir* Henry Maine explicou tão bem e detalhadamente na sua obra muitíssimo instrutiva sobre a Lei Antiga, a propriedade, segundo a sua ideia primitiva, pertencia não ao indivíduo, mas à família.([2]) Ao chefe de família cabia a gestão e ele era a pessoa que realmente exercia os direitos de proprietário. Neste, como noutros aspetos, ele governava a família com um poder quase despótico. Todavia, não era livre de exercer o seu poder para retirar

---

([2]) Henry Sumner Maine (1822–1888) foi um jurista e historiador inglês. Mill refere-se à sua obra *Ancient Law: Its Connection with the Early History of Society, and Its Relation to Modern Ideas* (1861).

aos coproprietários as outras porções; não podia dispor da propriedade de um modo que os privasse da sua fruição conjunta ou da sucessão. Segundo as leis e os costumes de algumas nações, a propriedade não podia ser alienada sem o consentimento dos filhos do sexo masculino; noutros casos, o filho podia, por lei, exigir que a propriedade fosse dividida e que lhe fosse atribuída a sua quota-parte, como na história do Filho Pródigo. Se a associação se mantivesse após a morte do chefe de família, outro membro, nem sempre o seu filho, mas frequentemente o mais velho da família, o mais forte ou o escolhido pelos restantes, suceder-lhe-ia na gestão e nos direitos de gerir, conservando os outros os seus direitos. Se, pelo contrário, o grupo se dividisse em famílias distintas, cada uma delas ficaria com parte da propriedade. Falo da propriedade, e não da herança, porque o processo era uma mera continuação dos direitos existentes, e não a criação de novos direitos. Só a quota-parte do gestor transitava para a associação.

Considerando agora os direitos de proprietário no que respeita a imóveis (o género principal de propriedade numa era rude), observa-se que estes variaram muito no seu alcance e na sua duração. Pela lei judaica, a propriedade de imóveis era apenas uma concessão temporária. No ano sabático, era devolvida à reserva comum para ser redistribuída, embora possamos conjeturar que, nos períodos judaicos, se tenha conseguido fugir a esta regra. Em muitos países asiáticos, antes de as ideias europeias terem chegado, não existia nada a que a expressão «propriedade da terra», como a entendemos, fosse estritamente aplicável. Dividia-se a propriedade por diversas partes distintas, cujos direitos eram determinados não pela lei, mas pelo costume. O governo era parcialmente proprietário, tendo direito a uma renda avultada. As ideias antigas, e mesmo as leis antigas, limitavam a quota-parte do governo a uma fração definida do produto bruto, mas na prática não havia um limite fixo. O governo podia transferir a sua quota-parte para um indivíduo, que então adquiria o direito de coleta e todos os outros direitos do estado, mas não os respeitantes ao solo de uma pessoa privada. Esses direitos privados eram de vários géneros. Os efetivos agricultores, ou os agricultores que se tinham estabelecido há muito na terra, tinham o direito de conservar a posse. Considerava-se ilegítimo expulsá-los enquanto pagassem a renda — uma renda que, de um modo geral, era determinada não por um acordo, mas pelos costumes da região. Entre os efetivos agricultores e o Estado, ou aquele para quem o Estado transferira os seus direitos, estavam pessoas intermédias com direitos de alcances diversos. Havia funcionários do governo que recolhiam a quota-parte do produto que cabia ao Estado, por vezes em grandes distritos, os quais, embora tivessem de pagar ao governo toda a coleta depois de deduzida uma percentagem, eram frequentemente funcionários hereditários. Havia também, em muitos casos, comunidades aldeãs que consistiam nos descendentes reputados dos fundadores da aldeia. Estes, que partilhavam entre si a terra ou o seu produto segundo regras estabelecidas pelo costume, cultivando-a eles mesmos ou empregando outros no seu cultivo, tinham direitos à terra que eram mais parecidos com os de um proprietário agrário, concebido à maneira inglesa, do que com os de qualquer outra das partes envolvidas. Contudo, o direito de propriedade da aldeia não era individual, mas coletivo; era inalienável (os direitos dos detentores individuais só podiam ser vendidos ou hipotecados com o consentimento da comunidade) e governado por regras fixas. Na Europa medieval, quase toda a terra era confiada pelo soberano por serviços prestados, militares ou agrícolas. E na Grã-Bretanha, ainda hoje, quando tanto os serviços como todos os direitos reservados do soberano caíram há muito em desuso ou foram substituídos por impostos, a teoria da lei não reconhece a nenhum indivíduo um direito de propriedade absoluto à terra; o mais forte proprietário de terras à luz da lei, o *freeholder*, é apenas um «inquilino» da Coroa. Na Rússia, mesmo quando os agricultores eram servos do proprietário de terras, o direito de propriedade da terra deste último estava limitado por direitos dos primeiros, que lhes pertenciam enquanto corpo coletivo que geria as suas próprias atividades, nas quais o proprietário não podia interferir. E na maioria dos países da Europa continental, quando a servidão foi abolida ou caiu em desuso, aqueles que cultivavam a terra como servos conservaram direitos e continuaram sujeitos a obrigações. As grandes reformas agrárias de Stein e dos seus sucessores na Prússia consistiram em abolir tanto os direitos como as obrigações, e em dividir a terra inteira pelo proprietário e pelo camponês, em vez de deixar a cada um deles um direito limitado ao todo. Noutros casos, como na Toscânia, o agricultor *métayer* é virtualmente coproprietário com o dono da terra, dado que o costume, embora não a lei, lhe garante uma posse permanente e metade do produto bruto, desde que cumpra as condições habituais da sua concessão.

Além de os direitos de propriedade às mesmas coisas terem um alcance diferente em países distintos, são também exercidos em coisas diferentes. Em todos os países, numa época passada, e em alguns países ainda hoje, o direito de propriedade estendia-se e estende-se à posse de seres humanos. Houve muitas vezes propriedade de organismos públicos, como gabinetes judiciais, entre muitos outros, em França antes da Revolução; na Grã-Bretanha, ainda existem alguns gabinetes de patentes, embora creia que estes se extinguirão, pela atuação da lei, quando os atuais detentores morrerem; e só agora estamos a abolir a propriedade na hierarquia militar. Os organismos públicos, constituídos e financiados para fins públicos, ainda exigem um direito inviolável à propriedade do seu património igual ao dos indivíduos — e, embora uma moralidade política sã não atenda a esta exigência, a lei apoia-a. Vemos, assim, que o direito de propriedade foi interpretado de maneiras diferentes, e considerado diferente no seu alcance, em épocas e em lugares diferentes; que a conceção desse direito é variável, foi revista frequentemente e pode admitir novas revisões. Importa observar também que as revisões que esta sofreu até agora no progresso da sociedade foram geralmente positivas. Por esta razão, quando alguém alega, bem ou mal, que uma certa mudança ou modificação nos poderes exercidos nas coisas pelas pessoas legalmente reconhecidas como suas proprietárias seria benéfica para o público e conducente a uma melhoria geral, não se apresentará uma boa réplica caso se responda simplesmente que a mudança proposta está em conflito com a ideia de propriedade. A ideia de propriedade não é uma única coisa, idêntica ao longo de toda a história e incapaz de alteração; pelo contrário, como todas as outras criações da mente humana, é variável; em qualquer período, é uma breve expressão que denota os direitos a coisas conferidos pela lei ou pelos costumes de uma sociedade nesse período; mas nem neste nem em nenhum outro aspeto a lei e os costumes de um dado período e lugar são algo que temos de estereotipar para sempre. Uma reforma proposta das leis ou dos costumes não é necessariamente objetável por a sua adoção implicar, não a adaptação de todas as atividades humanas à ideia existente de propriedade, mas a adaptação das ideias existentes de propriedade ao desenvolvimento e melhoramento das atividades humanas. Diz-se isto sem prejuízo para a justa pretensão dos proprietários a serem compensados, pelo Estado, pelos direitos legais respeitantes à propriedade dos quais sejam privados em prol do bem público. Esta justa pretensão, o seu fundamento e os seus justos limites, são um assunto distinto, que por isso será discutido adiante. Sob esta condição, no entanto, a sociedade tem toda a legitimidade para anular ou alterar qualquer direito de propriedade específico que, depois de uma consideração suficiente, entenda ser um obstáculo ao bem público. E, seguramente, o ataque terrível, como vimos num capítulo anterior, que os socialistas conseguem dirigir à presente ordem económica da sociedade, requer uma plena atenção a todos os meios de esta instituição poder funcionar de um modo mais benéfico para esse grande segmento da sociedade que, atualmente, frui a menor parte dos seus benefícios diretos.

Discurso sobre o Sistema Cooperativo

Se fosse responder sucessivamente a todas as objeções colocadas por diversos cavalheiros durante a discussão, estaria a confiar em demasia tanto nos meus próprios poderes como na paciência de um auditório já fatigado por um debate tão longo. Dá-me alguma satisfação observar, portanto, que aqueles que agora não posso refutar nada disseram, em geral, que seja digno de refutação, e que aqueles, de entre os nossos adversários, que, pelas suas capacidades, têm mais direito a uma réplica são precisamente quem nos fez as maiores concessões. Se alguma pessoa nesta sala tiver escutado atentamente, não direi os nossos argumentos, mas os do Golias dos nossos antagonistas, e insista em atribuir todos os males, ou mesmo só os males principais da sociedade, à competição, perdoar-me-á por supor que os meus raciocínios não poderão fazer muito para alterar uma convicção que contraria os raciocínios do Sr. Thompson.([3]) No entanto, não posso

([3]) William Thompson (1775–1833), irlandês, foi um filósofo político e um reformista social. Embora socialista, foi crítico de Owen.

perder a oportunidade de exprimir o meu agrado por ter descoberto que há uma pessoa, nesta Sociedade, que não vê em nós os partidários do vício e da miséria, nem imagina que tenhamos de ser inimigos do desenvolvimento humano por diferirmos, desta Sociedade, a respeito dos meios pelos quais há que alcançar esse desenvolvimento. Não somos os defensores daqueles males que o Sr. Thompson deplorou tão emotivamente. Não somos os partidários da degradação das classes trabalhadoras. Não somos os partidários da escravatura dos negros; tão-pouco o Sr. Thompson lamenta mais profundamente do que nós essa servidão miserável em que a metade mais fraca da nossa espécie se mantém por causa da tirania da mais forte, auxiliada e encorajada pela sua própria submissão abjeta e servil. Mas creio que, nesta sala, estes males não estão em questão: que o Sr. Thompson os condene tão intensamente quanto deseje; não os condenará a tal ponto que não estejamos dispostos a segui-lo. A não ser, portanto, que se possa mostrar que esses males pertencem necessariamente a um sistema de competição individual (o que, como o próprio Sr. Thompson reconhece, não é verdade), tomarei a liberdade de os arredar completamente do meu exame, por serem totalmente irrelevantes para a discussão.

Os membros mais inteligentes da Sociedade parecem admitir que um grau muito grande de felicidade é alcançável num sistema de competição: que é possível conseguir um bom governo neste sistema; que é possível obter boas leis e uma boa administração dessas leis; e, por fim, que nele é possível dar a toda a raça humana um grau elevado de educação intelectual e moral. Também se

---

Entre as suas obras, destaca-se *An Inquiry into the Principles of the Distribution of Wealth Most Conducive to Human Happiness* (1824).

admite que num sistema de competição livre, combinado com boas leis, um bom governo e uma boa educação, e com um devido controlo da dimensão da população, todo o trabalhador fruiria todo o produto do seu trabalho, com a exceção daquilo que ele desse voluntariamente para se obter um maior bem. E é esta a felicidade que, por admissão dos nossos oponentes, é compatível com a competição individual. Por outro lado, afirmei no meu discurso inicial, e ninguém o negou, que o princípio da cooperação, considerado meramente em si mesmo, e desligado das outras grandes mudanças a que aludi, não ofereceria um remédio adequado para um dos grandes males que afligem atualmente a raça humana. Pelo princípio da cooperação, entendo o princípio da propriedade comum, que é o princípio fundamental do plano do Sr. Owen e o único princípio desse plano que não aceito. O sistema cooperativo poderia facilitar — e, segundo os seus apoiantes, facilitaria — a obtenção de uma boa educação, de boas leis, de um bom governo e de um bom controlo populacional. Todavia, o sistema cooperativo não é o mesmo que um bom governo, uma boa educação, boas leis ou um bom controlo populacional — e, seja qual for o efeito destas coisas, elas não são o efeito do sistema cooperativo. Este, quando muito, poderá torná-las mais fáceis de alcançar. O sistema cooperativo não acabaria com os impostos nem com o dízimo; poder-se-ia combinar com estruturas educativas, mas em si mesmo não seria a educação. Tudo o que o sistema cooperativo pode fazer por si mesmo é acrescentar, àquilo que os trabalhadores já possuem, os lucros das ações e as rendas das terras. Ora, provei no meu discurso de abertura, com dados cuja correção não pode ser e não foi questionada, que as rendas e os lucros — os quais, no estado atual da sociedade, sendo arrecadados em grandes quantidades, causam uma impressão vívida na imaginação e parecem muito maiores do que são — na verdade não excedem um décimo do produto; e que, se divididos por aqueles que já possuem, excluindo os impostos, os outros nove décimos, dificilmente bastariam para introduzir uma melhoria percetível no seu conforto, e isto mesmo que todos os homens trabalhassem tantas horas por dia como hoje, o que contraria a intenção do promotor do esquema.

A ideia de uma melhoria grande e imediata no conforto de todas as pessoas — que, como nos disseram no início, resultaria da própria vivência em comunidade — parece, portanto, ter sido abandonada pelos membros mais inteligentes da Sociedade. Eles defendem a sua posição invocando sobretudo as melhores condições que o sistema cooperativo, na sua opinião, oferece para a obtenção de uma boa educação, de um bom governo e de um controlo populacional. Invocam também a maior felicidade que, de acordo com as suas ideias, seria realizada por meio deste sistema, quando uma boa educação e um bom governo tivessem sido concretizados e a dimensão da população tivesse sido controlada.

Começarei por atentar no último destes tópicos. O Sr. Thompson ofereceu-nos uma enumeração dos males que, em seu entender, são inerentes a todos os sistemas de competição. Não sei se seria de esperar que eu percorresse a lista inteira e refutasse sucessivamente todas as posições que ele defendeu, mas, se não responder a todos os seus argumentos, espero que isso não seja razão para suporem que estou a evitar ou a fugir de alguns deles. Uma opinião, por muito errónea que seja, leva menos tempo a formular do que a refutar. Para apontar inconveniências, um relance superficial costuma ser suficiente. Expor o mecanismo pelo qual essas inconveniências poderão ser remediadas, ou transformadas em meios para a produção de um maior bem, exige não só mais trabalho, mas também mais tempo. Se, além de todas as outras coisas que tenho de fazer, concedesse às proposições do Sr. Thompson apenas tanto tempo como o que ele ocupou a enunciá-las, quando deveria fazê-lo? Confio a questão ao vosso juízo, senhores. Digo isto a título de desculpa pelo estado imperfeito dos argumentos que vou apresentar-vos, mas não deixo de ter a esperança de conseguir dar uma réplica completa e satisfatória às proposições do Sr. Thompson que mais o exigem.

Ele disse-nos, primeiro, que a competição é incompatível com a plena atuação do princípio da benevolência. O seu modo de provar isto deu-nos um espécime notável do modo geral de argumentar que estes cavalheiros adotam. Ele parece pensar que o princípio da benevolência será descartado sempre que se chame outro princípio em seu auxílio. O objetivo da competição, disse, é e tem de ser sempre, exclusivamente, a procura de riqueza. Ele não admitirá que possa haver competição por qualquer outro fim. E mesmo o nosso médico — é horrível contar isto! —, quando administra um medicamento ou cuida de um paciente acamado, pensa mais no guinéu ou nos dois ou três guinéus que embolsará do que na fama honesta que poderá conquistar, ou no serviço que poderá prestar a um semelhante em sofrimento. Não podem existir objeções mais fortes a uma proposição do que estas duas: em primeiro lugar, que a proposição é falsa; em segundo lugar, que, mesmo se fosse verdadeira, seria irrelevante para a discussão. Ambas as objeções me parecem peculiarmente aplicáveis à proposição em apreço. No que respeita à sua verdade, apelarei a uma autoridade que o Sr. Thompson não poderá contestar, visto esta ser ele mesmo. Um dos acidentes a que um orador que fala demoradamente está sujeito é o de, antes de concluir o seu discurso, esquecer-se ocasionalmente do começo e deixar escapar o contrário direto daquilo que começou por defender com toda a ênfase imaginável e com a maior confiança concebível. Assim, na parte inicial do discurso do Sr. Thompson, convinha à sua teoria que só houvesse competição por riqueza. Pelo final do seu discurso, quando se ocupou da alegada tendência da competição para originar guerras, convinha à sua teoria que houvesse competição por muitas outras coisas além da riqueza, pois sabemos muito bem que, como todo o país mercantil está interessado na prosperidade dos seus vizinhos, não pode existir competição pela riqueza entre dois países. A competição, portanto, como ele próprio admite, não se confina à riqueza. A verdade é que, para o bem e para o mal, pode haver competição por qualquer coisa: pela fama e reputação, pelos prazeres da beneficência, bem como pelos prazeres da riqueza. Mas suponha-se que, como diz o Sr. Thompson, a competição tem a procura de riqueza como objeto exclusivo. Comer o meu jantar é algo que tem como objeto exclusivo a satisfação do meu apetite. Será que, então, comer o meu jantar é inconsistente com a prática da benevolência? Teremos nós de renunciar ou às nossas virtudes ou às nossas refeições? Confesso que nunca me constou que se tenha observado que aqueles que comem menos são os que têm maior benevolência, nem estou perto de ter certeza de que, se os seres humanos decidissem unanimemente manter um jejum perpétuo, isso aumentaria muito a benevolência da humanidade.

Outro dos males apresentado como inerente à competição foi o da dificuldade em fazer a oferta corresponder à procura. É verdade que, por vezes, os produtores estão a uma grande distância dos consumidores e são forçados a fazerem o trabalho de produção sem terem a certeza de que a oferta encontrará compradores. Parece-me, no entanto, que estas coisas se regulam sempre a si mesmas e que, se uma mercadoria é produzida a uma grande distância do lugar onde deverá ser consumida, isso só acontece por ser conducente aos propósitos da satisfação humana que as coisas sejam produzidas no lugar que possui melhores condições naturais para a sua produção. O mal não é inerente à competição; é um mal inerente ao comércio e, a não ser que o comércio seja proscrito, tanto os indivíduos como as comunidades terão de acatar o mal a par do bem. Atualmente, Essex, por causa da fertilidade do seu solo, fornece milho à maior parte de Inglaterra. As montanhas galesas e as colinas de Sussex e de Wiltshire fornecem as melhores ovelhas, e outros lugares a melhor lã. Northumberland fornece carvão a toda a Inglaterra. A Cornualha e Derbyshire fornecem estanho e chumbo a quase todo o mundo. Isto deixaria de ser assim no sistema cooperativo? Os habitantes de Londres teriam de escavar o solo de Blackheath em busca de carvão? Se a resposta é negativa, os produtores continuariam muito separados dos consumidores. Obviamente, por vezes descobririam ter produzido mais do que a procura e perderiam algo com isso, mas por vezes também descobririam ter produzido menos do que a procura e, então, ganhariam tanto como aquilo que tinham perdido.

Estou certo de que alguns dos males enumerados pelo Sr. Thompson têm de ter sido colocados inadvertidamente entre os males da competição. Ele falou de guerras e de dívidas do governo como consequências necessárias da competição, como se fosse justo acusar a competição de ser a causa destes males, que são o efeito de um mau governo. Também incluiu, entre os males da competição, o facto de todos os indivíduos estarem sujeitos a acidentes, mas foi suficientemente generoso para nos informar de um remédio eficaz — a prática dos seguros.

Abordarei rapidamente a objeção seguinte, que é a do prejuízo que os trabalhadores sofrem por causa da competição das máquinas. Depois daquilo que o Sr. Ellis disse noutra noite, não precisarei de fazer mais do que ele.(4) As máquinas poderão ter o efeito de baixar os salários por algum tempo, mas o seu efeito é sempre o de acabar por fazê-los subir. Aumentando a produção, aumentam sempre e necessariamente a procura de trabalho. Quando a máquina de fiar hidráulica foi introduzida, alguns fiadores de algodão, sem dúvida alguma, ficaram sem emprego. Mas considerem-se os seus efeitos finais: onde um fiador de algodão encontrava emprego antes da invenção, há agora emprego para milhares. A competição das máquinas, portanto, é algo que os trabalhadores têm a temer apenas quando, por causa de uma população excessiva, os seus salários são tão baixos que uma ligeira redução leva inevitavelmente à fome. Se o mercado estiver com falta de trabalho e os salários forem altos, todos encontrarão emprego apenas com uma redução salarial muito ligeira. Onde os salários são baixos, os trabalhadores não podem suportar a menor diminuição; onde são altos, podem facilmente acatar uma diminuição temporária e insignificante em função de um aumento maior que seguramente se seguirá.

---

(4) Mill refere-se ao economista inglês William Ellis (1800–1881). Ellis fez parte da Sociedade Utilitarista, fundada pelo jovem Mill, cujas atividades decorreram de 1822 a 1826.

Se há um argumento que os cavalheiros desta Sociedade enfatizam mais do que qualquer outro, é o da tendência da competição para fazer de cada homem um rival, e consequentemente um inimigo, de qualquer outro homem. Se, portanto, conseguir mostrar que o seu grandioso argumento não é bom para nada, absolutamente para nada, provavelmente admitir-se-á que contribuí muito para desacreditar todos os outros. Entre os trabalhadores, que constituem a grande maioria da humanidade, não haverá qualquer rivalidade, se a população for devidamente controlada, pois existirá trabalho mais do que suficiente para todos — e não se poderá dizer que o trabalhador é como o cão no comedouro, que inveja os outros por possuírem aquilo a que ele mesmo não poderá dar uso. Entre os mercadores e outros capitalistas, haverá seguramente alguma rivalidade mesmo no melhor sistema de competição. Todavia, convém que os cavalheiros da Sociedade Cooperativa saibam que esta questão tem dois lados. Existiria comércio, troca de mercadorias, no sistema cooperativo? Se a resposta for negativa, ficariam quase reduzidos ao barbarismo primitivo. Todavia, se uma comunidade praticar o comércio, se trocar mercadorias com outras comunidades, continuará a haver competição — e, se a competição não pode deixar de ser uma causa de rivalidade, continuará a haver rivalidade. A competição apenas seguiria outro curso. De facto, o homem já não seria rival do homem, mas um grupo de homens, uma comunidade, seria rival de outra comunidade. O Sr. Thompson, a cuja candura devemos algumas das concessões mais importantes que um oponente fez a outro numa discussão, reconheceu que existiria competição entre comunidades — mas observou que essa competição produziria pouca rivalidade porque, disse, ninguém dependeria dela para a sua subsistência e todos conseguiriam subsistir facilmente com o seu trabalho. Concordo plenamente com estas perspetivas. Como o Sr. Thompson, penso que, quando todos podem subsistir facilmente com o seu trabalho, a competição só muito raramente produzirá aquela rivalidade que possa causar hostilidade mútua. Todavia, proponho humildemente que o benefício desta concessão não se confine ao Sr. Thompson. Também eu reivindico uma parte desse benefício para o meu lado da disputa. O Sr. Thompson diz que, no seu sistema, todos poderiam subsistir facilmente com o seu trabalho, pelo que não haveria rivalidade. Pois bem: no meu sistema, todos poderiam subsistir facilmente com o seu trabalho, pelo que, no meu sistema, também não haveria rivalidade. E pergunto agora, a quem me ouça e seja franco, se alguma vez houve uma confusão mais completa do que a sustentada nesta infeliz doutrina de que a competição é uma causa de hostilidade mútua entre os seres humanos.

Contudo, ainda que todos os males que estes cavalheiros atribuíram à competição fossem tão reais e substanciais como são fantasmagóricos e quiméricos, a disputa não deveria ser decidida apenas em função deles. Mesmo que, aparentemente, a perspetiva de um dos lados de uma disputa tivesse sido demonstrada, para alcançar a verdade há que não olhar para apenas um dos lados. A questão não é se um estado de competição estará livre de males, pois sabemos que há mal misturado em tudo aquilo que cabe aos seres humanos; a questão é saber se é a competição ou a cooperação que, globalmente, oferece as melhores perspetivas para a felicidade humana; e esta grande questão poderá ser decidida através não de um exame dos males do sistema competitivo, mas de uma comparação isenta dos males do sistema competitivo com os males do sistema cooperativo.

Se fosse lidar com a cooperação como o Sr. Thompson e os outros cavalheiros desta Sociedade lidaram com a competição, se fosse exibir e explorar ao máximo todas as inconveniências insignificantes que dela decorram ou possam decorrer em algumas circunstâncias, poderia facilmente fazer o catálogo parecer tão longo quanto me aprouvesse. No entanto, como não considero completamente isento esse modo de abordar a questão, e como, além disso, nem todos têm o poder físico ou a inclinação para falar durante duas horas, contentar-me-ei com uma recapitulação de quatro das principais dificuldades a que o sistema cooperativo me parece estar sujeito.

Contesto o sistema cooperativo, em primeiro lugar, porque este impede que os poderes produtivos de uma sociedade sejam plenamente realizados. Não poderá deixar de ser óbvio que, se hoje, quando toda a felicidade de um homem e mesmo a sua própria existência dependem do seu trabalho, e quando a sua recompensa é exatamente proporcional à sua diligência, existe ainda tanta gente ociosa, a situação seria muito pior se a subsistência fosse quase independente do trabalho — uma situação em que um homem poderia viver do trabalho dos outros, em que a sua recompensa seria igual, quer ele trabalhasse muito, quer trabalhasse pouco, em que ele nada poderia ganhar com a sua diligência, atenção e perícia, e não perderia fosse o que fosse, a não ser que incorresse no excesso mais invulgar e extremo de ociosidade, desatenção e estupidez. Nessa situação, quanto menos um homem trabalhasse individualmente, mais amargamente censuraria todos os outros por não trabalharem o suficiente, e a comunidade seria um palco de perpétuas contendas entre aqueles que, sendo eles mesmos ociosos, descobririam sempre que os seus pares o eram ainda mais. Contudo, presume-se que tudo isto seria contrariado pela opinião pública. Digo «presume-se» porque, embora toda a experiência o desminta (embora nenhum dos cavalheiros da Sociedade Cooperativa, indo a pé de Charing Cross a Temple Bar com um lenço de seda no bolso, confiasse na opinião pública para mantê-lo aí), nada foi dito para reconciliar esta afirmação espantosa com a probabilidade, para apagar a sua total inconsistência com tudo aquilo que se sabe da natureza humana, exceto, apenas, que as pessoas viveriam juntas em virtude da natureza dessas comunidades — como se nunca tivéssemos visto algo como uma cidade ou uma aldeia. Para ser justo para com a Sociedade Cooperativa, sou levado a supor que esta não confiaria somente na opinião pública — que existira uma escala graduada de castigos, que iriam de algo insignificante até à expulsão da sociedade. É verdade que, desta maneira, poder-se-ia compelir as pessoas a trabalhar. Mas como? Substituir-se-ia a recompensa pelo castigo. No lugar do impulso animador e estimulante da esperança, ficaria a influência degradante e arrepiante do medo. Não teríamos nenhum daquele trabalho adoçado pela consciência de que cada momento acrescenta algo à satisfação do trabalhador. O vosso trabalhador não trabalharia para poder produzir, nem produziria para poder conseguir satisfação — ele trabalharia para que não pudessem excluí-lo da mesa comum da comunidade, para que a sociedade não pudesse expulsá-lo do seu seio. O seu trabalho seria como o do escravo, que se encontra subjugado apenas porque não se atreve a desobedecer, e do qual se livraria ansiosamente à primeira desculpa ou oportunidade de fuga. Não é fácil calcular a subtração à soma da felicidade humana que esta situação faria. Afinal, o poder do castigo é limitado. O máximo que se pode espremer dele é a realização de uma tarefa prescrita — uma tarefa que terá de ser avaliada como muito inferior às capacidades até do membro mais fraco e inábil da comunidade. Com uma supervisão vigilante, poderá ser possível extorquir a realização — descuidada, indolente e imperfeita — dessa tarefa ao trabalhador contrariado. Acima disto, poucos seriam aqueles aos quais nenhumas circunstâncias fariam afrouxar a busca de uma excelência elevada e respeitável. Esses poderiam trabalhar — trabalhariam sozinhos.

Dir-se-á, talvez, que isto só seria verdade se as pessoas tivessem uma má educação, e que é vossa intenção que elas tenham uma boa educação. A isto respondo que o meu argumento não pressupõe que elas teriam uma má educação; pressupõe apenas que elas teriam um amor maior a si mesmas do que à comunidade a que pertencessem. Se me disserem que têm um plano educativo que as fará terem maior amor ao público do que a elas mesmas, não terei objeção alguma a que o ensaiem, embora ficasse muito surpreendido se este fosse bem-sucedido. Mas pelo menos isto é claro: se for possível tornar os homens perfeitamente benevolentes, as suas estruturas sociais não terão a menor importância, pois eles serão perfeitamente felizes em todas; ou, se tiverem alguma importância, o sistema que permita a maior liberdade de ação possível será favorecido. Nessas circunstâncias, a melhor forma possível de governo seria a anarquia.

Em segundo lugar, contesto o sistema cooperativo por este não assegurar suficientemente a boa gestão da empresa. Mostrei de que maneira o amor ao ócio atuaria nos membros individuais da comunidade. Os gestores da empresa (quer esta fosse gerida pelo todo, quer fosse gerida por delegados do todo) seriam tão ciosos do seu ócio como os indivíduos. Isto basta para tornar inevitáveis todos os males que a pior gestão possível pode implicar. De acordo com um provérbio famoso, aquilo que é da competência de toda a gente não é da competência de ninguém. Atente-se na experiência mais vasta respeitante ao caso das sociedades por ações. De um modo pouco judicioso, o Sr. Thompson referiu estas instituições como uma exemplificação parcial, introduzida nos tempos modernos, do princípio cooperativo. Ele não poderia ter apontado um espécime mais desfavorável do princípio, já que não há experiência mais universal do que aquela que prova que as atividades de uma sociedade por ações são sempre mal geridas. Exceto onde a atividade a empreender é de mera rotina, onde, como nas companhias de seguros, a garantia dos números é indispensável, ou onde é necessário um capital maior do que aquele que costuma estar no poder de indivíduos, nunca houve sociedade por ações que tenha resistido durante um período considerável à competição individual.

Em terceiro lugar, contesto o sistema cooperativo porque este, na sua própria natureza, é um sistema de regulamentação universal. Não sou daqueles que fazem da liberdade um ídolo a venerar, e até estou disposto a ir mais longe do que a maioria no que toca a regulamentar e controlar, quando há uma vantagem especial a obter com a regulamentação e o controlo. Presumo, no entanto, que ninguém negará que existe um prazer em gozar de uma perfeita liberdade de ação; que ser controlado, mesmo que para nosso próprio bem, é algo que, em si mesmo, está longe de ser aprazível; e que, sendo os demais fatores semelhantes, é infinitamente melhor concretizar um dado fim deixando as pessoas em paz do que concretizá-lo, controlando-as. Ser um ser independente é um grande prazer para o Homem. O selvagem da floresta seria o homem mais feliz, se pudesse reconciliar os confortos da vida civilizada com a conservação da sua independência. Isso, na verdade, é impossível: ele tem de sacrificar uma parte dessa independência, mas este sacrifício é um mal e só pode ser aceite em função de um bem maior. Isto está de tal maneira de acordo com as opiniões gerais dos seres humanos que os entusiastas benevolentes, nos seus planos para um novo modelo de sociedade, até hoje erraram por dar demasiada liberdade de ação. Os seus sonhos diurnos foram sonhos de perfeita liberdade. Ficou reservada para o século XIX a produção de uma nova seita de entusiastas benevolentes, cujos sonhos diurnos têm sido sonhos de perfeita escravidão. Se é verdade que os homens, como o Sr. Thompson diz das mulheres, não são menos escravos por estarem bem alimentados e vestidos, tenho a autoridade do Sr. Thompson para dizer que não se segue que o controlo não seja um mal, mesmo que este possa ser exercido tendo em vista nada mais do que o bem dos controlados. Para mostrar que o controlo é um mal, basta mostrar que é controlo — e suplantar esta objeção exige seguramente razões muito fortes do lado contrário.

Por fim, contesto o sistema cooperativo devido à despesa em equipamentos, a qual, segundo os seus próprios apoiantes, corresponderia a mais de 900 milhões de libras esterlinas só em edifícios para a Grã-Bretanha e a Irlanda. Mesmo isto, poder-se-á pensar, não seria um sacrifício excessivo para a felicidade de dezoito milhões de seres humanos. Sem dúvida que não — mas, quando há um sacrifício em vista, cabe-nos olhar em volta e ver de que maneira esse sacrifício poderá tornar-se mais eficaz, e hesitar antes de adotarmos um plano que exige que gastemos logo de início uma quantia muito maior do que a suficiente para dar a melhor educação possível a todos os habitantes do Reino Unido.

Sendo agora claro que não é possível obter, no sistema cooperativo, mais felicidade do que a compatível com a competição individual, falta examinar a outra justificação dos seus apoiantes: que este permite que o mesmo fim seja alcançado em menos tempo.

Se fosse verdade, como diz o Sr. Thompson, que no sistema competitivo não se pode melhorar a situação de alguns antes de se melhorar a situação de todos, essa justificação teria algum fundamento. Mas isto é um erro. É verdade que, se os salários forem altos em Inglaterra e baixos na Irlanda, e se deixarmos os irlandeses virem para Inglaterra, eles impedirão os trabalhadores *ingleses* de conseguir qualquer benefício com a sua prudência. Mas o remédio é simples: mantenham-se os irlandeses fora de Inglaterra. Não vejo nesta proposta nada que possa chocar um membro da Sociedade Cooperativa. Manteriam todos os intrusos fora das vossas comunidades. Têm apenas de imaginar toda a Inglaterra preenchida com comunidades. Os estrangeiros, então, ficariam naturalmente de fora, exceto na medida em que as comunidades considerassem vantajoso admiti-los. Por que razão, nesse caso, contestam o facto de fazermos aquilo que fariam sem hesitar? Mas talvez me digam que, se os trabalhadores não vierem ter com o capital, o capital irá ter com eles. Isto seria verdade se, do facto de os trabalhadores de um país estarem mal, se seguisse necessariamente que os lucros do capital são altos, mas a experiência mostra que, naqueles países em que as pessoas se multiplicam sem restrições, elas precisam de cultivar uma terra tão má para se alimentarem, que os lucros ficam tão baixos como noutro lugar, e só o senhorio obtém algum benefício da condição degradada do grosso da população. Em que país os salários serão mais altos do que na América? Se fosse verdade que o capital se desloca dos países em que os salários são mais altos para os países em que são baixos, este deveria deslocar-se da América para todas as outras partes do mundo, em vez de se deslocar de todas as partes do mundo para a América.

Os apoiantes do sistema cooperativo dizem-nos que têm sobre nós a vantagem de fazerem felizes tantos quantos consigam abranger, sem esperarem pela generalização dos hábitos prudenciais. Uma coisa, no entanto, parece ter-lhes escapado: na medida em que fazem alguns felizes, agravam a miséria dos demais. A condição dos trabalhadores depende da razão entre população e capital. Se, portanto, para a criação de uma comunidade é necessário tirar mais ao capital de um país do que à população, deteriora-se a condição da grande maioria das pessoas. Ora, é exatamente isto que terão de fazer. Diz-se que são necessárias duzentas mil libras para a criação de uma comunidade. Este capital proporcionara antes a subsistência anual a pelo menos dez mil trabalhadores e suas mulheres e famílias. A não ser, portanto, que levem todas estas pessoas para a vossa comunidade, deixarão inevitavelmente parte delas no resto do mundo. Creio que não está nos vossos planos admitir mais do que duas mil pessoas numa comunidade. Têm de ver imediatamente, portanto, que absorveriam todo o capital do país muito antes de terem provido um terço dos trabalhadores; e, quando a Grã-Bretanha em geral estivesse preenchida por comunidades, dois terços da população descobrir-se-iam excluídos — seriam empurrados para o mar, se não tivessem morrido antes de fome, ou então rebelar-se-iam e subverteriam as instituições desse sistema que, apropriadamente, poderemos descrever como um plano para tornar feliz uma parte da comunidade à custa da parte restante.

Por esta razão, é claro que, até as pessoas terem salários mais altos limitando a população, será impossível o sistema cooperativo ter mais do que uma existência experimental. E a questão é se as poucas comunidades experimentais assegurariam suficientemente a felicidade do número muito reduzido de pessoas que poderiam beneficiar delas. Desde que consigam proporcionar motivos para trabalhar, desde que consigam proporcionar garantias de uma boa gestão da organização, e desde que possam certificar-se de pôr na liderança de cada uma das vossas comunidades um certo número de homens esclarecidos, por meio dos quais possam assegurar uma boa educação aos habitantes, e sem os quais o mais certo será eles terem uma educação muito má — desde que, direi eu, consigam fazer tudo isto, admito que poderão garantir aos habitantes da comunidade um grau muito alto de felicidade. Contudo, não posso admitir que a questão dependa apenas destas considerações, e não posso pensar que haveria muito a dizer a favor do sistema cooperativo se, com o auxílio de fundos enormes e com o apoio zeloso de um grande número de indivíduos, conseguissem produzir mais felicidade do que aquela que podemos produzir sem qualquer apoio e sem quaisquer fundos. Pois suponha-se que nos era dada a gerir, para o bem da humanidade, uma quantia igual àquela que teria de ser esbanjada só nos edifícios de uma única comunidade. Empregando parte dessa quantia em educação, e parte em materiais impressos, em vinte anos levaria a cabo uma reforma do governo do meu país, uma reforma das suas leis, uma reforma da organização da Igreja, e dotaria toda a sua população do conhecimento dos meios para manter o mercado constantemente carente de trabalho, e do poder regular os seus salários como lhe aprouvesse. Não pode deixar de me admirar que pessoas tão benevolentes, sem dúvida, como os promotores do sistema cooperativo pensem em converter, para benefício exclusivo e muito precário de muito poucos, fundos suficientes para assegurar a maior felicidade do todo — surpreende-me ainda mais que esta proposta parta daqueles que se dizem e se imaginam amigos da igualdade universal.

Lamentarei se se pensar que sou inimigo do sistema do Sr. Owen. Não sou inimigo de nenhum sistema que vise o melhoramento da humanidade. Por esse sistema me parecer destituído de todas as seguranças necessárias para o bom funcionamento da máquina social, não posso deixar de o considerar uma experiência perigosa. Ainda que perigoso, no entanto, se este oferecesse a única oportunidade para a natureza humana, se não existisse um fundamento diverso e muito mais seguro para as nossas esperanças, não haveria nenhum medo infantil do que é novo simplesmente por ser novo, nem nenhuma ânsia egoísta de manter os outros na miséria só para que eu pudesse parecer mais feliz por comparação, que me impedissem de dedicar a minha vida inteira à concretização dessa oportunidade. Enquanto subsistisse o mais ténue vislumbre de esperança, não haveria esforço ou sacrifício a que me poupasse em vez de renunciar àquelas antecipações animadoras do indefinido progresso da humanidade, que tenho acarinhado desde o berço e que provavelmente levarei para a sepultura. Todavia, esse sistema não é a única nem a melhor oportunidade — ainda não temos de recorrer a esses remédios drásticos. Há, no Homem, um princípio muito mais constante e muito mais universal do que o amor aos seus semelhantes. Refiro-me ao amor-próprio. E, sem excluir o primeiro princípio, as minhas esperanças assentam sobretudo neste último. Independentemente de o amor-próprio ser um princípio que se possa erradicar do peito não só de um homem, mas de todos, ninguém negará, pelo menos, que este é um princípio poderoso. Na situação atual, tem quase todo o poder; e, sendo assim, seguramente não há grande sabedoria em atrair a sua oposição, quando podemos tê-lo do nosso lado. Que as coisas se organizem a fim de que o interesse de cada indivíduo concorde exatamente com o interesse do todo — a concretização disto, pelo menos, pertence ao poder das leis e das instituições. E, depois, que cada indivíduo seja educado para conhecer os seus próprios interesses. Assim, com a ação simultânea de um grande número de agentes, cada um deles a remar na direção da sua própria felicidade, alcançar-se-á a felicidade do todo. Quanto ao sistema cooperativo (considerado à luz mais favorável), só consigo vê-lo como se observasse um homem que, com um trabalho prodigioso e arriscando o seu pescoço, se dedicasse à tentativa de escalar uma muralha de vinte pés, quando, se tivesse olhado ao seu redor, teria visto um postigo pelo qual poderia ter passado sem perigo ou dificuldade.

Dado que, provavelmente, esta é a última vez que abrirei os lábios nesta Sociedade, antes de me sentar, faço questão de exprimir a minha gratidão pelo modo generoso, indulgente e cortês com que os seus membros escutaram a expressão de opiniões que, inicialmente, terão parecido repulsivas ao seu espírito. Estou certo de que muitos deles começaram por crer que essas são opiniões apenas de amigos tépidos ou de inimigos dissimulados da humanidade. Estou convencido de que agora nenhum deles continuará a pensar assim. Tenho a certeza de que nos despedimos com simpatia, tenho a certeza de que todos nós temos agora uma opinião mais favorável dos outros — e, se este fosse o único bom efeito produzido pela discussão (se esta, contrariamente ao que espero, não tivesse contribuído para o nosso conhecimento), não poderíamos, de forma alguma, considerar desperdiçado o tempo ocupado. Continuarão a trabalhar na vossa vocação; nós trabalharemos na nossa e, embora discordemos nos meios, temos todos em vista o mesmo grande fim, que é o do progresso da raça humana. Pela minha parte, voltarei sempre com prazer ao pensamento de que posso ter contribuído um pouco para corrigir a vossa avaliação de uma ciência que não merece o opróbrio que lhe lançaram precipitadamente, e para vos provar que, mesmo no peito de um economista político, pode vibrar uma chama de benevolência tão pura como mesmo aquela que o archote do Sr. Owen possa ter ateado no nosso peito.

Civilização

A palavra «civilização», como muitos outros termos da filosofia da natureza humana, tem um duplo sentido. Por vezes corresponde ao desenvolvimento humano em geral; por vezes, a certos géneros de desenvolvimento em particular.

Estamos acostumados a dizer de um país que este é mais civilizado se o considerarmos mais desenvolvido, mais eminente nas melhores características do Homem ou da sociedade, mais avançado no caminho para a perfeição: mais feliz, mais nobre, mais sábio. Este é um sentido da palavra «civilização». Mas, noutro sentido, esta corresponde apenas àquele género de desenvolvimento que distingue uma nação rica e poderosa dos selvagens ou dos bárbaros. É neste sentido que podemos falar dos vícios ou das misérias da civilização, e que se pôs seriamente a questão de saber se, globalmente, a civilização será um bem ou um mal. Decididamente, não tenho dúvidas nesta questão e defendo que a civilização é um bem, que é promotora de muito bem e que não é incompatível com nenhum bem. Todavia, penso que há outro bem, sendo até o bem superior, que a civilização, neste sentido, não proporciona, e que alguma civilização tem uma tendência (embora uma tendência que pode ser neutralizada) para impedir.

A investigação a que estas considerações conduzem serve para esclarecer muitos dos traços característicos da nossa época. A presente era é preeminentemente uma era de civilização no sentido estrito, consideremos quer o que já se alcançou, quer os rápidos avanços em direção a conquistas ainda maiores. Não considero esta época igualmente avançada ou igualmente progressiva em muitos dos outros géneros de desenvolvimento. Em alguns, parece-me estacionária; em alguns, até retrógrada. Além disso, as consequências irresistíveis de um estado de avanço civilizacional, a nova posição em que esse avanço colocou (e que, a cada dia, coloca cada vez mais) a humanidade, a total inaplicabilidade das velhas regras nesta nova posição, e a necessidade (se quisermos realizar os benefícios do novo estado ou conservar os do velho) de adotarmos muitas regras novas e novos cursos de ação, são tópicos que parecem exigir um exame mais amplo do que aquele que geralmente têm recebido.

Na presente ocasião, usarei a palavra «civilização» apenas no sentido estrito: não naquele em que esta é sinónimo de desenvolvimento, mas naquele em que esta é o oposto ou o contrário direto de rudeza ou barbárie. Sejam quais forem as características daquilo a que chamamos vida selvagem, o seu contrário, ou as qualidades que a sociedade adquire quando se livra delas, constitui a civilização. Assim, uma tribo selvagem consiste num punhado de indivíduos que vagueiam ou que se dispersam muito por um vasto território. A uma população densa, portanto, que resida em habitações fixas e se reúna em grande medida em cidades e aldeias, chamamos civilizada. Na vida selvagem não há comércio, não há indústria, não há (ou quase não há) agricultura. A um país rico nos frutos da agricultura, do comércio e da indústria chamamos civilizado. Nas comunidades selvagens, cada pessoa zela por si mesma. Exceto na guerra (e mesmo aí só de forma muito imperfeita), raramente observamos operações conjuntas levadas a cabo por muitos. Tão-pouco os selvagens, de um modo geral, encontram muito prazer na convivência. Onde, portanto, encontramos seres humanos que agem conjuntamente, em grandes grupos, para fins comuns, e que apreciam os prazeres da interação social, dizemos que são civilizados. Na vida selvagem há poucas ou nenhumas leis ou administração da justiça. Não há um emprego sistemático da força coletiva da sociedade no sentido de proteger os indivíduos uns dos outros da injúria. Cada um confia na sua própria força ou astúcia e, quando isso não resulta, geralmente não há mais a que recorrer. Consequentemente, dizemos que um povo é civilizado quando as estruturas sociais para proteger a pessoa e a propriedade dos seus membros estão suficientemente aperfeiçoadas para manter a paz entre eles, isto é, para induzir o grosso da população a confiar a sua segurança sobretudo às estruturas sociais, e a renunciar geralmente, em circunstâncias comuns, à defesa dos seus interesses (agressiva ou defensivamente) através da força ou coragem individuais.

Os ingredientes da civilização são diversos, mas a reflexão mostra-nos que não é impróprio agrupá-los. Tanto a história como a sua natureza mostram-nos que nasceram juntos, que coexistem sempre e que se acompanham no seu desenvolvimento. Sempre que surge um conhecimento suficiente das artes da vida, e uma segurança suficiente da propriedade e da pessoa, coisas que possibilitam o crescimento da riqueza e da população, a comunidade torna-se (e mantém-se) progressiva em todos os elementos que acabei de enumerar. Estes elementos existem na Europa moderna, e especialmente na Grã-Bretanha, num grau mais eminente e num estado de progressão mais rápida do que em qualquer outra época ou lugar. Proponho-me considerar algumas consequências que um estado civilizacional elevado e progressivo já produziu, e algumas que está em vias de produzir.

A mais notável dessas consequências da civilização em desenvolvimento, para a qual o estado do mundo reclama agora a atenção dos espíritos reflexivos, é a seguinte: que o poder transita cada vez mais de indivíduos, ou de pequenos grupos de indivíduos, para as massas; que a importância das massas se torna cada vez maior — a dos indivíduos, menor.

As causas, provas e consequências desta lei dos assuntos humanos é bem merecedora de atenção.

Há dois elementos de importância e influência entre os seres humanos: um deles é a propriedade; o outro, os poderes e as aptidões mentais. Ambos, numa fase inicial da civilização, estão confinados a muito poucas pessoas. Nas origens da sociedade, o poder das massas não existe, pois a propriedade e a inteligência não existem para lá de uma pequena parte da comunidade e, mesmo que existissem, aqueles que possuíssem as parcelas mais pequenas seriam inaptos, devido à sua incapacidade de cooperar, para lidar com aqueles que possuíssem as parcelas maiores.

Nos países mais atrasados da época atual, e em toda a Europa numa época não muito distante, vemos que a propriedade está inteiramente concentrada num número reduzido de mãos. As outras pessoas, com poucas exceções, são os dependentes e os empregados militares dos possuidores de propriedade; ou então são servos — roubados e torturados como aprouver a um senhor, e saqueados por cem. De nenhum período poderá dizer-se que literalmente não houve uma classe média, mas esta classe era extremamente débil tanto na sua dimensão como no seu poder, ao passo que o povo trabalhador, absorvido no pesado trabalho manual, conquistava com dificuldade, através do esforço mais extremo, uma subsistência mais ou menos escassa e sempre precária. Este estado da sociedade caracteriza-se pelo maior excesso de pobreza e pela impotência das massas, bem como pela importância insuperavelmente enorme e pelo poder incontrolável de um pequeno número de indivíduos, cada um deles, dentro da sua própria esfera, sem leis nem superiores.

Terá de competir à história elucidar a ascensão gradual das classes comerciais e industriais, a emancipação gradual da classe agrária, os tumultos e os *bouleversements* que acompanharam o curso destas mudanças, e as alterações extraordinárias (nas instituições, nas opiniões, nos hábitos e em toda a vida social) que estas trouxeram consigo. Ao leitor tenho só de pedir que forme uma ideia do que está implícito na noção de crescimento da classe média, e que depois reflita na vasta expansão da dimensão e da propriedade desta classe, em cada geração sucessiva, por toda a Grã-Bretanha, França, Alemanha e outros países, bem como na novidade de a classe trabalhadora receber os salários que hoje costumam ser auferidos em quase toda a indústria, isto é, pela parte mais numerosa das classes laborais deste país — peço ao leitor que reflita sobre isto e que se pergunte se, de causas inéditas, não deveremos esperar efeitos inéditos. Pelo menos tem de ser evidente que, se a propriedade e a inteligência ficam amplamente difundidas por milhões à medida que a civilização progride, terá de ser também um efeito da civilização que a parcela destas coisas que pode pertencer a um indivíduo não poderá deixar de ter uma tendência para se tornar cada vez menos influente, e que todos os resultados terão de ser decididos cada vez mais pelos movimentos das massas, desde que o seu poder de concertação acompanhe o aumento dos seus recursos. E quem poderá duvidar de que isto acontece? Não há teste mais rigoroso do progresso da civilização do que o progresso do poder de cooperação.

Considere-se o selvagem: ele tem força física, ele tem coragem, espírito de iniciativa, e muitas vezes não é destituído de inteligência. Que fará com que todas as comunidades de selvagens sejam pobres e frágeis? A mesma causa que impediu os leões e os tigres de eliminar há muito a raça humana: a incapacidade de cooperação. Só os seres civilizados podem concertar-se. Toda a concertação é compromisso: é o sacrífico de parte da vontade individual em função de um fim comum. O selvagem não consegue suportar o sacrifício para um propósito alheio à satisfação da sua vontade individual. Os seus sentimentos sociais nem temporariamente podem prevalecer sobre os seus sentimentos individuais; tão-pouco os seus impulsos se vergam aos seus cálculos. Olhe-se outra vez para o escravo: de facto, ele é usado para abdicar da sua vontade, mas a favor das ordens de um senhor, e não de um propósito superior ao seu. Falta-lhe inteligência para formar esse propósito. Acima de tudo, ele não consegue vincular-se à conceção de uma regra fixa e, se conseguisse, não teria a capacidade de a respeitar. Ele está habituado ao domínio, mas não ao autodomínio. Quando não tem um capataz perto de si com um chicote, descobre-se que ele é mais incapaz de resistir a uma tentação, ou de restringir uma inclinação, do que o próprio selvagem.

Considerei casos extremos, para que o facto que pretendo ilustrar pudesse sobressair mais conspicuamente. Todavia, a própria observação aplica-se universalmente. Quanto mais um povo se aproxima da condição dos selvagens ou dos escravos, mais se torna incapaz de agir concertadamente. Considere-se até a guerra, o assunto mais sério para um povo bárbaro: desde Maratona, veja-se que figura fizeram as nações rudes, ou as nações semicivilizadas e escravizadas, perante as civilizadas. Porquê? Porque a disciplina é mais poderosa do que o número de pessoas, e porque a disciplina, isto é, a cooperação perfeita, é um atributo da civilização. Passando à nossa época, vemos que toda a história da Guerra Peninsular testemunha a incapacidade de cooperar de um povo imperfeitamente civilizado. No meio de todo o entusiasmo da nação espanhola na sua luta contra Napoleão, nenhum líder, militar ou político, conseguia agir em concertação com outro; nenhum sacrificaria nem um pouco da sua importância, da sua autoridade ou da sua opinião em prol das exigências mais óbvias da causa comum; nem os generais nem os soldados eram capazes de respeitar as regras mais simples da arte militar. Se há um interesse que, pelo que se poderá esperar, atua vigorosamente até no espírito dos selvagens, é o desejo de esmagar simultaneamente um vizinho temível, quando nenhum deles tem força suficiente para lhe resistir individualmente. No entanto, só as nações civilizadas alguma vez foram capazes de formar uma aliança. Os estados nativos da Índia foram conquistados, um por um, pelos ingleses; a Turquia fez a paz com a Rússia logo que foi invadida pela França; as nações do mundo nunca conseguiriam formar uma confederação contra os romanos, tendo sido engolidas sucessivamente e estando algumas delas sempre dispostas a auxiliar a subjugação das restantes. Os empreendimentos que exigem a cooperação de muitas pessoas independentes só não fracassaram nas mãos de nações extremamente civilizadas.

Não é difícil ver por que razão esta incapacidade de concertação organizada caracteriza os selvagens e desaparece com o desenvolvimento da civilização. A cooperação, como outras coisas difíceis, só pode ser aprendida com a prática; e, para conseguir fazer coisas grandiosas, um povo tem de se treinar gradualmente fazendo-as em ponto pequeno. Ora, todo o curso do avanço da civilização é uma sequência desse treino. Num estado rude da sociedade, o trabalhador trabalha sozinho, ou, se vários são levados a trabalhar pela vontade de um amo, trabalham lado a lado, mas não concertadamente: um homem escava o seu pedaço de solo; outro escava um pedaço de solo semelhante perto dele. Na situação de um trabalhador ignorante, que cultiva até a sua própria terra com as suas próprias mãos, e não se associa a ninguém exceto à sua mulher e aos seus filhos, o que poderá ensiná-lo a cooperar? A divisão das ocupações — a realização, através do trabalho de muitos, de tarefas que não poderiam ser completadas por nenhum número de pessoas a trabalhar isoladamente — é a grande escola da cooperação. Uma grande lição é, por exemplo, a navegação, logo que esta ultrapassa a sua simples fase inicial: a segurança de todos depende constantemente de cada um cumprir com zelo a parte do objetivo comum que lhe foi singularmente confiada. As operações militares, quando não são completamente indisciplinadas, são uma escola semelhante. Pode dizer-se o mesmo de todas as operações do comércio e da indústria que exigem o emprego de muitas mãos na mesma coisa ao mesmo tempo. Através destas operações, os seres humanos aprendem a valorizar a concertação; veem quanto e quão facilmente esta concretiza aquilo que, de outra forma, nunca seria concretizável; aprendem, como lição prática, a se submeterem a uma orientação e a se forçarem a agir como partes interdependentes de um todo complexo. Um povo treinado progressivamente deste modo para a concertação no trabalho da sua vida torna-se capaz de estender estes hábitos a novas coisas. Pois, por regra universal, o único modo de aprender a fazer algo é fazer algo do mesmo género em circunstâncias mais fáceis. Os hábitos de disciplina, quando adquiridos, qualificam os seres humanos para concretizar todas as outras coisas que exigem disciplina. Sem desdenharem já o controlo e sendo capazes de ver as suas vantagens, sempre que se apresenta um objetivo que pode ser atingido com cooperação, que veem ou julgam ser benéfico, estão preparados para o atingir.

Sendo as características de um estado superior de civilização, então, a difusão da propriedade e da inteligência, e o poder de cooperação, a próxima coisa a observar é o desenvolvimento ímpar de todos estes elementos nos últimos anos.

A rapidez com que a propriedade se acumulou e continua a acumular nos países principais da Europa, mas especialmente nesta ilha, é óbvia para todos. O capital das classes industriosas transborda para os países estrangeiros e para especulações desvairadas de toda a espécie. A quantidade de capital exportado anualmente só pela Grã-Bretanha ultrapassa, provavelmente, toda a riqueza das repúblicas comerciais mais prósperas da Antiguidade. Mas este capital, coletivamente tão vasto, é constituído sobretudo por pequenas parcelas, quase sempre tão pequenas que os proprietários, sem outros meios de subsistência, não podem viver dos seus lucros. Embora seja este o crescimento da propriedade nas mãos da maioria, a condição das classes altas não sofreu nada que se assemelhe a um melhoramento correspondente. É verdade que se acumularam muitas grandes fortunas, mas muitas outras dissiparam-se total ou parcialmente, pois os herdeiros dessas fortunas imensas vivem sempre, como classe, pelo menos à altura do auge dos seus rendimentos, e as inevitáveis vicissitudes desses rendimentos estão sempre a afundá-los cada vez mais em dívidas.

Uma grande proporção dos proprietários de terras ingleses, como eles nos dizem constantemente, está tão esmagada por hipotecas, que deixaram de ser os verdadeiros proprietários do grosso das suas propriedades. Noutros países, de um modo muito geral, as grandes propriedades foram divididas: em França, com a revolução e a lei revolucionária das heranças; na Prússia, com decretos sucessivos desse governo substancialmente democrático, embora formalmente absolutista.

Se considerarmos agora o progresso das mesmas massas na capacidade e no hábito da cooperação, constataremos que este é igualmente surpreendente. Em que período as operações da economia produtora foram empreendidas numa escala que se assemelhe à presente? Foram alguma vez empregadas tantas mãos, ao mesmo tempo e no mesmo trabalho, como se verifica hoje em todos os ramos principais da indústria e do comércio?

A escala a que os negócios são hoje desenvolvidos por sociedades por ações — por outras palavras, por muitos pequenos capitais reunidos num grande capital — é enorme. O país está repleto de associações.

Há associações para fins políticos, religiosos e filantrópicos. Todavia, a maior novidade de todas é o espírito de concertação que se desenvolveu nas classes trabalhadoras. A presente época assistiu ao nascimento das associações mutualistas e estas — a par dos sindicatos, que são mais questionáveis — difundiram-se agora por todo o país. Um instrumento de concertação mais poderoso do que qualquer um destes, embora menos ostensivo, tornou-se universalmente acessível nos últimos tempos: o jornal.

O jornal leva à casa de cada indivíduo a voz da multidão. Com o jornal, cada indivíduo descobre que outros se sentem como ele e que, se ele estiver preparado, encontrá-los-á igualmente preparados para agir segundo o que sentem. O jornal é o telégrafo que transporta o sinal pelo país e a bandeira em torno da qual este se reúne. Centenas de jornais a falar ao mesmo tempo com a mesma voz, e a comunicação rápida proporcionada por melhores meios de locomoção, foram o que permitiu que todo o país se concertasse na simultânea e enérgica manifestação de vontade determinada que resultou na Lei da Reforma.([5]) Estes dois instrumentos estão a desenvolver-se, todos podem ver quão rapidamente isso está a acontecer, e ambos permitirão que as pessoas, em todas as ocasiões decisivas, formem uma vontade coletiva e a tornem irresistível.

Será possível dizer que, indo ao encontro deste maravilhoso desenvolvimento do poder físico e mental das massas, se desenvolveu uma quantidade correspondente de poder intelectual ou de energia moral nesses indivíduos ou classes que gozaram de benefícios superiores? Penso que ninguém o afirmará. Nas nossas classes mais

---

([5]) Mill refere-se à Lei da Reforma, ou Reform Act, de 1832, que introduziu grandes mudanças no sistema eleitoral, tendo alargado substancialmente o universo dos eleitores.

conspícuas, existe um grande desenvolvimento do sentimento de humanidade, um grande declínio da intolerância, bem como da arrogância e da vaidade de casta, mas, para dizer o mínimo, não há qualquer desenvolvimento do brilhantismo e assiste-se a um declínio muito marcado do vigor e da energia. Apesar de todas as vantagens desta época, dos seus instrumentos para a cultura mental, dos incentivos e das recompensas que dá aos talentos superiores, dificilmente se poderá apontar, nos anais da Europa, tempos fervilhantes que tenham trazido à superfície tão pouco de distinto, tanto moral como intelectualmente.

Terei aqui a oportunidade de mostrar que também isto não é mais do que aquilo que seria de esperar das tendências da civilização, quando não se faz nenhuma tentativa de as corrigir. Contudo, mesmo que a civilização nada fizesse para baixar os cumes, produziria um efeito exatamente similar fazendo subir as planícies. Quando as massas se tornam poderosas, um indivíduo, ou um pequeno grupo de indivíduos, não pode realizar nada de significativo sem influenciar as massas; e fazer isto torna-se mais difícil de dia para dia, devido ao número constantemente crescente daqueles que competem pela atração da atenção pública. Fica assim claro que, com o desenvolvimento natural da civilização, o poder transita de indivíduos para as massas, e que o peso e a importância de um indivíduo, por comparação com as massas, se afundam numa insignificância cada vez maior.

A mudança assim em curso, e em grande medida já consumada, é a maior alguma vez registada nos assuntos sociais: a mais completa, a mais fecunda em consequências, e a mais irrevogável. Quem nela possa refletir, e não veja que uma revolução tão grande perverte todas as regras existentes do governo e da política, e torna inúteis todas as práticas e previsões baseadas apenas na experiência prévia, carece do princípio mais fundamental e elementar da arte de governar dos dias de hoje.

«É necessária», como disse o Sr. de Tocqueville, «uma ciência política nova para um mundo totalmente novo.» Toda a face da sociedade se inverteu; todos os elementos naturais do poder mudaram definitivamente de lugar — e há pessoas que falam da salvaguarda das antigas instituições, e do dever de manter a Constituição Britânica acordada em 1688! É ainda mais extraordinário que sejam estas mesmas pessoas a acusar os outros de não atenderem à diversidade de circunstâncias, e de imporem indiscriminadamente as suas teorias abstratas a todos os estados da sociedade.

Pergunto àqueles que se dizem conservadores se, quando o poder principal da sociedade está a transitar para as massas, consideram realmente possível impedir as massas de tornar esse poder predominante tanto no governo como nas outras áreas. O triunfo da democracia (ou, por outras palavras, do governo da opinião pública) não depende de um indivíduo, ou de um grupo de indivíduos, julgar que esta deve triunfar, mas das leis naturais do progresso da riqueza, da difusão da leitura e dos avanços dos instrumentos da comunicação humana. Se Lorde Kenyon ou o Duque de Newcastle conseguissem travar estas coisas, poderiam ter algum sucesso.([6]) Não há

([6]) Lloyd Kenyon, 3.º Barão Kenyon (1805–1869), foi eleito para a Câmara dos Comuns por um círculo eleitoral que acabou por ser extinto com a Lei da Reforma de 1832. Henry Pelham-Clinton, 4.º Duque de Newcastle (1785–1851), foi um dos políticos que se opuseram a essa reforma eleitoral democrática.

o menor perigo de a democracia vingar na Síria ou em Tombuctu, mas só um político medíocre ignora que o poder em ascensão na sociedade abrirá o seu caminho para o governo, seja através de meios legítimos, seja através de um golpe. A distribuição do poder constitucional não pode continuar a diferir muito e por muito tempo da distribuição do poder real, sem que ocorra uma convulsão. Ademais, se as instituições que impedem o progresso da democracia pudessem ser miraculosamente conservadas, não poderiam fazer mais do que atrasar um pouco esse progresso. Se a Constituição da Grã-Bretanha permanecesse inalterada, não ficaríamos menos sob o domínio da opinião pública, mais irresistível dia após dia.

No que respeita ao avanço da democracia, uma pessoa racional pode ter duas posições diferentes, consoante pense que as massas estão preparadas, ou impreparadas, para exercer o controlo que estão a assumir sobre o seu destino de uma maneira melhor do que aquela que existe agora. Se pensar que estão preparadas, auxiliará o movimento democrático; ou, se considerar que estão a evoluir suficientemente depressa sem o seu auxílio, pelo menos abster-se-á sempre de resistir a esse movimento. Se, pelo contrário, pensar que as massas estão impreparadas para um controlo completo sobre o seu governo — vendo ao mesmo tempo que, estejam ou não preparadas, não poderão ser impedidas por muito tempo de o obter —, fará todos os seus esforços para contribuir para as preparar. Usará assim todos os meios para, por um lado, tornar as próprias massas mais sábias e melhores, e para, por outro lado, despertar a energia dormente das classes opulentas e letradas, providenciar aos jovens dessas classes o conhecimento mais valioso e profundo, estimular a grandeza individual que exista ou possa ser criada no país, de modo a criar um poder que possa rivalizar parcialmente com o simples poder das massas, bem como exercer nelas a influência mais salutar para seu próprio bem. Quando nos encontramos seriamente envolvidos em atividades como estas, podemos compreender como uma pessoa racional pode pensar que, para haver mais tempo para a sua realização, seria bom que a corrente da democracia, que de forma alguma pode ser detida, pudesse ser contida de modo a fluir menos impetuosamente. Com os conservadores deste género, todos os democratas com objetivos igualmente vastos podem fraternizar tão franca e cordialmente como com a maioria dos seus próprios amigos. Partindo de um conhecimento amplo dos membros mais sábios e generosos desse grupo, falo por eles quando digo que nunca desenvolveriam os seus projetos políticos com um espírito ou uma violência que pudessem contribuir para frustrar os esforços racionais do fim mais próximo do seu coração, que é a instrução do entendimento e a elevação do carácter dos seus concidadãos de todas as classes.

Mas, de entre aqueles do partido político que se diz conservador, quem declara ter esse fim em vista? Procuram eles empregar o período de prorrogação, que esperam conseguir, resistindo à democracia, a qualificar as pessoas para dirigir a democracia mais sabiamente, quando esta chegar? Será que os principais conservadores de qualquer uma das câmaras do parlamento sentem que o carácter das classes altas precisa de ser renovado, de modo a qualificá-las para a tarefa mais árdua e a competição mais intensa que alguma vez lhes coube? O carácter de um proprietário rural, de um lorde *tory*, ou de um pároco da Igreja Anglicana não os satisfaz perfeitamente? Não será a constituição existente das duas universidades — organizações cujo dever especial era contrariar a influência debilitante das circunstâncias da época no carácter individual, e entregar à sociedade uma sucessão de espíritos que, em vez de serem criaturas da sua época, fossem capazes de a melhorar e regenerar; organizações que negligenciaram grosseiramente este dever especial, até que, como costuma acontecer com os deveres negligenciados, a própria consciência de o terem caiu no esquecimento — não será a constituição existente, dizia eu, e todo o sistema existente destas universidades (até ao menor dos seus abusos, que é a exclusão dos dissidentes), algo que todos os *tories* pelo menos apoiarão na retaguarda, mesmo que, ao invés do que alegam, não estejam na vanguarda da sua defesa? Aquele que é declaradamente o outro grande instrumento da cultura nacional, a Igreja, está há muito pervertido (falo de regras, não de exceções) num grande instrumento para desencorajar toda a cultura inconsistente com a obediência cega às máximas estabelecidas e às autoridades constituídas. Que *tory* tem em vista um plano para introduzir alguma mudança nesta organização, que possa pacificar os críticos e dar à instituição uma aparência menos repugnante ao olhar? Que político *tory* não resistirá, até ao último momento, a qualquer alteração nessa Igreja que impeça que os seus rendimentos sejam o sustento de uma família, que as suas distinções sejam a recompensa por serviços políticos ou privados? Os *tories*, pelo menos os que estão ligados ao parlamento ou à administração pública, não querem ter boas instituições ou sequer preservar as atuais. O seu objetivo é lucrar com elas enquanto existam.

Não hesito em exprimir a minha convicção de que um espírito de conservação mais genuíno, que incide em tudo o que há de bom nos princípios e nos objetivos declarados das nossas velhas instituições, está mais vivo em muito dos inimigos resolutos dessas instituições no seu estado atual do que na maioria daqueles que se dizem conservadores. Todavia, há muitas pessoas bem-intencionadas que confundem sempre o compromisso focado num objetivo com uma adesão pertinaz a qualquer conjunto de meios através do qual este já esteja, ou está, supostamente, a ser perseguido. Essas pessoas têm ainda de descobrir que os grupos de homens com uma aura de honra e de importância que fingem visar fins que nunca perseguem honestamente são o maior obstáculo à concretização desses fins; e que quem tenha realmente essa concretização no coração terá de contar com uma guerra de extermínio com todas essas coligações.

Até agora examinámos os efeitos políticos da civilização. Os seus efeitos morais, para os quais ainda só olhámos de relance, exigem uma maior elucidação. Podemos considerá-los em duas categorias: a influência direta da própria civilização no carácter individual, e os efeitos morais produzidos pela insignificância em que o indivíduo cai por comparação com as massas.

Um dos efeitos de um estado civilizacional avançado no carácter é um relaxamento da energia individual; ou melhor, a concentração dessa energia na esfera limitada das atividades individuais de busca de ganhos financeiros. À medida que a civilização avança, cada pessoa torna-se mais dependente, pois cada vez mais daquilo que mais lhe interessa depende não dos seus próprios esforços, mas das estruturas gerais da sociedade. Num estado rude, a segurança pessoal de cada homem, a proteção da sua família, da sua propriedade e da sua própria liberdade dependem em grande medida da sua força física e da sua esperteza ou energia mental. Num estado civilizado, tudo isto lhe é assegurado por causas que lhe são extrínsecas. A crescente brandura de costumes protege-o de muito daquilo a que ele antes estava exposto, ao mesmo tempo que, para o resto, ele pode contar com uma confiança constantemente crescente, com o soldado, com o polícia, com o juiz e (onde, como costuma acontecer, a eficiência ou a pureza destes instrumentos não acompanham a marcha geral da civilização) com a força progressiva da opinião pública. Restam, como estímulos da energia do carácter, o desejo de riqueza ou de grandiosidade pessoal, a paixão da filantropia e o amor à virtude ativa. Contudo, os objetivos para os quais estes sentimentos diversos apontam são questões de escolha, não de necessidade, e estes sentimentos de forma alguma atuam com a mesma força em todos os espíritos. O único deles que podemos considerar quase universal é o desejo de riqueza — e sendo a riqueza, no caso da maioria, o meio mais acessível de satisfazer todos os outros desejos, quase toda a energia do carácter que existe nas sociedades extremamente civilizadas se concentra na prossecução desse objetivo. Todavia, no caso das classes mais influentes — aquelas cuja energia, se a tivessem, poderia ser exercida à escala mais abrangente e com os resultados mais consideráveis —, o desejo de riqueza já está suficientemente satisfeito, pelo que elas não estão dispostas a sofrer ou a empreender muito trabalho voluntário em função de mais um acréscimo de riqueza. As mesmas classes, simplesmente em virtude do seu estatuto, também gozam de um grau elevado de estima social. Excluindo os altos cargos do Estado, dificilmente haverá alguma coisa que tente a ambição dos homens que estejam nas suas circunstâncias. Aqueles cargos que um homem da alta nobreza podia ter se os pedisse, e conservar com menos dificuldades do que as de gerir as suas propriedades, eram, sem dúvida, possessões suficientemente desejáveis para essas pessoas. No entanto, como a experiência mostra, quando se tornaram cargos que dão trabalho, desprezo e preocupações, e que além disso só podem ser conseguidos depois de algum esforço árduo, tornou-se muitíssimo reduzido o número de homens (entre os que não estão acostumados a sacrificar os seus divertimentos e o seu conforto) nos quais esses altos cargos operam como incentivos para a atividade ou fazem desenvolver um carácter vigoroso. Verifica-se assim que, nos países extremamente civilizados, em particular entre nós, as energias das classes médias quase se confinam à busca de ganhos financeiros, e que as das classes altas estão quase extintas.

Há outra condição à qual podemos atribuir muitas das boas e das más qualidades que distinguem a nossa civilização da rudeza de outros tempos. Um dos efeitos da civilização (para não dizer um dos seus ingredientes) é o espetáculo da dor, e mesmo a própria ideia de dor, ficar cada vez mais longe da vista daquelas classes que fruem plenamente os benefícios da civilização. O estado de perpétuo conflito pessoal, que as circunstâncias de outros tempos tornavam necessário e ao qual dificilmente alguém, independentemente do seu estatuto social, conseguia escapar, habituava necessariamente todos ao espetáculo da severidade, da rudeza e da violência, à luta de uma vontade indomável contra outra, e à recíproca inflição de dor e sofrimento. Consequentemente, mesmo para os homens melhores e mais ativamente benevolentes do passado, estas coisas não eram tão revoltantes como para os do nosso tempo; e muita da conduta registada desses homens seria universalmente considerada muito insensível numa pessoa da nossa época. Eles, no entanto, davam menos importância à inflição de dor, pois davam menos importância à dor em geral. Quando lemos algo sobre as ações dos gregos ou dos romanos, ou dos nossos próprios antepassados, que denotam uma insensibilidade ao sofrimento humano, não devemos pensar que aqueles que realizaram essas ações eram tão cruéis como teríamos de nos tornar antes de conseguirmos agir de forma semelhante. Eles estavam habituados a suportar voluntariamente, em virtude de causas insignificantes, a mesma dor que infligiam; esta não lhes parecia um grande mal, como nos parece a nós (e é realmente um grande mal); esta tão-pouco degradava de algum modo o seu espírito. Na nossa época, a necessidade de colisão pessoal entre duas pessoas está, em termos comparativos, quase extinta. Todas aquelas áreas da atividade social que obrigam uma pessoa a ser o agente imediato ou a testemunha ocular da inflição de dor foram delegadas, por assentimento geral, a classes muito limitadas e peculiares: ao juiz, ao soldado, ao cirurgião, ao açougueiro e ao carrasco. Para a maioria das pessoas em condições confortáveis, a dor, exceto a infligida no corpo por doenças ou acidentes, e no espírito pelos desgostos inevitáveis da vida, é mais uma coisa de que se ouviu falar do que algo efetivamente experienciado. Isto aplica-se muito mais enfaticamente às classes requintadas, à medida que o requinte vai progredindo, pois o requinte consiste, em grande parte, em evitar a presença não só da própria dor, mas também de tudo o que sugira ideias ofensivas ou desagradáveis. Também se pode observar que isto só é possível graças a um aperfeiçoamento dos sistemas mecânicos que é praticável apenas num estado civilizacional avançado. Ora, os diversos géneros de dor e de incómodo parecem, na sua maioria, muito mais difíceis de suportar por aqueles que os experienciaram pouco do que por aqueles que os experienciaram muito. O resultado disto é que, por comparação com outros tempos, existe, nas classes mais opulentas das comunidades civilizadas modernas, muito mais cordialidade e humanidade, e muito menos heroicidade. Esta consiste, essencialmente, em estar pronto para fazer e para suportar, mas especialmente para fazer, aquilo que é doloroso ou desagradável, a fim de alcançar um objetivo valioso — e quem não aprenda cedo a ser capaz disso nunca terá um grande carácter. Nas classes requintadas, em toda a classe dos cavaleiros ingleses, instalou-se uma efeminação moral, uma inaptidão para todo o género de luta. Fogem de todo o esforço, de tudo o que seja trabalhoso e desagradável. É verdade que as causas que os tornam preguiçosos e destituídos de iniciativa também fazem com que, na sua maioria, sejam estoicos face aos males inevitáveis. Mas o heroísmo é uma qualidade ativa, não passiva — e, sendo necessário ir ao encontro da dor em vez de a suportar, há pouco a esperar dos homens dos dias de hoje. Não conseguem aguentar o trabalho, não conseguem tolerar a ridicularização, não conseguem enfrentar as más-línguas; não se atrevem a dizer algo desagradável a quem estejam acostumados a encontrar, ou a enfrentar, mesmo com a nação do seu lado, a frieza de um pequeno círculo social que os rodeie. Este entorpecimento e cobardia, como característica geral, é novo no mundo. Mas (modificado pela diferença de temperamento das diversas nações) é uma consequência natural do progresso da civilização, e continuará a existir até que um sistema cultural adaptado o contrarie.

Se a fonte de grandes virtudes seca deste modo, grandes vícios ficam, sem dúvida, sob uma restrição considerável. O *régime* da opinião pública é adverso pelo menos aos vícios indecorosos; e, à medida que esse poder restritivo ganha força e certas classes ou indivíduos deixam de estar virtualmente isentos dele, a mudança é extremamente favorável às decências exteriores da vida. Tão-pouco se poderá negar que a difusão do conhecimento que a civilização traz naturalmente tem uma tendência considerável para retificar (mesmo que só parcialmente) o padrão da opinião pública, para corroer muitos dos preconceitos e superstições que fizeram os seres humanos odiarem-se uns aos outros por coisas que não são realmente odiosas, para os fazer avaliar mais sobriamente as tendências das ações e a ponderar melhor a evidência a partir da qual eles condenam ou aplaudem os seus semelhantes — para, em suma, fazer com que a sua aprovação aponte mais corretamente para as boas ações, e a sua reprovação para as más. Não é preciso investigar agora os limites deste melhoramento natural da opinião pública, quando não há outro género de cultura em curso para lá daquela que acompanha a civilização. Basta que haja um amplo espaço dentro desses limites. Basta que o desenvolvimento do entendimento geral, a suavização dos sentimentos e o declínio dos erros perniciosos, coisas que acompanham naturalmente o crescimento da riqueza e a difusão da leitura, sejam suficientes para fazer com que os juízos do público sobre ações e pessoas, à luz da evidência disponível, se tornem muito mais judiciosos e corretos.

Porém, surge aqui outra ramificação dos efeitos da civilização, à qual, o que me surpreende com frequência, se tem prestado tão pouca atenção. O indivíduo fica tão perdido na multidão, que, embora dependa cada vez mais da opinião, tende a depender cada vez menos da opinião bem fundamentada, da opinião daqueles que o conhecem. Uma reputação sólida torna-se ao mesmo tempo mais difícil de conseguir e mais fácil de dispensar.

É numa sociedade pequena, onde todos conhecem todos, que a opinião pública, na medida em que esteja bem orientada, exerce uma influência mais salutar. Considere-se o caso de um comerciante numa pequena localidade rural. Todos os seus clientes já o conhecem bem há muito tempo; a opinião que têm dele formou-se após experiências repetidas; ele não pode esperar enganá-los quanto à qualidade dos seus bens; ele não terá outros clientes se perder aqueles que tem e, se os seus bens forem como ele diz que são, poderá esperar, com uma concorrência tão escassa, que isso se saiba e seja reconhecido, e obter a reputação, individual e profissionalmente, apropriada à sua conduta. O caso de um homem que cria uma loja nas ruas apinhadas de uma grande cidade é muito diferente. Se ele confiar apenas na qualidade dos seus bens, na honestidade e lealdade na execução das suas tarefas, poderá ficar dez anos sem ter um cliente. Por muito honesto que seja, será compelido a apregoar que as suas mercadorias são as melhores do passado, do presente e do futuro; e se declarar isso (por muito falso que seja) com estrépito suficiente para despertar a curiosidade dos transeuntes, e conseguir dar às suas mercadorias um brilho, uma aparência vendável, que ilude a um olhar superficial, poderá dirigir um negócio próspero, ainda que nenhum cliente entre duas vezes na sua loja.

Nos últimos anos, tem-se lamentado muito o crescimento, tanto no mundo dos negócios como no intelectual, da charlatanice e, especialmente, da soberba, mas ninguém parece ter notado que estas são o fruto inevitável de uma competição imensa, de um estado da sociedade no qual uma voz que não esteja colocada num tom exagerado fica perdida no rebuliço. Numa área tão apinhada, o sucesso depende não do que uma pessoa é, mas do que parece ser. As qualidades meramente vendáveis tomam o lugar das substanciais, e o trabalho e o capital de um homem são despendidos, cada vez mais, não em fazer alguma coisa, mas em persuadir outras pessoas de que ele a fez. A nossa época assistiu à consumação deste mal. Charlatanismo sempre houve, mas antes era um teste da ausência de qualidades excelentes: era um provérbio que o bom vinho não precisa de parras.([7]) Foi a nossa época que viu o negociante honesto ser arrastado para o charlatanismo, tanto por dura necessidade como pela certeza de que o desonesto fará preços mais baixos. Pela primeira vez, as técnicas para atrair a atenção do público são uma parte necessária das qualificações mesmo daqueles que têm mérito, e o domínio dessas técnicas contribui, mais do que qualquer outra qualidade, para garantir o sucesso. A mesma intensidade competitiva leva os homens de negócios a arriscarem cada vez mais pelo sucesso, a jogarem para tudo ou nada, e isto, a par da dificuldade de fazer cálculos seguros no campo do comércio a uma escala tão vasta, faz com que a falência já não seja vergonhosa, porque já não é um indício quase certo de desonestidade ou de imprudência. O descrédito que esta ainda provoca resulta sobretudo, note-se, do facto de indicar pobreza. Deste modo, a opinião pública perde outro dos critérios simples de sucesso, que é o único que esta é capaz de aplicar corretamente; e a própria causa que a tornou globalmente omnipotente enfraquece a precisão e a força com que os seus juízos chegam aos indivíduos.

([7]) A expressão «good wine needs no bush» significa que a qualidade de um produto dispensa a publicitação e elogios.

Não é só nas virtudes privadas que esta crescente insignificância do indivíduo perante as massas produz maus resultados. Ela corrompe a própria fonte de progresso da opinião pública; corrompe a educação pública; enfraquece a influência da minoria mais culta e aumenta a da multidão. A literatura sofreu mais do que qualquer outra produção humana com esta doença comum.([8]) Quando existiam poucos livros, e quando os poucos que sabiam ler tinham sido acostumados a ler os melhores autores, os livros eram escritos na expectativa fundada de que seriam lidos com cuidado e, se o merecessem, lidos várias vezes. Quando um livro de grande mérito era publicado, seguramente se falaria dele e se poderia esperar que fosse lido por todos os que soubessem ler; poderia ter sucesso pelas suas verdadeiras qualidades, mesmo que não imediatamente; e, se tivesse sucesso imediato, cairia no esquecimento caso não se apoiasse num mérito genuíno. Nessa altura, as recompensas eram para quem escrevesse *bem*, não *muito*; eram para o autor diligente e sábio, não para o autor desajeitado e desinformado. Contudo, a situação inverteu-se.([*])

([8]) Há que entender aqui «literatura» num sentido amplo, que abrange as obras ensaísticas e científicas, e não apenas a ficção e a poesia.

([*]) Esta é uma época de leitura. E, precisamente por ser uma época de tanta leitura, qualquer livro que resulte de uma meditação profunda talvez tenha hoje menor probabilidade de ser lido diligente e proveitosamente do que num período anterior. As pessoas leem demasiado e demasiado depressa para lerem bem. Quando existiam poucos livros, ler um era uma atividade que exigia tempo e trabalho: aquilo que era escrito refletidamente era lido refletidamente e com o desejo de se extrair o mais possível os materiais do conhecimento. Mas quando quase todas as pessoas que sabem soletrar podem e vão escrever, o que há a fazer? É difícil saber o que ler, a não ser que se

Vemos assim que a literatura está a tornar-se cada vez mais efémera: os livros com alguma solidez quase desapareceram; mesmo as revistas não são consideradas suficientemente ligeiras; não se consegue manter a atenção em qualquer assunto sério, mesmo no espaço de um artigo de revista. Nas formas mais atraentes de literatura (os romances e as revistas), embora a procura tenha aumentado muito, a oferta ultrapassou-a ao ponto de, hoje mesmo, um romance ser raramente um investimento lucrativo. Só em condições de rara atração uma editora pagará direitos de autor. À medida que se torna mais

---

leia tudo; e tantos assuntos são hoje conduzidos através da imprensa que é necessário conhecer o que se imprime, se quisermos saber o que está a acontecer. A opinião pesa tanto no equilíbrio dos acontecimentos, que ideias sem nenhum valor intrínseco têm importância pelo simples facto de *serem* ideias, e possuem uma existência *bonâ fide* em todos os lugares fora de Bedlam ([9]). Consequentemente, o mundo devora comida intelectual e, para engolir mais dessa comida, nem a *mastiga*. Hoje nada é lido devagar ou duas vezes. Os livros não são lidos mais lentamente do que um artigo de jornal, e dificilmente deixam uma impressão mais durável. É por este motivo, entre outras causas, que se produzem tão poucos livros com algum valor. A leoa da fábula gabava-se de, embora gerar só uma cria, esta ser um leão. Todavia, se cada leão e cada lebracho contassem o mesmo, a lebre ficaria em vantagem. Quando toda a unidade é individualmente fraca, só a multidão conta. Será de admirar que os jornais levem a melhor? Um livro dificilmente produz um efeito maior do que um artigo, e poderão existir 365 num ano. Assim, aquele que deveria escrever e que escreveria um livro, e que o escreveria da maneira própria dos livros, agora esboça os seus primeiros pensamentos precipitados, ou aquilo que toma erradamente por pensamentos, num periódico. E o público está na difícil condição de um homem indolente que não consegue aplicar vigorosamente o seu espírito aos seus próprios assuntos, e que é influenciado, portanto, não por quem fala mais sabiamente, mas por quem fala com mais frequência.

([9]) Referência ao Bethlem Royal Hospital, um hospício.

difícil ter sucesso, todos os outros fins são-lhe sacrificados: cada vez mais, a literatura torna-se um mero reflexo das opiniões correntes, e abandonou quase por completo a sua missão de as esclarecer e melhorar.

Podemos dizer que restam, hoje, neste país, apenas dois modos de um espírito individual poder esperar produzir muita influência direta no espírito e nos destinos dos seus concidadãos em geral: como membro do parlamento ou como editor de um jornal de Londres. Em ambas as qualidades, um indivíduo ainda pode fazer muito, já que, embora o poder do corpo coletivo seja muito grande, o número dos que nele participam não poderá aumentar grandemente. Um destes monopólios ficará aberto à competição quando se acabar com o imposto dos jornais. Com isso, a importância do jornal no agregado, visto como a voz da opinião pública, aumentará necessariamente, e a influência de um autor na formação dessa opinião diminuirá necessariamente. Poderia lamentar isto, se não me lembrasse dos fins para os quais se usa essa influência, o que seguramente não mudará enquanto os jornais forem apenas um investimento de capital em função do lucro mercantil.

Não existirá, então, nenhum remédio? O declínio da energia individual, o enfraquecimento da influência dos espíritos superiores na multidão, o aumento da charlatanice e a eficácia diminuída da opinião pública como poder restritivo — serão estas coisas o preço a pagar, necessariamente, pelos benefícios da civilização, e poderão ser evitadas apenas com o controlo da difusão do conhecimento, o desincentivo do espírito de concertação, a proibição dos avanços nas artes da vida, e a repressão de mais crescimento da riqueza e da produção?

Decididamente, não. Aqueles benefícios que a civilização não pode dar (e que até tende a destruir, se a sua influência não for corrigida) podem coexistir com a civilização — e só quando conjugados com a civilização poderão produzir os seus melhores frutos. Poderemos conservar tudo o que estamos em risco de perder, poderemos recuperar tudo o que perdemos e aperfeiçoá-lo a um ponto inédito, mas não dormitando e deixando as coisas entregues a si mesmas, nem aplicando ridiculamente as nossas forças de modo a suprimir essas tendências irresistíveis; só poderemos ter sucesso instituindo tendências opostas, que se combinem com essas tendências e as modifiquem.

Os males consistem no facto de o indivíduo se perder e se tornar impotente na multidão, e de o próprio carácter individual se tornar mole e debilitado. Para o primeiro mal, o remédio é uma concertação cada vez maior e mais perfeita entre os indivíduos; para o segundo, o remédio são instituições nacionais e formas de política calculadas para revigorar o carácter individual.

Como a realização do primeiro destes desideratos depende de uma mudança de hábitos na própria sociedade, este só se poderá realizar gradualmente, à medida que a sua necessidade seja sentida. As circunstâncias, contudo, já hoje o impõem num certo grau. Especialmente na Grã-Bretanha (que até agora ultrapassa o resto do velho mundo na dimensão e na rapidez da acumulação de riqueza), a queda dos lucros, decorrente do vasto crescimento da população e do capital, está a extinguir rapidamente a classe dos pequenos negociantes e pequenos produtores, devido à impossibilidade de viverem dos seus lucros reduzidos, e a transferir cada vez mais todos os géneros de negócios para as mãos de grandes capitalistas, sejam eles indivíduos ricos ou sociedades por ações formadas pela agregação de muitos pequenos capitais. Não estou entre os que creem que este progresso levará à completa extinção da competição, ou que todos os recursos produtivos do país, dentro de um determinado número de épocas, se isso chegar a acontecer, será administrado pela associação geral de toda a comunidade e para seu benefício. Todavia, creio que a multiplicação de competidores em todos os ramos dos negócios e em todas as profissões (que torna cada vez mais difícil ter sucesso apenas pelo mérito, e cada vez mais fácil consegui-lo com um fingimento plausível) encontrará um princípio limitador no progresso do espírito de cooperação; que em cada departamento apinhado surgirá uma tendência para os indivíduos unirem o seu trabalho ou o seu capital, do que resultará que o consumidor ou o empregador terão de escolher não entre inúmeros indivíduos, mas entre um pequeno número de grupos. A competição será tão ativa como antes, mas o número de competidores ficará dentro de limites toleráveis.

Este espírito de cooperação faz falta sobretudo nas classes e profissões intelectuais. É incalculável a quantidade de trabalho humano (de trabalho do género mais precioso) agora desperdiçada, e desperdiçada da forma mais cruel, por falta de concertação. Que espetáculo a profissão médica, por exemplo, nos apresenta! Considere-se um médico sobrecarregado de trabalho que ultrapassa aquilo que um mortal pode fazer, e que trabalha tão rapidamente que muitas vezes teria sido melhor não ter feito nada — nas ruas circundantes, vinte homens infelizes, treinados tão laboriosa e dispendiosamente, para fazer o mesmo, e possivelmente com a mesma competência, desperdiçam as suas capacidades e passam fome por falta de trabalho. Com uma organização melhor, esses vinte formariam um corpo dirigido pelo seu líder, que seria alguém com maior sucesso e que (admitindo que este seria realmente o médico mais competente do grupo, e não apenas o impostor com maior sucesso) está a perder tempo a tratar pessoas com dores de cabeça ou no peito. Com um melhor uso dos recursos da humanidade, ele confiaria essas tarefas aos seus subordinados, além de empregar os seus poderes mais maduros e a sua maior experiência ao estudo e ao tratamento daqueles casos mais obscuros e difíceis que a ciência ainda não esclareceu suficientemente, e para os quais o conhecimento e as competências comuns não são adequados. Deste modo, atender-se-ia às capacidades de todas as pessoas, e os espíritos superiores, estando ocupados com assuntos superiores, fariam progressos, ao mesmo tempo que os assuntos comuns não seriam desprezados.

Todavia, é sobretudo na literatura que uma mudança deste género tem a urgência mais premente. Aqui o sistema de competição individual já se desenvolveu razoavelmente e a situação dificilmente poderá manter-se por muito mais tempo. A literatura é a área da atividade humana da qual, cada vez mais, depende o que tem mais valor para a natureza humana; é uma área em que as obras da categoria superior e mais valiosa, aquelas que mais contribuem para formar as opiniões e moldar o carácter das épocas vindouras, estão, mais do que qualquer outro género de produções, para lá da possibilidade de apreciação por aqueles que constituem o grosso dos compradores no mercado livreiro, visto que, mesmo nas épocas em que estes constituíam uma classe de longe menos numerosa e mais seleta, era consensual que o veredicto da posteridade era o único sucesso que os autores de primeira categoria podiam esperar. Nesses tempos, quem merecesse esse veredito podia esperá-lo confiantemente, pois os bons juízes, embora pouco numerosos, liam de certeza toda a obra meritória que aparecesse; e como, nesses dias, a memória de um livro não era imediatamente obliterada por outros cem, eles recordavam-no e transmitiam o seu conhecimento às épocas subsequentes. Mas no nosso tempo, devido à imensa multidão de autores (que hoje não é menos impressionante do que a multidão de leitores), e devido à forma como as pessoas desta época são obrigadas a ler, é difícil que aquilo que não vingue enquanto é novidade chegue alguma vez a vingar: um livro ou falha completamente o alvo, ou é lido de um modo que não deixa qualquer impressão permanente, e tanto os bons livros como os de nenhum valor são igualmente esquecidos no dia seguinte.

Para isto não haverá nenhum remédio enquanto o público, para distinguir o que vale do que não vale a pena ler, não dispuser de uma orientação que ultrapasse a publicidade dos livreiros e as críticas precipitadas e imponderadas dos jornais e dos pequenos periódicos. A seu tempo, a solução terá de consistir numa cooperação organizada dos principais intelectos da época, mediante a qual as obras de maior mérito, independentemente do seu género e da sua tendência em matéria de opinião, obtenham um selo de aprovação daqueles cujo nome tenha autoridade. Devido a muitas causas, teremos de esperar muito por essa concertação, mas (com enormes defeitos tanto no plano como na sua execução) a Sociedade para a Difusão do Conhecimento Útil([10]) foi um passo considerável nesse sentido, na medida em que isso seria de esperar

---

([10]) Associação educativa, próxima do Partido Whig, fundada em Londres em 1826.

do estado atual do espírito dos homens e de uma primeira tentativa. Neste país, a literatura teve duas épocas e terá agora de ter uma terceira. A época do patronado, como Johnson proclamou há um século, já acabou. O Sr. Carlyle proclamou que a época dos livreiros está moribunda. Na primeira não havia nada de intrinsecamente desprezível, nem na segunda algo de inerentemente independente e liberal. Cada uma delas fez muito; ambas tiveram o seu tempo. Talvez esteja a chegar a altura em que os autores, como guilda coletiva, sejam os seus próprios patronos e os seus próprios livreiros.

Estas coisas têm de aguardar o seu tempo. Todavia, o outro dos dois grandes desideratos, a regeneração do carácter individual nas nossas classes cultas e opulentas através da adaptação a esse propósito das nossas instituições — acima de tudo das instituições educacionais — é objeto de maior urgência e poderá obter uma maior concretização imediata, se não houver também falta de entendimento e de vontade.

Infelizmente, neste assunto tudo está por fazer no que respeita à inculcação de perspetivas racionais, pois tudo aquilo que inculcaria, tudo aquilo a que atribuo uma importância vital, tudo aquilo de que julgo depender a salvação da próxima época e de todas as épocas futuras, tem o infortúnio de se opor quase na mesma medida às doutrinas mais populares do nosso tempo e aos preconceitos daqueles que admiram a carapaça vazia daquilo que descendeu de tempos antigos. Oponho-me tanto aos admiradores de Oxford e de Cambridge, de Eton e de Westminster, como à generalidade daqueles que se apresentam como seus reformadores. Vejo o sistema destas instituições, como é administrado há dois séculos, com sentimentos pouco aquém da repugnância. Contudo, não penso que os seus vícios fossem curados com a criação de uma conexão mais estreita entre os seus estudos e o «mundo real», para usar uma expressão na moda; com o afastamento da lógica e das clássicas, que ainda são pretensamente ensinadas, que dariam lugar às línguas modernas e à física experimental. Por mim, as clássicas e a lógica seriam ensinadas muito mais profunda e autenticamente do que hoje, e ser-lhes-iam acrescentados estudos mais estranhos ao «mundo real» do que os atuais, mas mais adequados ao grande mundo de todo o ser racional — ao fortalecimento e alargamento do seu próprio intelecto e carácter. O conhecimento empírico que o mundo exige, que é o equipamento para ganhar a vida, caberia ao próprio mundo proporcionar; bastaria infundir um espírito e criar hábitos nos jovens do nosso país que assegurassem que eles obtivessem esse conhecimento com facilidade e o usassem bem. Sei que estas não são as opiniões do vulgo, mas creio que são as dos melhores e mais sábios de todos os partidos; e apraz-me corroborar a minha opinião com uma citação de uma obra escrita por um amigo das universidades, cujas tendências não são liberais, mas conservadoras. Apesar de este livro ser de ficção não apenas na sua forma, mas realmente, contém muitas reflexões subtis e perspicazes, e os resultados de muita experiência psicológica combinam-se, tenho de o dizer, com muita caricatura e com distorções e incompreensões muito estimulantes (embora esteja convencido de que não são intencionais) das opiniões de alguns cuja filosofia não tem o acordo do autor.

> «Acredita [diz um clérigo] que à universidade cabe preparar os jovens para uma carreira bem-sucedida na

sociedade; eu creio que o seu único objetivo é dar-lhes um carácter viril que lhes permita resistir às influências da sociedade. Não me importa provar que tenho razão e que qualquer universidade que não assente neste princípio será raquítica na infância e inútil ou prejudicial na idade adulta; importa-me apenas afirmar que era essa a conceção daqueles que fundaram Oxford e Cambridge. Temo que os seus sucessores estejam gradualmente a perder de vista este princípio — a começar a pensar gradualmente que lhes cabe formar advogados inteligentes e escriturários do tesouro capazes, agradando-lhes que o mundo os aplauda pela qualidade do artigo fornecido — e que esta pobre vaidade esteja a absorver toda a sua vontade e todo o seu poder de criar grandes homens, homens que a nossa época desdenhará, mas que a salvarão do desdém das épocas vindouras.»

«Numa geração», disse o liberal, «um ou dois desses homens poderão ser muito úteis, mas a universidade dá-nos dois ou três mil jovens por ano. Suponho que fique contente por uma parte deles prestar serviços comuns.»

«Gostava de ter uma raça muito mais trabalhadora e ativa do que aquela que temos hoje», disse o clérigo, «homens mais perseverantes no esforço e menos impacientes com a recompensa; mas toda a experiência (algo que as escolas não têm o privilégio de desprezar, embora o mundo o tenha) se opõe à ideia de que a forma de obter bons homens comuns é não aspirar a mais do que isso. Sei que nove décimos dos que saem da universidade têm de ser lenhadores e aguadeiros ([11]); mas, se treinar dez décimos para o serem, a lenha será mal cortada e a água entornada. Vise algo nobre,

---

([11]) Alusão a um versículo da Bíblia, Joshua 9:21: «E acrescentaram: "Eles ficarão vivos, mas serão lenhadores e aguadeiros para toda a comunidade". E assim se manteve a promessa dos líderes.»

faça o seu sistema permitir que nele se forme um grande homem, e o seu homem comum terá uma virilidade com a qual não sonha. Mas quando um retórico habilidoso ou um sortudo espertalhão está no topo da hierarquia; quando a universidade, em vez de repudiar a criatura, e de se desculpar alegando que a mãe mais saudável pode produzir um aborto informe por acidente, apregoa ao mundo "ensinámos o rapaz!", para que se saiba que coisas grandiosas pode ela fazer; quando o ódio que os homens mundanos têm sempre à religião, e à educação que ensine a voar em vez de rastejar, é enfrentado não com uma franca oposição, mas com o argumento enganador de que o comércio será melhor para eles — quando tudo isto acontece, será de admirar que um débil sentimento indigente alastre pelos nossos jovens em geral? Que eles desprezem todas as nobres conquistas? Que não tenham um padrão de conduta superior ao da opinião vulgar? E que não concebam recompensa superior a ficarem no meio de ruidosos aplausos que se prolongam por vários momentos?» (*)

Nada poderá ser mais correto e vívido do que esta descrição dos objetivos que a educação universitária deve visar. Divirjo do autor só na proposição de que alguma vez esses objetivos foram atingidos, ou poderiam tê-lo sido, de um modo consistente com o princípio que foi sempre o fundamento das universidades inglesas — um princípio que, infelizmente, de forma alguma lhes está confinado. A dificuldade que continua a opor-se a uma reforma das nossas velhas instituições académicas, ou à criação de novas, que possa facultar-nos uma educação

---

(*) Do romance *Eustace Conway*, atribuído ao Sr. [John Frederick Denison] Maurice.

capaz de formar grandes espíritos é que, para fazê-lo, seria necessário começar por erradicar a ideia, enraizada tanto em todos os defensores como em quase todos os críticos das universidades, dos objetivos não só da educação académica, mas da própria educação. E que ideia é esta? Que o objetivo da educação não é qualificar o estudante para determinar o que é verdadeiro e o que é correto, mas garantir que ele considere verdadeiro o que consideramos verdadeiro, e correto o que consideramos correto — que ensinar significa inculcar as nossas próprias opiniões, e que nos cabe fazer discípulos, e não pensadores ou investigadores. Este é o erro profundamente entranhado, o preconceito inveterado, que o verdadeiro reformador da educação inglesa tem de combater. Será espantoso que não se produzam grandes espíritos num país em que o teste de um grande espírito é o acordo com as opiniões dos pequenos espíritos? Todas as instituições do país destinadas à cultura espiritual (a Igreja, as universidades e quase todas as comunidades discordantes) estão constituídas assumidamente segundo este princípio: que o objetivo *não* é que o indivíduo fique determinado e qualificado para procurar a verdade de um modo ardente, vigoroso e desinteressado; *não* é fornecer-lhe os auxiliares, equipamentos, materiais e instrumentos necessários para a investigação, e depois deixá-lo livre para os usar; *não* é inspirá-lo, através de uma livre comunhão com o pensamento e os feitos dos grandes espíritos que o precederam, com a coragem para se atrever a tudo o que a verdade e a consciência exijam, e com a modéstia para ponderar bem os fundamentos daquilo que os outros pensam, antes de adotar opiniões contrárias. O objetivo *não* é isto, não. O triunfo que existe no sistema ou que este pode transmitir ao aluno, o seu mérito, a sua excelência aos olhos de Deus, consiste em fazer as especulações do aluno terminarem na adoção, por palavras, de um conjunto específico de opiniões. Desde que ele adira a essas opiniões, pouco importa que as tenha obtido de uma autoridade ou através de reflexão — e, pior ainda, pouco importa que o resultado tenha sido atingido com vaidade ou tentações egoístas, com sofisticações voluntárias ou involuntárias do intelecto, com a asfixia dos sentimentos mais nobres. Comparativamente, pouco importa até que, no seu espírito, as palavras sejam meras palavras em vez de representações de realidades — pouco importa em que sentido ele aceita o conjunto privilegiado de opiniões, ou se sequer lhes atribui algum sentido. Alguma vez se formaram grandes espíritos deste modo? Nunca. Os escassos grandes espíritos que este país produziu formaram-se apesar de lhes terem feito quase tudo o que era possível para travar o seu desenvolvimento. E todos os pensadores muito acima da norma que se desenvolveram na Igreja de Inglaterra, ou em qualquer outra igreja, foram criados em épocas latitudinárias, ou enquanto o impulso de emancipação intelectual que fez existir a Igreja ainda não se tinha esgotado. O fluxo de metal ardente que saiu da fornalha jorrou algumas vezes antes de solidificar.

As universidades inglesas agiram sempre segundo o princípio de que a associação intelectual dos seres humanos tem de se basear em doutrinas, ou seja, na promessa de acreditar em certas opiniões; tudo o que fazem tem como alcance levar os estudantes, honesta ou desonestamente, a assentirem às opiniões que lhes são apresentadas; o abuso das faculdades humanas, que Locke denunciou tão persuasivamente chamando-lhe «principizar» os estudantes, é o seu único método na religião, na política, na moralidade ou na filosofia — de facto, tudo isto é vicioso, mas o vício prevalece tanto dentro como fora da esfera das universidades, e torna-se mais desonroso por uma doutrina melhor ter sido ensinada há um século por espíritos superiores, a cujo nível de inteligência estas tinham o dever de se manter. Contudo, quando atingiam o seu objetivo, não se importavam com mais nada; se podiam formar clérigos, não se importavam com a formação de homens religiosos; se podiam formar *tories*, era-lhes indiferente formar patriotas; se podiam evitar a heresia, não lhes importava que o preço disso fosse a estupidez — isto constitui a ignobilidade peculiar destas organizações. Olhemos para elas. Enquanto o seu carácter sectário e a exclusão de todos os que não abdiquem da sua liberdade de pensamento sejam defendidos como se a vida dependesse disso, dificilmente haverá um indício no sistema universitário de que outro objetivo é levado a sério. Quase todos os lugares de professor degeneraram em sinecuras. Poucos professores deram alguma vez uma aula. Um dos poucos grandes estudiosos de uma das universidades (e já o era antes de lá ter entrado), o Rev. Connop Thirlwall, deu a conhecer ao mundo que, pelo menos na sua universidade, mesmo a teologia (até a teologia da Igreja de Inglaterra) não é ensinada; e o seu afastamento da tutela da faculdade, por causa deste exemplo de honestidade, é uma das provas diárias de como é mais seguro vinte homens negligenciarem o seu dever do que um homem os acusar da negligência. Os únicos estudos realmente encorajados são os clássicos e a matemática. Ambos são extremamente valiosos, embora o último, como instrumento exclusivo para apurar os poderes mentais, seja sobrevalorizado. Mas o Sr. Whewell, uma grande autoridade contra a sua própria universidade, publicou um panfleto sobretudo para provar que o género de conhecimento matemático com o qual alguém se gradua com distinção em Cambridge, a competência no uso do cálculo, não contribui para produzir um intelecto superior. (*) A mera casca ou carapaça da lógica silogística numa universidade, a vulgarização mais miserável de Locke e de Paley na outra, são toda a ciência moral ou psicológica que nelas se ensina. (**) Como forma de educar muitos, as universidades são uma absoluta nulidade. Os jovens de Inglaterra não são educados. Todos os géneros de requisitos necessários para a obtenção de todos os graus atribuídos por estas organizações são, em Cambridge, totalmente miseráveis; creio que, nos últimos anos, se tornaram mais exigentes em Oxford, mas continuam a ser muito fracos. É verdade que a graduação com distinção só se obtém com um enorme esforço; e o sistema não seria desprovido de valor, se os candidatos fossem mentalmente beneficiados. Mas o que fizeram os arguentes seniores, mesmo na matemática? Desde Newton,

---

(*) Um autor erudito e competente que escreveu na *Edinburgh Review* [William Hamilton] despendeu um volume quase supérfluo de argumentação e de apelo à autoridade no combate à posição, que o Sr. Whewell defendeu casualmente no seu panfleto, sobre o grande valor da matemática como exercício mental. Julgo que ele devia ter reparado que o objetivo mais direto do panfleto coincidia parcialmente com o seu. Não penso que o Sr. Whewell tenha feito bem o que se propôs fazer: ele é vago e está sempre a tentar ser um metafísico mais profundo do que consegue ser, mas a proposição principal do seu panfleto é verdadeira e importante, e ele merece um crédito considerável por ter discernido essa verdade importante e por tê-la exprimido tão vividamente.

(**) Exceto, em Oxford, a Ética, a Política e a Retórica de Aristóteles. Estas fazem parte do curso de instrução clássica, e constituem até agora uma exceção à regra, observada com considerável fidelidade em ambas as universidades, de cultivar apenas as partes menos úteis da literatura antiga.

Cambridge produziu um grande génio matemático? Nem digo um Euler, um Laplace ou um Lagrange, mas alguém como a vintena que França produziu no mesmo período. Desde a Reforma, quantos livros nos deram as duas universidades que esclareçam a história, os costumes, a filosofia, a arte ou a literatura dos antigos? Comparemo-las não só com a Alemanha, mas até com a Itália ou França. Quando as universidades declaram que um homem foi excecional nos seus estudos, o que fazem? Dão-lhe um rendimento não para que ele continue a aprender, mas por ter aprendido; não para que ele faça alguma coisa, mas pelo que ele fez — isto na condição de ele viver como um monge e de vestir o uniforme da Igreja passados sete anos. Subornam os homens com recompensas elevadas para que eles tenham as armas prontas, mas não lhes exigem que lutem.(*)

Serão estes os lugares da educação que nos darão espíritos capazes de ter uma luta vitoriosa contra as influências debilitantes da época, e de fortalecer o lado mais fraco da civilização com o apoio de uma cultura superior? Contudo, é disto que precisamos dessas instituições — ou, havendo negligência da sua parte, de outras que tomem o seu lugar. E o primeiro passo para a sua reforma deverá ser acabar totalmente com o sectarismo — não com a medida torpe de permitir que os dissidentes entrem e lhes seja ensinado o sectarismo ortodoxo, mas pondo fim a todo o ensino sectário. O que tem de ser extirpado é o

(*) Em grande medida, muito do que se diz aqui sobre as universidades deixou de ser verdade. A legislatura fez valer o seu direito de interferência e, mesmo antes disso, essas organizações, à semelhança das outras instituições inglesas, já tinham iniciado um progresso resoluto. Contudo, deixo estas páginas inalteradas, para que sirvam de registo histórico e de ilustração das tendências em curso. [1859]

próprio princípio da religião dogmática, da moralidade dogmática e da filosofia dogmática, e não uma manifestação específica desse princípio.

O próprio alicerce de uma educação que vise formar grandes espíritos tem de ser o reconhecimento do princípio de que o objetivo é gerar a maior quantidade possível de *poder* intelectual, bem como inspirar o mais intenso *amor à verdade* — e isto sem a menor preocupação com os resultados que o exercício desse poder poderá produzir, ainda que leve o estudante a ter opiniões diametralmente opostas às dos seus professores. Digo isto não porque pense que as opiniões não têm importância, mas por causa da imensa importância que lhes atribuo. Pois, de forma proporcional ao grau de poder intelectual e de amor à verdade que consigamos criar, é certo que, seja o que for que aconteça num qualquer caso particular, as opiniões verdadeiras serão o resultado no agregado de casos; e o poder intelectual e o amor prático à verdade são igualmente impossíveis quando se mostram as conclusões ao investigador e este é informado, de antemão, que se espere que ele chegue a essas conclusões.

Não chego ao absurdo de propor que o professor não apresente as suas opiniões como verdadeiras e não exerça todos os seus poderes para expor a sua verdade à luz mais forte. Abster-se disto seria alimentar o pior hábito intelectual de todos, que é o de não encontrar nem procurar certeza em nada. Mas o próprio professor não deve estar preso a um credo; e a questão não deverá ser se as suas opiniões são as verdadeiras, mas se ele está bem familiarizado com as das outras pessoas e, ao defender a sua, apresenta honestamente os argumentos favoráveis a todas as opiniões rivais. É com este espírito que, nas cátedras das universidades alemãs e francesas, se ensinam todos os grandes assuntos. Por norma, seleciona-se o professor mais distinto, sejam quais forem as suas perspetivas específicas, e ele, consequentemente, ensina com o espírito da livre investigação, e não com o da imposição dogmática.

Este é o princípio de toda a instrução académica que vise formar grandes espíritos. Os pormenores não poderão deixar de ser muito vastos e diversificados. A literatura antiga ocuparia um espaço amplo nessa instrução, pois coloca-nos perante os pensamentos e as ações de muitos grandes espíritos, espíritos de variadíssimas ordens de grandeza, relacionados e apresentados de uma forma dez vezes mais impressionante e mais calculada para suscitar aspirações elevadas do que qualquer literatura moderna. Embora nos modos atuais de ensinar clássicas estas impressões sejam suscitadas de forma muito imperfeita, o que lhes devemos é incalculável: constituem o único aspeto enobrecedor dessa coisa servil e mecânica a que os modernos chamam educação. Ademais, importa não esquecer que a familiaridade com os monumentos da Antiguidade, especialmente com os da Grécia, trazem o benefício de nos ensinarem a apreciar e a admirar a grandiosidade intrínseca por entre opiniões, instituições e hábitos muitíssimo afastados de nós — e assim desenvolvemos essa tolerância ampla e universal que se baseia no entendimento, não na indiferença, bem como o hábito de uma compreensão livre e aberta dos poderes mentais e da nobreza de carácter, onde quer que estes se encontrem. Se as línguas e a literatura da Antiguidade fossem ensinadas de modo a que as imagens gloriosas que apresentam surgissem aos olhos do estudante como realidades vivas e brilhantes — se, em vez de lhe deixarem um *caput mortuum* no fundo do espírito, como uma substância estranha que não lhe influencia de nenhuma forma o fluxo dos pensamentos ou o tom dos sentimentos, estas lhe circulassem no espírito, fossem assimiladas e se tornassem parte de si! —, veríamos quão pouco estes estudos já fizeram por nós, por comparação com aquilo que ainda têm de fazer.

Um lugar importante no sistema educativo que tenho em vista seria ocupado pela história, porque esta é o registo de todas as coisas grandiosas que a humanidade concretizou e porque, quando estudada filosoficamente, alarga de certo modo a perspetiva do estudante e familiariza-o com a ação de grandes causas. De nenhuma outra forma ele poderá compreender, no seu próprio espírito, os grandes princípios que governam o progresso do Homem e da condição da sociedade (por muito que ele esteja satisfeito com a prova desses princípios como proposições abstratas). Em nenhum outro lugar a infinita diversidade da natureza humana lhe será comunicada tão vividamente, e a conceção rígida ou unilateral que tenha desta corrigida tão eficazmente; em nenhum outro lugar ele verá exemplificados com tanta força a espantosa maleabilidade da nossa natureza e os vastos efeitos que, com uma boa orientação, o empenho honesto pode produzir. A literatura da nossa e de outras nações modernas deve ser estudada a par da história, ou melhor, como parte da história.

Na área do intelecto puro, o lugar cimeiro pertencerá à lógica e à filosofia da mente. A primeira é instrumento para cultivar todas as ciências; a segunda é a raiz de onde todas elas crescem. Será quase escusado dizer que a primeira não deve ser ensinada como um mero sistema de regras técnicas, nem a segunda como um conjunto de proposições abstratas concatenadas. Há uma tendência que é sempre forte, mas que aqui é mais, para aceitar opiniões sem nenhuma verdadeira compreensão, simplesmente porque estas parecem seguir-se de certas premissas pressupostas, e para acatá-las como fórmulas verbais sem vida nem significado. O estudante deve ser levado a interrogar a sua própria consciência, a observar-se e a fazer experiências consigo. Através de outro processo, pouco alguma vez se saberá da mente.

A estas deverão juntar-se todas aquelas ciências nas quais, através de processos mentais com alguma extensão ou subtileza, se alcançaram resultados maiores e mais certos — não que todas as pessoas devam estudar todas essas ciências, mas algumas devem estudar todas e todas devem estudar algumas. Podemos dividi-las em ciências de simples raciocínio, como a matemática, e ciências em parte de raciocínio, e em parte (o que é de longe mais difícil) de observação e de análise abrangentes. Incluem-se aí, no seu *rationale*, até as ciências a que os processos matemáticos são aplicáveis, bem como todas as que respeitam à natureza humana. As filosofias da moral, do governo, do direito, da economia política, da poesia e da arte deverão constituir assuntos para uma instrução sistemática dada pelos professores mais preeminentes que seja possível encontrar. Estes deverão ser escolhidos não pelas doutrinas específicas que possam professar, mas por serem os mais capazes de preparar estudantes qualificados, na sua disposição e nos seus resultados, para escolherem as doutrinas por si mesmos. E por que razão a religião não deverá ser ensinada da mesma maneira? Não deverá sê-lo antes de se dar um passo para sanar as diferenças religiosas, antes de o espírito da religião inglesa se tornar universal em vez de sectário, favorável em vez de hostil à liberdade de pensamento e ao progresso do espírito humano.

Para explicar, mesmo que resumidamente, as mudanças na política e nas estruturas sociais que, a par das reformas na educação, considero necessárias para regenerar o carácter das classes altas, teria de escrever um longo discurso. Todavia, pode-se formular concisamente a ideia geral da qual todas elas emanam. A civilização trouxe um grau de segurança e de estabilidade na posse dos benefícios adquiridos que tornou possível um homem rico levar a vida de um sibarita e, ainda assim, gozar durante toda a vida um grau de poder e de consideração que antes só podia ser conquistado e conservado através da atividade pessoal. Não podemos desfazer aquilo que a civilização fez; tão-pouco podemos estimular a energia das classes altas com a insegurança da pobreza, ou a ameaça à vida ou à integridade física. O único motivo adventício de que a sociedade pode dispor é o da reputação e influência; e há que usá-lo tanto quanto possível para encorajar o mérito. A principal contribuição possível das mudanças sociais para o melhoramento das classes altas — e é isto que o avanço da democracia está a concretizar de um modo impercetível, mas determinado — é acabar gradualmente com todas as espécies de distinções que não sejam conquistadas, e fazer as qualidades pessoais serem a única via para a honra e a ascensão social.

Sobre a Propriedade

§1.

Os princípios apresentados na primeira parte deste tratado são, em certos aspetos, muitíssimo distintos daqueles que agora vamos começar a considerar. As leis e as condições da produção da riqueza têm o carácter de verdades físicas. Nada têm de opcional ou de arbitrário. Tudo aquilo que os seres humanos produzem tem de ser produzido das formas e nas condições impostas pela constituição das coisas externas, bem como pelas propriedades inerentes da sua própria estrutura mental e física. Quer gostem quer não, a sua produção será limitada pela quantidade da sua acumulação prévia, e, nessa base, será proporcional à sua energia, à sua competência, à perfeição dos seus instrumentos e ao seu uso judicioso das vantagens do trabalho conjunto. Quer gostem quer não, duplicar a quantidade de trabalho não fará, na mesma terra, duplicar a quantidade de comida, a não ser que se melhorem os processos de cultivo. Quer gostem quer não, os gastos improdutivos de indivíduos tenderão *pro tanto* a empobrecer a comunidade, e só os seus gastos produtivos a enriquecerão. As opiniões, ou os desejos, que possam existir sobre estes assuntos diversos não controlam as próprias coisas. Na verdade, não podemos prever em que medida será possível alterar os modos de produção, ou aumentar a produtividade do trabalho, através de extensões futuras do nosso conhecimento das leis da natureza, que sugiram novos processos económicos que hoje nem concebemos. Contudo, por maior que seja o nosso sucesso em nos dar mais espaço dentro dos limites determinados pela constituição das coisas, sabemos que têm de existir limites. Não podemos alterar as propriedades últimas da matéria ou da mente; podemos apenas empregar essas propriedades, com maior ou menor sucesso, de modo a produzir os acontecimentos que nos interessam.

A distribuição da riqueza não é assim. Esta é apenas uma questão de organização humana. Quando as coisas estão aí, os seres humanos, individual ou coletivamente, podem fazer com elas o que bem entendam. Podem pô-las à disposição de quem lhes aprouver em quaisquer termos. Ademais, no estado social, em qualquer estado exceto a solidão total, a disposição das coisas, seja ela qual for, só pode ocorrer mediante o consentimento da sociedade; ou melhor, daqueles que dispõem da sua força ativa. Mesmo uma coisa que uma pessoa produziu com o seu esforço individual, sem o auxílio de ninguém, só pode manter-se na sua posse através da permissão da sociedade. Além de a sociedade poder tirar-lha, os indivíduos poderiam fazer isso e fá-lo-iam, se a sociedade permanecesse passiva — se esta não interferisse *en masse*, ou se não empregasse e pagasse a alguém para que a posse não fosse perturbada. A distribuição da riqueza, portanto, depende das leis e dos costumes da sociedade. As regras que a determinam dependem das opiniões e dos sentimentos do segmento dominante da comunidade, e são muito diversas em épocas e em países diferentes — e poderão ser ainda mais diversas, se a humanidade assim entender.

As opiniões e os sentimentos dos seres humanos seguramente não são uma questão de acaso. São consequências das leis fundamentais da natureza humana, combinadas com o estado existente de conhecimento e experiência, bem como com o estado existente das instituições sociais e da cultura intelectual e moral. No entanto, as leis da geração das opiniões humanas não se enquadram no presente assunto. Elas fazem parte da teoria geral do progresso humano, que é um campo de investigação de longe mais amplo e mais difícil do que a economia política. Temos de examinar aqui não as causas das regras segundo as quais se pode distribuir a riqueza, mas as suas consequências. Estas, pelo menos, são tão pouco arbitrárias e têm tanto o carácter de leis físicas como as leis da produção. Os seres humanos podem controlar os seus atos, mas não as consequências dos seus atos para si mesmos ou para os outros. A sociedade pode sujeitar a distribuição da riqueza a quaisquer regras que entenda serem melhores, mas os resultados práticos da atuação dessas regras têm de ser descobertos, como quaisquer verdades físicas ou mentais, através da observação e do raciocínio.

Vamos avançar, então, para o exame dos diversos modos de distribuir o produto da terra e do trabalho que foram adotados na prática ou que são teoricamente concebíveis. Entre eles, aquele que chama primeiro a nossa atenção é essa instituição primária e fundamental da qual, excluindo casos excecionais e muito limitados, as estruturas económicas da sociedade sempre dependeram, embora tenha variado nos seus aspetos secundários e possa ainda variar. Refiro-me, obviamente, à instituição da propriedade individual.

§2.

Enquanto instituição, a propriedade privada não deve a sua origem a nenhuma das considerações de utilidade que justificam a sua manutenção depois de estabelecida. Graças à história e a estados sociais análogos do nosso tempo, sabe-se o suficiente das épocas bárbaras para mostrar que os tribunais (que precederam sempre as leis) foram criados originalmente não para determinar direitos, mas para reprimir a violência e pôr fim a conflitos. Sobretudo com este objetivo em vista, deram força de lei, de um modo bastante natural, à ocupação inicial, tratando assim como agressor aquele que, ao expulsar ou tentar expulsar outros daquilo que possuíam, iniciara a violência. Deste modo, conseguiu-se conservar a paz, que era o objetivo inicial do governo civil; ao mesmo tempo, confirmando a posse aos que já possuíam algo (mesmo que isso não fosse fruto do esforço pessoal), garantia-se consequentemente, a eles e aos outros, uma proteção dessa posse.

Ao considerar a instituição da propriedade como uma questão de filosofia social, temos de pôr de parte a sua efetiva origem em qualquer uma das nações europeias existentes. Podemos imaginar uma comunidade livre de qualquer posse prévia: um grupo de colonos que ocupassem pela primeira vez uma região desabitada, que trouxessem consigo apenas aquilo que já partilhavam e que dispusessem de um espaço claro para a adoção das instituições e políticas que julgassem ser mais convenientes; eles teriam de escolher, portanto, entre conduzir o trabalho de produção segundo o princípio da propriedade individual ou fazê-lo segundo um sistema de propriedade comum e ação coletiva.

Temos de presumir que, caso se adotasse a propriedade privada, esta não estaria acompanhada por nenhuma das desigualdades e injustiças iniciais que obstruem a atuação benéfica do princípio nas velhas sociedades. Temos de supor que a todos os adultos, homens ou mulheres, seria assegurado o livre uso e disposição das suas faculdades físicas e mentais; e que os instrumentos de produção (as terras e as ferramentas) estariam divididos equitativamente por eles, para que todos, a respeito dos utensílios externos, pudessem ter o mesmo ponto de partida. Também se pode supor que, nesta repartição inicial, haveria uma compensação pelas injúrias da natureza e o equilíbrio seria reposto através da atribuição, aos membros menos robustos da comunidade, de vantagens na distribuição que seriam suficientes para os pôr ao nível dos demais. Mas a divisão, depois de efetuada, não seria objeto de mais interferências; os indivíduos, enquanto procurassem fazer um uso vantajoso do que lhes fora atribuído, ficariam entregues aos seus próprios esforços e aos acasos comuns. Se, pelo contrário, se excluísse a propriedade individual, ter-se-ia de adotar o plano de fazer da terra e de todos os instrumentos de produção propriedade conjunta da comunidade, e de desenvolver em comum as operações laborais. A direção do trabalho caberia a um ou vários magistrados — estes, podemos supor, seriam eleitos por votação da comunidade, e temos de presumir que esta lhes obedeceria voluntariamente. Do mesmo modo, a divisão do produto seria um ato público. O princípio poderia ser o da completa igualdade ou o da repartição segundo as necessidades ou o mérito dos indivíduos, de um modo que pudesse ser adequado às ideias políticas ou de justiça prevalecentes na comunidade.

A uma escala pequena, são exemplos destas associações, por exemplo, as ordens monásticas, os moravianos e os seguidores de Rapp([12]); e, por sustentarem esperanças de alívio das misérias e das iniquidades de um estado de grande desigualdade de riqueza, esquemas para uma aplicação mais ampla da mesma ideia reapareceram e tornaram-se populares em todos os períodos de especulação ativa acerca dos primeiros princípios da sociedade. Numa época como a atual, quando se sente que uma reconsideração geral de todos os primeiros princípios é inevitável, e quando (mais do que em qualquer outro período da história) os segmentos afligidos da comunidade têm voz na discussão, era impossível que as ideias desta natureza não tivessem um alcance longo e amplo. Na Europa, as últimas revoluções suscitaram muita especulação deste carácter e, consequentemente, as diversas formas que estas ideias assumiram atraíram uma quantidade invulgar de atenção. Não é provável que essa atenção diminua; pelo contrário, é provável que aumente cada vez mais.

Podemos distribuir por duas categorias os críticos do princípio da propriedade individual: a daqueles cujo esquema implica uma igualdade absoluta na distribuição dos meios físicos para a vida e a fruição, e a daqueles que admitem a desigualdade, mas baseada num princípio (ou alegado princípio) de justiça ou de conveniência geral, e não somente em acidentes, como se verifica em tantas das desigualdades sociais existentes. À cabeça da primeira

---

([12]) John George Rapp (1757–1847), alemão, foi o fundador e líder espiritual da Sociedade Harmonia, que teve três comunidades nos Estados Unidos da América.

categoria, por serem os primeiros da presente geração, temos de pôr o Sr. Owen e os seus seguidores. Mais recentemente, o Sr. Louis Blanc e o Sr. Cabet tornaram-se apóstolos de doutrinas semelhantes (embora o primeiro advogue a igualdade distributiva apenas como transição para um padrão de justiça ainda mais elevado, o de que todos trabalhem segundo as suas capacidades e recebam segundo as suas necessidades). O nome característico deste sistema económico é «comunismo» — uma palavra de origem continental, introduzida tardiamente neste país. A palavra «socialismo», que tem a sua origem nos comunistas ingleses e foi empregue por eles como nome para designar a sua doutrina, é usada agora, no continente, num sentido mais amplo: não implica necessariamente o comunismo, ou a abolição total da propriedade privada, aplicando-se a qualquer sistema que exija que a terra e os instrumentos de produção sejam propriedade não de indivíduos, mas de comunidades ou associações, ou do governo. Destes sistemas, os dois com maiores pretensões intelectuais são aqueles que, devido ao nome dos seus autores reais ou geralmente presumidos, se chamam «saint-simonismo» e «fourierismo». O primeiro morreu como sistema, mas, durante os poucos anos da sua promulgação pública, lançou as sementes de quase todas as tendências socialistas que, desde então, se difundiram tanto por França. O segundo ainda floresce no número, talento e zelo dos seus aderentes.

§3.

Sejam quais forem os méritos ou os defeitos destes esquemas diversos, não se pode dizer que sejam impraticáveis. Nenhuma pessoa razoável pode duvidar de que uma comunidade aldeã, constituída por apenas uns milhares de habitantes que cultivassem conjuntamente a quantidade de terra que hoje alimenta o mesmo número de pessoas, e que produzissem (através do trabalho conjunto e dos melhores processos) os artigos manufaturados de que precisassem, poderia gerar uma quantidade de produções suficiente para assegurar o conforto — e de que esta comunidade, nos membros da associação capazes de trabalhar, encontraria os meios de obter (e de exigir, se fosse preciso) a quantidade de trabalho necessária para esse fim.

A objeção frequente a um sistema de propriedade comum e de distribuição igualitária do produto — cada pessoa estaria incessantemente ocupada a escapar à sua quota-parte do trabalho — aponta, sem dúvida, para uma dificuldade autêntica. Contudo, aqueles que levantam esta objeção esquecem-se de como esta dificuldade também existe no sistema que, atualmente, rege nove décimos da atividade económica da sociedade. A objeção pressupõe que só se conseguirá trabalho honesto e eficaz daqueles que, individualmente, colham os benefícios dos seus próprios esforços. Todavia, considerando todo o trabalho realizado em Inglaterra, do mais mal pago ao mais bem pago, só uma pequena parte é feito por pessoas que trabalham para o seu próprio bem. Do ceifeiro ou servente de pedreiro irlandês ao Chefe de Justiça ou Ministro de Estado, quase todo o trabalho da sociedade é remunerado por diárias ou por salários fixos. Um operário fabril tem menos interesse pessoal no seu trabalho do que um membro de uma associação comunista, dado que o primeiro, ao invés do segundo, não está a trabalhar para uma companhia da qual seja membro. Dir-se-á, sem dúvida, que embora os próprios trabalhadores não tenham, na maioria dos casos, um interesse pessoal no seu trabalho, eles são vigiados e supervisionados — e o seu trabalho é dirigido por pessoas que têm esse interesse e que se ocupam da parte intelectual do trabalho. Mesmo isto, no entanto, está longe de ser verdade universalmente. Tanto em todos os empreendimentos públicos como em muitos dos maiores empreendimentos privados com mais sucesso, o controlo e a supervisão, e não só os trabalhos de pormenor, são confiados a funcionários assalariados. E embora o «olhar do mestre», quando o mestre é vigilante e inteligente, tenha valor proverbial, importa recordar que, numa quinta ou fábrica socialista, cada trabalhador estaria sob o olhar não de um mestre, mas de toda a comunidade. No caso extremo de alguém que perseverasse obstinadamente em não realizar a devida parcela de trabalho, a comunidade teria os mesmos recursos de que a sociedade dispõe agora para compelir a conformidade às condições necessárias da associação. A demissão, atualmente o único remédio, não é remédio algum quando qualquer trabalhador que possa ser recrutado não faça melhor do que o seu predecessor: o poder de demitir permite apenas que o empregador obtenha dos seus trabalhadores a quantidade habitual de trabalho, mas esse trabalho habitual pode ter qualquer grau de ineficácia. Mesmo o trabalhador que perca o seu emprego por preguiça ou negligência não sofrerá nada pior, no caso mais desfavorável, do que a disciplina de um asilo — e se o desejo de evitar essa situação for suficiente num dos sistemas, será suficiente no outro. Não estou a menosprezar a força do incentivo para trabalhar quando todo o benefício do esforço suplementar, ou uma grande parte dele, pertence ao trabalhador. No sistema económico presente, no entanto, este incentivo não existe na grande maioria dos casos. Se o trabalho comunista poderia ser menos vigoroso do que o de um agricultor com propriedades, ou de um trabalhador por conta própria, provavelmente seria mais enérgico do que o trabalho de um trabalhador contratado, que não tem qualquer interesse pessoal no assunto. Entre os trabalhadores contratados de classes sem educação, a negligência dos deveres de que eles se incumbem é, no estado atual da sociedade, muitíssimo flagrante. Ora, uma condição pressuposta no esquema comunista é que todos sejam educados. Estando isto pressuposto, os deveres dos membros da associação seriam cumpridos, sem dúvida, tão diligentemente como se verifica na generalidade dos funcionários assalariados das classes média e alta; e não supomos que estes — em virtude de ganharem o mesmo desde que não sejam demitidos, por pouco zelo que tenham no cumprimento do seu dever — são necessariamente pouco zelosos. Como regra geral, sem dúvida, a remuneração por salários fixos não produz o zelo máximo em nenhuma classe de funcionários — e isto, pelo menos, podemos objetar razoavelmente ao sistema laboral comunista.

Que mesmo esta inferioridade existiria necessariamente, de forma alguma é tão certo como presumem aqueles que estão pouco acostumados a levar o seu espírito para lá do estado de coisas com o qual estão familiarizados. Os seres humanos são capazes de ter um espírito público muito superior àquele que a presente época nos acostumou a considerar possível. A história atesta a possibilidade de ter sucesso a ensinar grandes conjuntos de seres humanos a sentir o interesse público como seu. E nenhum solo poderia ser mais favorável ao desenvolvimento desse sentimento do que uma associação comunista, visto que toda a ambição e toda a atividade física e mental que agora se aplicam na busca de interesses separados e respeitantes ao próprio precisariam de outra esfera de emprego — e encontrá-la-iam naturalmente na busca do bem geral da comunidade. No comunismo, a causa tantas vezes usada para explicar a devoção do padre ou monge católico à sua ordem — ele não ter um interesse separado desta — uniria o cidadão à comunidade. E, independentemente do motivo público, todos os membros da associação seriam sensíveis ao motivo pessoal mais universal, que é um dos mais fortes: a opinião pública. É improvável que alguém negue a força deste motivo na dissuasão de qualquer ato ou omissão inequivocamente reprovado pela comunidade. Ademais, o poder da emulação na produção dos esforços mais vigorosos em função da aprovação e admiração dos outros é evidenciado pela experiência em todas as situações em que os seres humanos competem entre si, mesmo quando o fazem por frivolidades ou por coisas que não resultam em benefícios públicos. Uma competição no sentido de fazer mais pelo bem comum não é o género de competição que os socialistas repudiem. Em que medida, portanto, o comunismo reduziria a energia do trabalho, ou se a longo prazo a reduziria, é algo que, por agora, temos de considerar uma questão indecidida.

Outra objeção ao comunismo é semelhante àquela que se faz com frequência às leis de apoio aos pobres: se todos os membros da comunidade tivessem uma garantia de subsistência para si mesmos e para qualquer número de filhos, na única condição de estarem dispostos a trabalhar, a contenção prudencial da multiplicação dos seres humanos acabaria e a população começaria a crescer a um ritmo que, através de fases sucessivas de desconforto crescente, levaria a comunidade à verdadeira fome. Haveria seguramente muitas razões para este receio, se o comunismo não oferecesse motivos para a contenção equivalentes àqueles que eliminaria. Contudo, o comunismo é precisamente o estado de coisas no qual se pode esperar que a opinião se declare com a maior intensidade contra este género de intemperança egoísta. Qualquer aumento populacional que diminuísse o conforto ou aumentasse os encargos do grupo causaria (o que não acontece agora) um incómodo a todos os membros da associação — um incómodo que não seria imputável à avareza dos empregadores ou aos privilégios injustos dos ricos. Nestas circunstâncias alteradas, a opinião não poderia deixar de reprovar — e, se a reprovação não bastasse, de reprimir com alguma espécie de punição — esta ou qualquer outra satisfação pessoal culpável obtida à custa da comunidade. O esquema comunista, em vez de estar peculiarmente sujeito à objeção do perigo do excesso populacional, tem a seu favor uma tendência para, num grau especial, evitar esse mal.

Uma dificuldade mais genuína é a de repartir razoavelmente o trabalho da comunidade pelos seus membros. Há muitos géneros de trabalho. Que padrão deverá ser usado para os comparar? Quem determinará que quantidade de fiação de algodão, de armazenamento de bens, de trabalho de pedreiro ou de limpeza de chaminés equivale a uma certa quantidade de lavoura? Os autores comunistas sentiram tão intensamente a dificuldade de ajustar as diversas qualidades de trabalho que, de um modo geral, consideraram necessário que todos trabalhassem por turnos, realizando todos os géneros de trabalho útil. Esta é uma medida que, acabando com a divisão dos empregos, sacrificaria tanto as vantagens da produção cooperativa que diminuiria muitíssimo a produtividade do trabalho. Além disso, até no trabalho do mesmo género, a igualdade nominal corresponderia de tal forma a uma desigualdade real que o sentimento de justiça se rebelaria contra a sua implementação. As pessoas não têm as mesmas aptidões para todos os trabalhos; e a mesma quantidade de trabalho será um fardo desigual para os fortes e para os fracos, para os arrojados e para os sensíveis, para os rápidos e para os lentos, para os lerdos e para os inteligentes.

Mas estas dificuldades, embora reais, não são necessariamente insuperáveis. A atribuição do trabalho em função da força e das capacidades dos indivíduos, bem como uma flexibilização da regra geral de modo a lidar com os casos em que esta atuaria severamente, não são problemas inadequados para a inteligência humana orientada por um sentido de justiça. Ademais, num sistema que visa a igualdade, o ajuste pior e mais injusto que se pudesse fazer nestes aspetos ficaria de tal modo aquém da desigualdade e da injustiça da atual repartição do trabalho (para não falar da remuneração) que, na comparação, os seus defeitos seriam quase negligenciáveis. Importa também recordar que o comunismo, enquanto sistema social, existe apenas como ideia; que, atualmente, se compreendem melhor as suas dificuldades do que os seus recursos; e que o intelecto humano está apenas a começar a conceber os meios de o organizar pormenorizadamente, de modo a superar as primeiras e a tirar o melhor partido dos segundos.

Se, portanto, a escolha fosse entre o comunismo com todos os seus riscos e o presente estado da sociedade com todos os seus sofrimentos e injustiças; se a instituição da propriedade privada tivesse, como consequência necessária, a atual repartição do produto do trabalho, que está quase na razão inversa do trabalho (as maiores parcelas vão para aqueles que nunca trabalharam, as parcelas seguintes para aqueles cujo trabalho é quase nominal, e assim, numa escala descendente, a remuneração vai emagrecendo à medida que o trabalho se torna mais duro e desagradável, até se chegar ao trabalho físico mais esgotante e fatigante, que não garante sequer a satisfação das necessidades básicas da vida) — se isto ou o comunismo fossem as alternativas, todas as dificuldades do comunismo, grandes ou pequenas, seriam como poeira na balança. Contudo, para que a comparação seja apropriada, temos de comparar o comunismo no seu melhor com o regime da propriedade privada não como ele existe, mas como poderá tornar-se. O princípio da propriedade privada não teve ainda um julgamento justo em nenhum país — e, talvez, ainda menos neste país do que noutros. A estruturas sociais da Europa moderna começaram com uma distribuição da propriedade que resultou não de uma justa partição ou de uma aquisição pelo trabalho, mas de conquistas e violência. E, apesar do que a economia tem feito ao longo de muitos séculos para modificar o papel da força, o sistema conserva muitos traços amplos da sua origem. As leis da propriedade nunca estiveram de acordo com os princípios em que assenta a justificação da propriedade privada. Tornaram propriedade certas coisas que nunca deviam ser propriedade, e criaram uma propriedade absoluta onde só uma propriedade qualificada devia existir. Em vez de manterem um justo equilíbrio entre os seres humanos, sobrecarregaram alguns de obstáculos para darem vantagens a outros; promoveram deliberadamente desigualdades e impediram que todos tivessem um começo justo na corrida. Que todos comecem em termos perfeitamente iguais, de facto, é inconsistente com qualquer lei da propriedade privada. Contudo, se, para moderar a desigualdade através de todos os meios que não subvertessem o próprio princípio, tivesse havido tanto empenho como houve para agravar a desigualdade de oportunidades decorrente do seu funcionamento natural; se a tendência da legislação tivesse favorecido a difusão da riqueza em vez da sua concentração (se esta tivesse encorajado a subdivisão dos grandes patrimónios em vez de procurar conservá-los juntos), ter-se-ia descoberto que o princípio da propriedade individual não tem qualquer conexão necessária com os males físicos e sociais que todos os autores socialistas tomam por algo inseparável deste.

Em todas as defesas da propriedade privada, supõe-se que esta significa garantir, aos indivíduos, os frutos do seu próprio trabalho e da sua própria abstinência. Garantir-lhes os frutos do trabalho e da abstinência de outrem, transmitindo-os para eles sem que tenham qualquer mérito ou façam qualquer esforço, não é algo que seja essencial à instituição, sendo antes uma mera consequência acidental que, quando atinge um certo nível, entra em conflito com os fins que legitimam a propriedade privada em vez de os promoverem. Para avaliar o destino final da instituição da propriedade, temos de supor que se retificava tudo aquilo que faz a instituição funcionar de um modo oposto a esse princípio equitativo, o da proporção entre remuneração e esforço, no qual, como se presume, assentam todas as suas defesas dignas de consideração. Temos também de presumir a realização de duas condições. Sem estas, nem o comunismo nem quaisquer outras leis ou instituições poderão fazer a generalidade dos seres humanos viver numa condição que não seja degradada e miserável. Uma destas condições é a educação universal; a outra, uma limitação demográfica apropriada na comunidade. Satisfeitas ambas as condições, poderia não haver pobreza mesmo com as instituições sociais presentes. Estando pressuposta a sua satisfação, a questão do socialismo não é, como os socialistas costumam apresentá-la, uma questão de fugir para o único refúgio dos males que hoje afetam a humanidade; é apenas uma questão de vantagens comparativas, que terá de ser resolvida no futuro. Não sabemos o suficiente sobre aquilo que está ao alcance da atividade individual na sua melhor forma, ou do socialismo na sua melhor forma, para podermos decidir competentemente qual será a forma última da sociedade humana.

Arriscando uma conjetura, direi que a decisão dependerá, provavelmente, de uma só consideração: a consistência destes dois sistemas com uma maior liberdade e espontaneidade dos seres humanos. Assegurados os meios de subsistência, a necessidade pessoal mais forte dos seres humanos é a liberdade; e esta (ao invés das necessidades físicas, que se tornam mais moderadas e suscetíveis de controlo com o avanço da civilização) tem uma intensidade que aumenta em vez de diminuir à medida que a inteligência e as faculdades morais se desenvolvem. A perfeição tanto das estruturas sociais como da moralidade prática consistiria em assegurar a todas as pessoas uma completa independência e liberdade de ação, sujeita apenas à restrição de não injuriar os outros. E a educação que as ensinasse, ou as instituições que as obrigassem, a trocar o controlo das suas próprias ações por uma quantidade de conforto ou riqueza, ou a renunciar à liberdade em função da igualdade, privá-las-ia de uma das características mais elevadas da natureza humana. Falta descobrir em que medida a conservação desta característica se revelaria compatível com a organização comunista da sociedade. Esta objeção, como todas as outras objeções ao esquema socialista, é, sem dúvida, extremamente exagerada. Os membros da associação não seriam obrigados a viver juntos mais do que agora, nem precisariam de ser controlados no modo de disporem da sua parcela individual do produto ou do seu tempo livre — que, provavelmente, seria muito, se limitassem a sua produção a coisas que realmente valesse a pena produzir. Os indivíduos não precisariam de ficar acorrentados a uma determinada ocupação ou localidade. As restrições do comunismo seriam a liberdade por comparação com a presente condição da maioria da raça humana. Neste e na maioria dos outros países, os trabalhadores costumam ter tão pouca liberdade de escolha quanto à ocupação e à locomoção, e tanta dependência prática de regras fixas e da vontade de outrem, como poderiam ter em qualquer sistema aquém da verdadeira escravatura — e isto para não mencionar a total submissão doméstica de metade da espécie, sendo de louvar o owenismo e a maioria das outras formas de socialismo por atribuírem às mulheres direitos iguais, em todos os aspetos, aos daqueles que pertencem ao sexo até agora dominante. Todavia, não é mediante uma comparação com o mau estado atual da sociedade que se pode avaliar as pretensões do comunismo; tão-pouco basta que este prometa uma maior liberdade pessoal e espiritual do que aquela que agora é fruída por aqueles que, destas formas de liberdade, não têm o suficiente para a tornar digna desse nome. A questão é determinar se sobraria um refúgio para a liberdade de carácter; se a opinião pública não seria um jugo tirânico; se a dependência de cada um em relação a todos, a vigilância de cada um por todos, não reduziria tudo a uma dócil uniformidade de pensamentos, sentimentos e ações. Isto é já um dos males conspícuos do estado da sociedade existente, embora haja uma diversidade muito maior de educação e de planos, e uma dependência muito menor do indivíduo em relação ao grupo, do que aquelas que existiriam num regime comunista. Nenhuma sociedade em que a excentricidade seja reprovada poderá encontrar-se num estado sadio. Falta ainda determinar se o esquema comunista será consistente com esse desenvolvimento multiforme da natureza humana, com essas múltiplas dissemelhanças, com essa diversidade de gostos e talentos, e variedade de pontos de vista intelectuais, que, além de constituírem uma grande parte do interesse da vida humana, produzem uma colisão estimulante entre intelectos e apresentam a cada um inúmeras noções que ele mesmo não teria concebido, sendo assim a alavanca principal do progresso espiritual e moral.

§4.

Até agora, circunscrevi as minhas observações à doutrina comunista, que, formando o limite extremo do socialismo, nos diz não só que os instrumentos de produção, a terra e o capital são propriedade conjunta da comunidade, mas também que, tanto quanto possível, o produto é dividido, e o trabalho repartido, de forma igualitária. As objeções, bem ou mal fundamentadas, a que o socialismo está sujeito aplicam-se à sua forma comunista com a maior força. As outras variedades de socialismo diferem do comunismo por, em vez de confiarem unicamente naquilo que o Sr. Blanc apelida de ponto de honra no trabalho, conservarem mais ou menos os incentivos para trabalhar resultantes do interesse pecuniário privado. Deste modo, temos já uma modificação da teoria estrita do comunismo quando se advoga o princípio de tornar a remuneração proporcional ao trabalho. Em França, as tentativas de aplicar o socialismo, empreendidas por associações de operários que trabalhavam por sua conta, começaram, na sua maioria, por partilhar a remuneração igualitariamente, sem atenderem à quantidade de trabalho do indivíduo. Todavia, após um breve período, em quase todos os casos abandonou-se este plano e recorreu-se ao pagamento por peça produzida. O princípio original apela a um padrão de justiça superior e adapta-se a uma condição moral da natureza humana muito superior. Remunerar de forma proporcional ao trabalho só será realmente justo na medida em que trabalhar mais ou trabalhar menos seja uma questão de escolha; quando isso depende de diferenças naturais de força ou de capacidade, este princípio remunerativo é em si mesmo uma injustiça: consiste em dar a quem já tem, em atribuir mais àqueles que já são mais favorecidos pela natureza. No entanto, considerado como um compromisso com o tipo egoísta de carácter formado pelo presente padrão moral, e fomentado pelas instituições sociais existentes, é um princípio extremamente conveniente — e, até que a educação seja completamente regenerada, tem de longe uma maior probabilidade de sucesso imediato do que uma tentativa de implementar um ideal superior.

As duas formas elaboradas de socialismo não-comunista conhecidas por saint-simonismo e fourierismo são totalmente imunes às objeções comuns habituais ao comunismo — e, embora estejam sujeitas a objeções próprias, o grande poder intelectual que as distingue em muitos aspetos, e a sua abordagem ampla e filosófica a alguns dos problemas fundamentais da sociedade e da moralidade, permitem-nos incluí-las com justiça entre as produções mais notáveis da época passada e presente.

O esquema saint-simonista contempla uma distribuição desigual do produto; propõe que todos estejam ocupados não da mesma forma, mas diferentemente, segundo a sua vocação ou capacidade; a função de cada um será atribuída, como postos num regimento, segundo a escolha da autoridade dirigente; e a remuneração consistirá num salário proporcional à importância, aos olhos da autoridade, da própria função e dos méritos da pessoa que a desempenhe. Para a constituição do corpo dirigente, consistentemente com os aspetos essenciais do sistema, será possível adotar diversos planos. Este poderá ser escolhido por sufrágio popular. Segundo a ideia dos autores originais, os dirigentes seriam pessoas de génio e virtude, que tivessem conquistado a adesão voluntária dos demais devido à força da superioridade mental. Não é improvável que, em algumas circunstâncias sociais peculiares, este esquema possa funcionar vantajosamente. Na verdade, há registo de uma experiência bem-sucedida, a que já aludi uma vez, de um género um tanto similar: a dos jesuítas no Paraguai. Uma raça de selvagens, pertencente a um segmento da humanidade mais adverso do que qualquer outro que conheçamos autenticamente ao esforço contínuo em função de um objetivo distante, ficou sob o domínio mental de homens civilizados e instruídos que estavam unidos num sistema de comunhão de bens. Os primeiros submeterem-se reverencialmente à autoridade absoluta desses homens, que os levaram a aprender as artes da vida civilizada e a fazer trabalhos pela comunidade — trabalhos que nunca seriam levados a fazer por si mesmos através de outro incentivo que lhes fosse dado. Este sistema social durou pouco, tendo sido destruído por acordos diplomáticos e pelo poder estrangeiro. Que tenha chegado a ser implementado é algo que, provavelmente, se deveu à imensa distância em matéria de conhecimento e intelecto que separava o pequeno número de dirigentes de todo o conjunto daqueles que eram dirigidos, não havendo ordens intermédias, fossem elas sociais ou intelectuais. Em quaisquer outras circunstâncias, o sistema provavelmente teria sido um completo fracasso. Este pressupõe um despotismo absoluto dos líderes da associação, que, provavelmente, não seria muito melhorado se (ao invés das perspetivas dos autores do sistema) os depositários do despotismo mudassem regularmente segundo o resultado de um escrutínio popular. Contudo, supor que um ou alguns seres humanos, por muito seletos que fossem, poderiam, mediante algum mecanismo de ação subordinada, conseguir adaptar o trabalho de cada um à sua capacidade, e tornar a remuneração de cada um proporcional aos seus méritos (serem, de facto, quem se encarregasse da justiça distributiva a respeito de todos os membros da comunidade), ou que qualquer uso que dessem a este poder daria satisfação geral ou seria aceite sem o auxílio da força, é fazer uma suposição quase demasiado quimérica para ser refutada. Uma regra fixa, como a da igualdade, poderia ser aceite, sendo de dizer o mesmo do acaso ou de uma necessidade externa. Todavia, a não ser que estivessem em causa pessoas tomadas por mais do que homens, com terrores sobrenaturais do seu lado, não se suportaria que um punhado de homens avaliasse todos, e desse mais a um e menos a outro segundo aquilo que lhe aprouvesse e julgasse melhor.

De todas as formas de socialismo, a mais engenhosamente articulada, e a que mais se antecipou às objeções, é conhecida geralmente por fourierismo. Este sistema não contempla a abolição da propriedade privada, nem mesmo da herança; pelo contrário, tem explicitamente em consideração, como elemento na distribuição do produto, tanto o capital como o trabalho. Propõe que as operações económicas sejam realizadas por associações com cerca de dois mil membros que conjuguem o seu trabalho, numa região com cerca de uma légua quadrada, sob a orientação de chefes selecionados por si mesmos. Na distribuição, começa-se por atribuir um certo mínimo para a subsistência de todos os membros da comunidade, independentemente de serem capazes de trabalhar. O produto restante é distribuído em certas proporções, a determinar de antemão, por três elementos: o trabalho, o capital e o talento. O capital da comunidade poderá ser detido em parcelas desiguais por membros diferentes, que, nesse caso, receberão, como em qualquer sociedade por ações, dividendos proporcionais. Aquilo que caberá a cada um da parcela do produto respeitante ao talento será estimado em função do posto ou categoria do indivíduo nos diversos grupos de trabalhadores a que pertença; em todos os casos, esses postos serão atribuídos segundo a escolha dos seus companheiros. A remuneração, quando recebida, não terá de ser gasta ou fruída em comum; existirão *ménages* separados para todos os que os prefiram e não se prevê nenhuma coabitação, embora todos os membros da associação tenham de residir no mesmo conjunto de edifícios — isto para reduzir o trabalho e os custos, tanto na construção como em todas as áreas da economia doméstica, e também para que, sendo todas as operações de compra e venda da comunidade realizadas por um único agente, se reduzisse ao mínimo a enorme porção do produto de trabalho hoje consumida nos lucros de meros distribuidores.

Ao invés do comunismo, este sistema, pelo menos em teoria, não suprime nenhum dos motivos do esforço existente no estado atual da sociedade. Pelo contrário, se a organização funcionasse segundo as intenções dos seus inventores, até aumentaria a força desses motivos — e isto porque cada pessoa teria uma certeza de colher individualmente os frutos de uma maior competência ou energia, física ou mental, muito maior do que aquela que alguém pode sentir nas presentes estruturas sociais, se não estiver nas posições mais vantajosas ou não gozar de uma sorte fora do comum. Os fourieristas têm ainda outro recurso. Creem ter resolvido o grande problema fundamental de tornar o trabalho atraente. Alegam que isso não é impraticável, valendo-se de argumentos muito fortes, particularmente de um argumento que partilham com os owenistas: dificilmente algum trabalho que os seres humanos realizam para a sua subsistência, por muito árduo que seja, excederá em intensidade o trabalho que, como se constata, outros seres humanos, cuja subsistência está assegurada, estão dispostos e até desejosos de fazer por prazer. Este facto é seguramente muitíssimo significativo — e quem estude filosofia social poderá extrair dele uma lição importante. Todavia, é fácil levar demasiado longe um argumento que se baseie nele. Se muitas pessoas desenvolvem livremente, como divertimento, atividades muito desconfortáveis e fatigantes, quem não verá que estas são um divertimento precisamente por essas pessoas as desenvolverem livremente e poderem descontinuá-las quando lhes apeteça?

A liberdade de deixar uma posição faz frequentemente toda a diferença entre esta ser dolorosa ou ser aprazível. Muitas pessoas que ficam na mesma cidade, rua ou casa de janeiro a dezembro, sem terem um desejo ou um pensamento que as disponha a sair, considerariam o confinamento absolutamente intolerável se a autoridade lhes ordenasse não saírem do mesmo lugar.

Segundo os fourieristas, quase nenhum género de trabalho útil é natural e necessariamente desagradável, a não ser que o considerem desonroso, tenha um grau imoderado ou esteja privado do estímulo da simpatia e da emulação. Ninguém teria de trabalhar excessivamente, alegam, numa sociedade onde não existisse uma classe ociosa nem trabalho desperdiçado (enquanto hoje se desperdiça uma quantidade enorme de trabalho em coisas inúteis), e onde se tirasse pleno partido do poder de associação, tanto no aumento da eficiência produtiva como na economia do consumo. Os outros requisitos para tornar o trabalho atraente, pensam os fourieristas, residiriam na execução de todo o trabalho por grupos sociais, podendo cada indivíduo pertencer simultaneamente a qualquer número deles, conforme escolhesse. O seu posto em cada grupo seria determinado pelo grau do serviço que fossem capazes de prestar, o que seria aferido pelo sufrágio dos seus camaradas. Da diversidade de gostos e talentos, infere-se que todos os membros da comunidade estariam ligados a diversos grupos, ocupando-se de vários géneros de atividades (algumas físicas, outras mentais), e que seriam capazes de ocupar um posto elevado em pelo menos uma delas. Deste modo, uma verdadeira igualdade, ou algo mais próximo disso do que poderíamos supor inicialmente, resultaria na prática — e esta decorreria não da compressão das diversas superioridades naturais de cada indivíduo, mas, pelo contrário, do seu máximo desenvolvimento possível.

Mesmo com um resumo tão sucinto, tem de ser evidente que este sistema não inflige qualquer violência a nenhuma das leis gerais que, mesmo no presente estado imperfeito de cultura moral e intelectual, influenciam a ação humana — e que seria extremamente precipitado declará-lo incapaz de sucesso, ou inapto para a realização de uma grande parte das esperanças que os seus partidários têm nele. A respeito desta variedade de socialismo, como de todas as outras, o que há a desejar é uma oportunidade de ensaio — algo a que todas têm uma justa pretensão. Todas elas podem ser ensaiadas a uma escala moderada, sem nenhum risco pessoal ou pecuniário para ninguém, exceto para aqueles que as ensaiem. Cabe à experiência determinar quando, e em que medida, um ou vários dos sistemas de propriedade comum possíveis estarão em condições de substituir a «organização económica» baseada na propriedade privada da terra e do capital. Entretanto, podemos afirmar, sem tentar limitar as capacidades últimas da natureza humana, que o economista político, ao longo de um período futuro considerável, ocupar-se-á sobretudo das condições de existência e do progresso de uma sociedade baseada na propriedade privada e na competição individual; e que, no presente estádio do desenvolvimento humano, o objetivo a visar principalmente não é a subversão do sistema da propriedade individual, mas o seu melhoramento e a plena participação de todos os membros da comunidade nos seus benefícios.

§5.

Importa considerar agora aquilo que está incluído na ideia de propriedade privada e que considerações devem limitar a aplicação do princípio.

A instituição da propriedade, quando limitada aos seus elementos essenciais, consiste no reconhecimento, em cada pessoa, de um direito à disposição exclusiva daquilo que ela produziu através dos seus próprios esforços, ou que recebeu como oferta ou através de um acordo honesto, sem força ou fraude, daqueles que produziram a coisa em questão. O fundamento do todo é o direito dos produtores àquilo que eles mesmos produziram. Contra a instituição como existe agora, poder-se-á alegar, portanto, que esta reconhece, a indivíduos, direitos de propriedade a coisas que eles não produziram. Por exemplo (poder-se-á dizer), os operários de uma fábrica criam, com o seu trabalho e engenho, todo o produto; todavia, em vez de este lhes pertencer, a lei dá-lhes apenas o salário estipulado e transfere o produto para alguém que simplesmente forneceu os fundos, talvez sem nada contribuir para o próprio trabalho, nem mesmo na forma de supervisão. A resposta a isto é que o trabalho da fábrica é apenas uma das condições que têm de se combinar para a produção da mercadoria. O trabalho não pode ser executado sem materiais e maquinaria, nem sem um provimento, fornecido de antemão, de coisas essenciais para sustentar os trabalhadores durante a produção. Todas estas coisas são fruto de trabalho prévio. Se os trabalhadores as possuíssem, não precisariam de dividir o produto com ninguém. Contudo, como não as possuem, tem de se dar algo equivalente àqueles que as possuem, tanto pelo trabalho anterior como pela abstinência mediante a qual o produto desse trabalho, em vez de ter sido despendido em satisfações pessoais, foi reservado para este uso. O capital pode não ter sido — e, na maioria dos casos, não foi — criado pelo trabalho e abstinência do presente proprietário, tendo sido criado antes pelo trabalho e abstinência de uma pessoa anterior. Esta, na verdade, pode ter perdido injustamente a sua posse, mas, na presente época do mundo, é muito mais provável que tenha transferido aquilo que possuía para o presente capitalista através de uma oferta ou de um contrato voluntário; a abstinência, no mínimo, tem de ter prosseguido por cada proprietário sucessivo até ao presente. Caso se diga — o que pode ser verdade — que aqueles que herdaram as poupanças de outros têm uma vantagem, que podem não merecer de nenhuma forma, sobre o trabalhador industrioso cujos ascendentes nada lhe deixaram, eu não só admitirei, mas alegarei veementemente, que essa vantagem imerecida deve ser reduzida na medida em que isso seja consistente com a justiça para aqueles que julgaram apropriado dispor das suas poupanças dando-as aos seus descendentes. Mas embora seja verdade que os trabalhadores estão em desvantagem por comparação com aqueles cujos ascendentes pouparam, também é verdade que os trabalhadores estão de longe muito melhor do que estariam se esses ascendentes não tivessem poupado. Eles participam na vantagem, ainda que não na mesma medida que os herdeiros. Os termos da cooperação entre o trabalho presente e os frutos do trabalho e da poupança do passado são uma questão para ajustamento entre as duas partes. Cada uma delas é necessária para a outra. Os capitalistas nada podem fazer sem trabalho, nem os trabalhadores sem capital. Se os trabalhadores competem por emprego, os capitalistas, por sua vez, competem por trabalho na plena extensão do capital que circula pelo país. Fala-se com frequência da competição como se esta fosse necessariamente uma causa de miséria e degradação para as classes trabalhadoras — como se os salários altos não fossem tanto um resultado da competição como os baixos. A remuneração do trabalho resulta da lei da competição tanto nos Estados Unidos como na Irlanda e muito mais como em Inglaterra.

O direito de propriedade inclui, então, a liberdade de aquisição por contrato. O direito de cada um àquilo que produziu implica um direito àquilo que foi produzido por outros, se isso foi obtido com o seu livre consentimento, visto que os produtores têm de o ter dado gratuitamente ou de o ter trocado por algo que consideraram equivalente, e impedi-los de fazerem isso seria infringir o seu direito de propriedade ao produto do seu próprio trabalho.

§6.

Antes de considerarmos aquilo que o princípio da propriedade privada não inclui, temos de especificar mais uma coisa que este inclui: após um certo período, um título de propriedade deve ser dado por prescrição. Segundo a ideia fundamental de propriedade, de facto, nenhuma coisa deve ser tratada como propriedade quando foi adquirida por força ou fraude, ou quando se tomou posse dela ignorando um título de propriedade prévio de outra pessoa. A segurança dos proprietários legítimos, no entanto, exige que estes não sejam incomodados com acusações de aquisição ilícita quando, dado o tempo decorrido, as testemunhas terão morrido ou estarão em parte incerta e já não se pode esclarecer o verdadeiro carácter da transação. A posse que não foi legalmente contestada no espaço de um número moderado de anos deve corresponder, como se verifica nas leis de todas as nações, a um título de propriedade pleno. Decorrida uma geração, mesmo quando a aquisição foi ilícita, o desapossamento pelos prováveis proprietários *bona fide* mediante o reacendimento de uma pretensão há muito adormecida seria geralmente uma injustiça maior — e quase sempre um prejuízo público e privado maior — do que deixar a ilicitude original por reparar. Poderá parecer difícil que uma pretensão originalmente justa seja anulada pela simples passagem do tempo. Todavia, há um período após o qual (mesmo considerando o caso particular sem atender ao efeito geral na segurança dos proprietários) a balança dos prejuízos pende para o outro lado. Das injustiças dos homens, como das convulsões e desastres naturais, podemos dizer que, quanto mais tempo ficam por reparar, maiores se tornam os obstáculos para a sua reparação, que decorrem de desenvolvimentos que teriam de ser removidos ou desfeitos. Nem mesmo a respeito das transações humanas mais simples e claras podemos inferir que, como há sessenta anos era apropriado fazer algo, agora é também apropriado fazê-lo. Dificilmente será preciso observar que estas razões, para não perturbar atos de injustiça que ocorreram há muito tempo, não são aplicáveis a instituições ou sistemas injustos, visto que um mau costume ou lei não é apenas um mau ato, situado no passado remoto, mas uma constante repetição de maus atos que dura enquanto durar esse costume ou lei.

Sendo estes, então, os aspetos essenciais da propriedade privada, importa considerar agora em que medida as formas em que a instituição existiu, ou ainda existe, em diversos estados da sociedade são consequências necessárias do seu princípio ou recomendadas por razões nas quais este se baseia.

§7

Nada está implícito na propriedade além do direito de cada um às suas próprias faculdades, às coisas que pode produzir com elas e àquilo que pode obter por elas num mercado honesto, bem como o seu direito de dar essas coisas a outra pessoa, se o entender, e o direito dessa pessoa a recebê-las e fruí-las.

Embora, portanto, o direito de legar, ou doar após a morte, faça parte da ideia de propriedade privada, não se pode dizer o mesmo do direito de herança, concebida como algo distinto de um legado. Que a propriedade daqueles que não tenham resolvido em vida como dispor dela passe para os seus filhos e, não sendo isso possível, para os familiares mais próximos, é algo que, seja ou não um modo de organização apropriado, não decorre do princípio da propriedade privada. Embora a resolução de questões como esta inclua muitas considerações que ultrapassam a economia política, não será estranho ao plano desta obra apresentar, para avaliação dos pensadores, a perspetiva que me parece mais recomendável.

A antiguidade das ideias existentes sobre este assunto nada indicia a seu favor. Em épocas passadas, a propriedade de uma pessoa falecida passava para os seus filhos e familiares mais próximos mediante um modo de organização tão natural e óbvio, que nenhum modo alternativo tenderia a ser sequer considerado.

Em primeiro lugar, os familiares costumavam estar presentes no próprio lugar: tinham já a posse e, mesmo que não tivessem outro título, tinham o da primeira ocupação, que é muito importante num período inicial da sociedade. Em segundo lugar, já eram, de certa maneira, coproprietários da propriedade dessa pessoa durante a sua vida. Se a propriedade consistisse em terras, geralmente já tinha sido atribuída pelo Estado a uma família, e não a um indivíduo; se consistisse em gado ou noutros bens móveis, provavelmente fora adquirida — e seguramente protegida e defendida — através dos esforços unidos de todos os membros da família em idade de trabalhar ou lutar. A propriedade individual exclusiva na aceção moderna quase não entrou nas ideias da época; e, quando o primeiro magistrado da associação morria, ele não deixava realmente nada além da sua própria parcela da divisão, que revertia para o membro da família que lhe sucedesse na autoridade. Dar outro destino à propriedade seria destruir uma pequena comunidade — unida por ideias, interesses e hábitos — e deixá-la à deriva pelo mundo. Estas considerações, embora tenham sido objeto mais de sentimentos do que de reflexão, tiveram uma influência tão grande no espírito da humanidade que criaram a ideia de um direito inerente dos filhos às posses do seu ascendente — um direito que ele mesmo não tinha competência para anular. Num estado primitivo da sociedade, raras vezes se reconhecia a legação — uma prova clara, se não houvesse outra, de que então se concebia a propriedade de uma maneira totalmente diferente da atual.(*)

Mas a lei feudal, a última forma histórica de vida patriarcal, já desapareceu há muito e agora a unidade da sociedade não é a família ou o clã, mas o indivíduo ou, quando muito, um par de indivíduos com os seus filhos por emancipar. A propriedade reside agora não em famílias, mas em indivíduos: quando os filhos crescem, não adotam

---

(*) Para exemplos admiráveis deste e de muitos aspetos afins, veja-se a obra profunda do Sr. Maine([13]) sobre Lei Antiga e a sua relação com Ideias Modernas.

([13]) Também aqui, Mill refere-se a *Ancient Law: Its Connection with the Early History of Society, and Its Relation to Modern Ideas* (1861), de Henry Sumner Maine.

as ocupações ou os destinos dos pais; se compartilham os meios pecuniários dos pais, isso depende do que aprouver a estes últimos, e não por terem voz na posse e governo do todo, tendo geralmente a fruição exclusiva de apenas uma parte; e, pelo menos neste país (exceto na medida em que os morgadios ou as doações sejam um obstáculo) os pais têm o poder de deserdar até os seus filhos e de deixar a sua fortuna a estranhos. De um modo mais geral, os parentes mais distantes estão quase tão completamente afastados da família e dos seus interesses como se não tivessem qualquer conexão com ela. Supõe-se que, relativamente aos parentes mais ricos, eles têm apenas o direito a uma preferência, *ceteris paribus*, na obtenção de benefícios, e a alguma ajuda em caso de verdadeira necessidade.

Uma mudança tão grande na constituição da sociedade tem de fazer uma diferença considerável nos fundamentos do modo de dispor da propriedade por herança. As razões que os autores modernos costumam apresentar para, nos casos em que uma pessoa morreu sem ter feito testamento, se dar a propriedade aos filhos ou aos parentes mais próximos são as seguintes: em primeiro lugar, a suposição de que, dispondo da propriedade desta forma, será mais provável que a lei faça aquilo que o proprietário teria feito, se tivesse feito alguma coisa; em segundo lugar, o infortúnio, para aqueles que viviam com os pais e compartilhavam a sua opulência, de ficar sem os prazeres da riqueza e ser atirado para a pobreza e a privação.

Estes argumentos têm alguma força. A lei, sem dúvida, deve fazer pelos filhos ou dependentes de quem não tenha feito testamento aquilo que o pai, a mãe ou o tutor teriam o dever de fazer, na medida em que isso possa ser conhecido por alguém que não essa pessoa. Todavia, como a lei não pode ajuizar segundo pretensões individuais, tendo de atuar antes segundo leis gerais, importa agora considerar que regras deverão ser essas.

Podemos começar por observar que, excluindo fundamentos pessoais do próprio indivíduo, ninguém tem o dever de deixar uma provisão pecuniária aos parentes colaterais. Ninguém espera essa provisão, a não ser que não existam herdeiros diretos; ninguém a esperaria mesmo nesse caso, se a expectativa não fosse criada por disposições legais relativas às situações em que não há testamento. Não vejo, portanto, nenhuma razão para a existência da herança por parentes colaterais. O Sr. Bentham propôs há muito, e outras grandes autoridades concordaram com a sua opinião, que, caso não existam herdeiros na linha ascendente ou descendente, a propriedade, não havendo testamento, devia reverter para o Estado. Não é muito provável que esta ideia seja contestada a respeito dos parentes colaterais mais afastados. Poucos defenderão que há uma boa razão para que as acumulações de um avarento sem filhos enriqueçam, aquando da sua morte (como acontece ocasionalmente), um parente distante que nunca o viu, que talvez nunca tenha sabido que estava relacionado com ele até ter algo a ganhar com isso, e a quem, moralmente, ele não deve mais, de nenhuma forma, do que ao mais perfeito estranho. Mas esta razão aplica-se da mesma forma a todos os parentes colaterais, mesmo aos mais próximos. Não há verdadeiros deveres com os parentes colaterais que não possam ser igualmente fortes quando estão em causa pessoas que não são parentes — e, tanto num caso como no outro, quando há deveres morais válidos, o legado é o modo apropriado de os atender.

Os deveres morais para com os filhos são de natureza diferente: são reais e não podem ser anulados. Mesmo a respeito destes, arrisco pensar que habitualmente se adota um padrão errado: em alguns aspetos, menospreza-se aquilo que se deve aos filhos; noutros aspetos, parece-me, cai-se no exagero. De um modo vergonhoso para inteligência humana, uma das obrigações mais imperiosas — a de não trazer filhos ao mundo se não se lhes pode assegurar o conforto durante a infância e educá-los na expectativa de que se sustentem na idade adulta — é desconsiderada na prática e menosprezada em teoria. Por outro lado, quando os pais são proprietários, o direito dos filhos àquilo que eles possuem parece-me ser objeto de um erro oposto. Seja qual for a fortuna que os pais tenham herdado, ou até adquirido, não posso admitir que eles têm o dever de fazerem os seus filhos, simplesmente porque são seus filhos, ficar ricos sem necessidade de qualquer esforço. Não posso admitir isto mesmo que o enriquecimento seja sempre, e garantidamente, um benefício para os próprios filhos. Mas isso é extremamente incerto. Depende do carácter individual. Sem se considerarem exemplos extremos, pode afirmar-se que, na maioria dos casos, atender-se-á melhor ao bem dos indivíduos, e não só da sociedade, caso se lhes legue uma riqueza que não seja vasta, mas moderada. Isto, que é um lugar-comum dos moralistas antigos e modernos, afigura-se verdadeiro a muitos pais inteligentes — e seria praticado com uma frequência muito maior caso eles, em vez de seguirem as opiniões dos outros, se permitissem considerar aquilo que é realmente vantajoso para os filhos.

Os deveres dos pais para com os seus filhos são aqueles que estão indissociavelmente ligados ao facto de causarem a existência de um ser humano. O pai ou a mãe têm, para com a sociedade, o dever de procurar fazer do filho um membro bom e valioso desta; e, para com os filhos, têm o dever de lhes providenciar uma educação, apetrechos e recursos que lhes deem hipóteses razoáveis de conseguir, através dos seus esforços, uma vida bem-sucedida. A isto todos os filhos têm direito — e não posso admitir que, enquanto filhos, tenham direito a mais. Há um caso em que estas obrigações se apresentam à sua verdadeira luz, sem quaisquer circunstâncias extrínsecas que as disfarcem ou tornem confusas: o caso dos filhos ilegítimos. De um modo geral, sente-se que o pai deve ao seu filho ilegítimo a quantidade de recursos para o seu bem-estar que permita tornar a sua vida globalmente desejável. Defendo que a nenhum filho, simplesmente enquanto tal, se deve mais do aquilo que admitimos ser devido a um filho ilegítimo; e que nenhum filho ao qual se tenha dado isso terá razões de queixa, exceto em virtude expectativas previamente criadas, se a restante fortuna dos seus pais for destinada a usos públicos ou a beneficiar indivíduos aos quais, segundo eles, será melhor confiá-la.

Para dar aos filhos essas hipóteses razoáveis de uma existência desejável às quais têm direito, costuma ser necessário não desenvolver neles, desde a infância, hábitos luxuosos que eles poderão não conseguir satisfazer numa fase posterior da vida. Também este é um dever que, com frequência, é violado flagrantemente por aqueles que têm um rendimento limitado e pouca propriedade para deixar. Quando os filhos de pais ricos viveram, como é natural, com hábitos correspondentes à escala das despesas praticadas pelos pais, estes últimos, de um modo geral, têm o dever de reservar para eles uma provisão maior do que aquela que seria suficiente para filhos criados de outro modo. Digo que isto é verdade apenas de um modo geral, pois mesmo aqui a questão tem outro lado. Uma proposição perfeitamente defensável é que, para uma natureza forte que tenha de traçar o seu rumo contra a pobreza, ter conhecido cedo algumas das sensações e experiências da riqueza é uma vantagem tanto para a formação do carácter como para a felicidade na vida. Mas admitamos que os filhos criados de modo a precisar de luxos que mais tarde provavelmente não irão obter têm uma justa razão de queixa, e que, portanto, têm direito a uma provisão que corresponda de alguma forma ao modo como foram criados. Ainda assim, este direito está particularmente sujeito a ir mais longe do que as suas razões justificam. O caso é exatamente como o dos filhos mais novos da aristocracia e da pequena nobreza proprietária de terras, cuja fortuna transita sobretudo para o filho mais velho. Os outros filhos, que costumam ser numerosos, são criados nos mesmos hábitos luxuosos que o futuro herdeiro e geralmente recebem, como parcela de irmão mais novo, aquilo que a razão do caso determina: o suficiente para eles mesmos, mas não uma mulher ou filhos, conservarem os hábitos de vida a que estão acostumados. Para nenhum homem é realmente injusto que os meios para se casar e sustentar uma família tenham de depender dos seus próprios esforços.

Julgo, então, que tudo aquilo que os pais devem aos filhos — e, portanto, tudo aquilo que o Estado deve aos filhos dos que morreram sem ter feito testamento — consiste numa provisão, considerada razoável no caso dos filhos ilegítimos, para os filhos mais novos, atendendo-se a nada mais do que a justiça do caso e os verdadeiros interesses dos indivíduos e da sociedade. Defendo que o excedente, se existir, poderá ser licitamente apropriado em função dos fins gerais da comunidade. Não se suponha, no entanto, que recomendo que os pais nunca façam pelos filhos mais do que aquilo a que eles, enquanto filhos, têm um direito moral. Em alguns casos é obrigatório, em muitos é louvável e em todos é admissível fazer muito mais. Para isso, no entanto, os meios são providenciados pela liberdade de legar. Deverá caber aos pais, e não aos filhos, o poder de dar provas de afeto, de retribuir serviços e sacrifícios, e de fazer uso da sua riqueza segundo as próprias preferências, ou segundo o seu próprio juízo de adequação.

§8.

Outra questão muito importante é a de saber se o próprio poder de legar deve ser limitado. Ao invés da herança *ab intestato*, o poder de legar é um dos atributos da propriedade: não se pode considerar que a posse de uma coisa seja completa na ausência do poder de a transmitir, na altura da morte ou durante a vida, como o proprietário bem entenda. E todas as razões que recomendam a existência da propriedade privada recomendam *pro tanto* esta sua extensão. Contudo, a propriedade é apenas um meio para um fim, não sendo em si mesma o fim. Como todos os outros direitos de propriedade, e até mais do que maioria deles, o exercício do poder de legar pode entrar em conflito com os interesses permanentes da raça humana. Isso acontece quando, não se contentando em fazer um legado a A, o testador prescreve que, quando A morrer, o legado seja transmitido ao seu filho mais velho, depois ao filho desse filho, e assim sucessivamente, sem nenhum termo. Ocasionalmente, sem dúvida, houve quem se esforçasse mais vigorosamente por conseguir uma fortuna devido à esperança de fundar uma família em perpetuidade. Todavia, os prejuízos sociais destas perpetuidades suplantam o valor deste incentivo ao esforço — e, no caso dos que têm a oportunidade de fazer grandes fortunas, os incentivos são suficientemente fortes sem ele. Comete-se um abuso semelhante do poder de legar quando uma pessoa que, meritoriamente, lega a propriedade para usos públicos tenta prescrever em perpetuidade os pormenores da sua aplicação. Isto acontece (por exemplo) quando alguém, ao fundar um espaço educativo, define para sempre as doutrinas que aí serão ensinadas. Sendo impossível alguém saber que doutrinas será apropriado ensinar séculos após a sua morte, a lei não deve respeitar essas disposições da propriedade, a não ser que estejam sujeitas a uma revisão perpétua (decorrido um certo período) por uma autoridade competente.

Estas são limitações óbvias. Mas mesmo o exercício mais simples do direito de legar, que consiste em determinar a pessoa para a qual a propriedade será imediatamente transmitida aquando da morte do testador, foi sempre incluído entre os privilégios passíveis de limitação ou variação segundo as conceções de conveniência. Até agora, as limitações salvaguardaram quase sempre apenas os filhos. Em Inglaterra, o direito é ilimitado em princípio. O único impedimento é praticamente aquele que resulta de um certo acordo com o proprietário anterior: o atual detentor provisório não pode legar as suas posses, mas apenas porque, como o acordo só se estende à sua vida, nada há para legar. Na lei romana, que é o fundamento principal da legislação civil do continente europeu, inicialmente não se permitia o legado e, mesmo depois de este ter sido introduzido, uma *legitima portio* ficava obrigatoriamente reservada para cada filho — e a lei que vigora em algumas nações continentais ainda é deste género. Pela lei francesa posterior à Revolução, os pais só podem dispor

por testamento de uma parcela igual ao que cabe a um filho, tendo cada filho uma parcela igual. Esta vinculação, como podemos chamar-lhe, do grosso da propriedade de uma pessoa ao conjunto dos seus filhos, parece-me, em princípio, tão pouco defensável como uma vinculação a um só filho, embora não colida tão diretamente com a ideia de justiça. Não posso admitir que os pais sejam compelidos a deixar aos filhos sequer aquela provisão à qual, como defendi, eles têm um direito moral enquanto filhos. Os filhos poderão perder esse direito por desmerecimento geral ou por uma má conduta específica em relação aos pais; poderão ter outros recursos ou perspetivas de vida; aquilo que já foi feito por eles, no que respeita à educação e à progressão na vida, poderá satisfazer plenamente o seu direito moral; ou outros poderão ter direitos superiores aos seus.

A restrição extrema do poder de legar na lei francesa foi adotada como meio democrático para acabar com o costume da primogenitura, bem como para contrariar a tendência da propriedade herdada para se concentrar em grandes quantidades. Também penso que estes objetivos são eminentemente desejáveis, mas julgo que os meios utilizados não são os mais judiciosos. Se tivesse de conceber um código legislativo segundo o que me parece melhor em si mesmo, sem atender aos sentimentos e opiniões existentes, preferia restringir não aquilo que alguém pudesse legar, mas aquilo que alguém pudesse receber por legado ou herança. Cada pessoa deve ter o poder de dispor de toda a sua propriedade como bem entenda, mas não de a esbanjar no enriquecimento de um indivíduo, para lá de um certo máximo que devia ser suficientemente alto para proporcionar os meios para uma independência confortável. As desigualdades de propriedade que resultam de desigualdades de trabalho, da frugalidade, da perseverança, de talentos e mesmo, até certo ponto, de oportunidades são inseparáveis do princípio da propriedade privada — e, se aceitamos o princípio, temos de suportar estas suas consequências. Contudo, nada vejo de objetável em fixar um limite para aquilo que uma pessoa possa adquirir por mero favor dos outros, sem nenhum exercício das suas faculdades, e em exigir que essa pessoa, se desejar aceder a uma fortuna maior, trabalhe para esse efeito.(*) Não considero que o grau de limitação que isto imporia ao direito de legar fosse sentido como uma restrição pesada por um testador que desse a uma grande fortuna o seu verdadeiro valor, que consiste nos prazeres e vantagens que esta poderá comprar. Mesmo na avaliação mais extravagante, terá de ser manifesto para qualquer um que a diferença na felicidade do possuidor entre uma independência moderada e cinco vezes isso é insignificante por comparação com a satisfação, e com os benefícios permanentes dispersos, que será possível obter com outra forma de dispor dos quatro quintos. Na verdade, enquanto prevalecer, na prática,

(*) No caso do capital utilizado pelo próprio proprietário na execução das operações produtivas, há fortes razões para deixar que este tenha o poder de legar a uma pessoa a totalidade dos fundos efetivamente aplicados numa única empresa. É bom que lhe seja permitido deixar a empresa sob o controlo do herdeiro que ele considere mais habilitado para a gerir virtuosa e eficientemente — e assim não haverá a necessidade (muito frequente e inconveniente sob a lei francesa) de dissolver uma empresa industrial ou comercial aquando da morte do seu líder. Do mesmo modo, a um proprietário que deixe a um dos seus sucessores o encargo moral de conservar uma mansão antiga, um parque ou um espaço de lazer, deve-se permitir que deixe também a esse sucessor toda a propriedade adicional que seja necessária para uma conservação suficiente desses bens.

a opinião de que o melhor que se pode fazer por aqueles que são objetos de afeto é acumular sobre eles, até à saciedade, aquelas coisas sem valor intrínseco que são a maior fonte de gastos das grandes fortunas, poderá ser bastante inútil decretar uma lei desse género, mesmo que fosse possível conseguir a sua aprovação, visto que, existindo a inclinação, geralmente existiria o poder de lhe fugir. A lei seria infrutífera se o sentimento popular não estivesse energicamente do seu lado — e (a julgar pela adesão tenaz da opinião pública francesa à lei da divisão compulsória) ([14]) esta, muito provavelmente, seria infrutífera em alguns estados da sociedade e do governo, por muito que o contrário possa ser verdade na Inglaterra do nosso tempo. Se fosse possível fazer aplicar a restrição, o benefício seria grande. A riqueza que já não pudesse ser usada para enriquecer excessivamente uma pequena minoria seria aplicada em fins de utilidade pública ou, se fosse atribuída a indivíduos, ficaria distribuída por um maior número de pessoas. Ao mesmo tempo que essas fortunas enormes — de que ninguém precisa para nenhum fim pessoal que não a ostentação e o poder impróprio — se tornassem muito menos numerosas, haveria uma grande multiplicação de pessoas em condições confortáveis, com as vantagens do lazer e todas as verdadeiras satisfações que a riqueza pode dar, exceto as da vaidade. Essas pessoas prestariam, de uma forma muito mais benéfica do que hoje, os serviços que uma nação que possui classes com tempo livre tem o direito de esperar delas, seja pelos seus esforços diretos, seja pelo tom que elas dão aos sentimentos e gostos do público. Além disso, através de legados

([14]) A lei que tornava obrigatória uma divisão em partes iguais da propriedade pelos filhos. Mill discute-a noutra parte dos *Princípios*, mais precisamente no Livro V, Cap. 9, §4.

diretos ao Estado ou de doações a instituições, uma grande parte das acumulações do trabalho bem-sucedido provavelmente seria aplicada em usos públicos, o que já acontece em grande medida nos Estados Unidos, onde as ideias e a prática em questões de herança parecem ser invulgarmente racionais e benéficas.(*)

§9.

A próxima questão a considerar é a de saber se as razões em que a instituição da propriedade se baseia são

---

(*) «Os legados e as doações munificentes para fins públicos, sejam eles caridosos ou educativos, constituem um aspeto notável da história moderna dos Estados Unidos, especialmente da Nova Inglaterra. Além de ser comum os capitalistas ricos destinarem, por testamento, uma parcela da sua fortuna a dotações para instituições nacionais, os indivíduos, durante a sua vida, doam quantias magnificentes para os mesmos fins. Não existe aqui nenhuma lei que torne obrigatória uma partição em parcelas iguais para os filhos, como em França, nem, por outro lado, nenhum costume de primogenitura ou de morgadio, como em Inglaterra, pelo que os ricos — sendo impossível instituir uma estirpe e tendo os pais, com frequência, a felicidade de ver todos os filhos bem providos e independentes muito antes da sua morte — sentem-se livres para partilhar a sua riqueza pelos familiares e pelo público. Vi uma lista de doações e legados feitos, nos últimos trinta anos, a instituições religiosas, caridosas e literárias no estado de Massachussetts, e só aí estes correspondiam a uma soma de nada menos que seis milhões de dólares, ou seja, mais do que um milhão de libras esterlinas.» Lyell, *Travels in America*, vol. I, p. 263.

Em Inglaterra, quem destine legados superiores a uma insignificância a fins públicos ou beneficentes, quando tem familiares próximos vivos, fá-lo-á sob o risco de ser declarado louco por um júri após a sua morte, ou, pelo menos, de ficar com a sua propriedade desperdiçada num processo do Tribunal da Chancelaria, que vise anular o testamento.

aplicáveis a todas as coisas a respeito das quais hoje se reconhece um direito exclusivo de posse. Em caso negativo, que outros fundamentos tornarão o reconhecimento defensável?

Sendo o princípio essencial da propriedade assegurar, a todas as pessoas, aquilo que elas produziram com o seu trabalho e acumularam com a sua abstinência, este não é aplicável àquilo que não é produto do trabalho: a matéria-prima da terra. Se o poder produtivo resultasse inteiramente da natureza, e em nenhuma medida do trabalho, ou se existissem formas de discriminar o que resulta de cada fonte, deixar que alguns indivíduos se apoderassem da dádiva da natureza, além de desnecessário, seria o cúmulo da injustiça. Por enquanto, na verdade, o uso da terra na agricultura tem de ser exclusivo: tem de se permitir que quem semeou e lavrou fique com a colheita. Contudo, como nos povos germânicos antigos, a terra poderia ser ocupada durante só uma estação; ou poderia ser redividida periodicamente à medida que a população crescesse; ou o Estado poderia ser o proprietário universal, sendo os agricultores seus arrendatários durante um período determinado ou indefinidamente.

Todavia, embora a terra não seja produto do trabalho, muitas das suas qualidades são-no. O trabalho, além de ser necessário para usar o instrumento, é quase tão necessário para o moldar. No começo, para limpar a terra para o cultivo, muitas vezes é preciso um trabalho considerável. Em muitos casos, mesmo quando a terra já está limpa, a sua produtividade resulta inteiramente de trabalho e técnica. Bedford Level produzia pouco ou nada até ter sido drenado artificialmente. Os pântanos irlandeses, até se lhes fazer o mesmo, podem produzir pouco além de combustível. Pay de Waes, em Flandres, que tinha um dos solos mais estéreis do mundo, composto por material como o de Goodwin Sands, foi de tal modo fertilizado pelo trabalho que se tornou uma das regiões mais produtivas da Europa. O cultivo também requer edifícios e vedações, que resultam inteiramente do trabalho. Não se pode colher os frutos deste trabalho num período breve. O trabalho e o investimento são imediatos; o benefício estende-se por muitos anos, talvez por todo o futuro. O proprietário não trabalhará nem investirá se os beneficiados forem estranhos, e não ele mesmo. Se ele faz esses melhoramentos, tem de dispor de um período suficiente para lucrar com eles — e um arrendamento perpétuo é a forma mais segura de dispor sempre de um período suficiente.(*)

(*) «Aquilo que dotou o Homem de inteligência e perseverança no trabalho, que o fez dirigir todos os esforços para um fim útil à sua raça, foi o sentimento de perpetuidade. As terras que os rios depositaram ao longo do seu curso são sempre as mais férteis, mas são as que estes mais ameaçam com inundações e a corrupção dos pântanos. Com a garantia da perpetuidade, o Homem empreendeu longos trabalhos fatigantes para combater os pântanos, para erguer diques contra as inundações, e para repartir, através de canais de irrigação, águas fertilizantes pelos mesmos campos que essas mesmas águas haviam condenado à esterilidade. Com a mesma garantia, o Homem, não estando mais satisfeito com os frutos anuais da terra, descobriu na vegetação selvagem as plantas perenes, os arbustos e as árvores que lhe seriam úteis, aperfeiçoou-as pelo cultivo, quase se pode dizer que mudou a sua essência, e multiplicou-as. Na verdade, há frutos que só chegaram à sua perfeição atual após séculos de cultivo, ao passo que outros foram importados das regiões mais longínquas. Os homens escavaram a terra a grande profundidade para renovar o solo, e fertilizaram-na através da mistura das suas partes e do contacto com o ar; fixaram nas encostas o solo que teria deslizado, e cobriram a face do país com uma vegetação abundante e útil à raça humana em todos os lugares. Entre os seus trabalhos, alguns têm frutos que só podem ser colhidos ao fim de dez ou vinte anos; outros continuarão a

§10.

Estas são as razões que constituem a justificação, de um ponto de vista económico, da propriedade fundiária. Constata-se que só são válidas na medida em que o proprietário das terras é um melhorador. Quando, num país, o proprietário geralmente deixa de ser o melhorador, a economia política nada tem a dizer em defesa da propriedade fundiária, como aí se encontra instituída. Em nenhuma teoria sã da propriedade privada se considera alguma vez que o proprietário de terras seja simplesmente um sinecurista aquartelado nelas.

Na Grã-Bretanha, não é raro que o proprietário de terras seja um melhorador, mas não se pode dizer que geralmente o seja. E, na maioria dos casos, ele concede a liberdade de cultivo em termos que impedem que qualquer outra pessoa faça melhoramentos. No Sul da ilha, como geralmente não se pratica a locação de terras, dificilmente se podem esperar melhoramentos permanentes que não resultem do capital do dono. Consequentemente, o Sul de Inglaterra, por comparação com o Norte e com as Terras Baixas da Escócia, está ainda muito atrasado no progresso agrícola. A verdade é que qualquer melhoramento muito geral da terra por parte dos seus proprietários dificilmente é compatível com a lei ou costume da primogenitura. Quando todas as terras ficam para o herdeiro, geralmente

---

beneficiar a posteridade após vários séculos. Todos contribuíram para aumentar a força produtiva da natureza, dando à humanidade uma riqueza infinitamente mais abundante — uma riqueza que, numa parte considerável, é consumida por aqueles que não têm nenhuma parcela da propriedade da terra, mas que não teriam encontrado sustento na ausência dessa apropriação do solo da qual parecem, à primeira vista, ter sido deserdados.» Sismondi, *Étude sur l'Économie Politique*, Troisième Essai, De la Richesse Territoriale.

chegam-lhe separadas dos recursos pecuniários que lhe permitiriam melhorá-las, dado que a propriedade pessoal é absorvida na provisão para os filhos mais novos e, muitas vezes, as próprias terras são pesadamente oneradas para o mesmo efeito. Há apenas, portanto, uma pequena proporção de proprietários fundiários com meios para fazer melhoramentos amplos, a não ser que os façam com dinheiro emprestado, acrescentando novos encargos às hipotecas que, na maioria dos casos, já oneravam as terras quando as receberam. Mas a posição do dono de propriedades rurais profundamente hipotecadas é de tal modo precária, a economia é de tal modo indesejável para aquele cuja fortuna aparente excede muitíssimo os seus verdadeiros meios, e as vicissitudes da renda e do preço, que só atacam a margem do rendimento, são de tal modo temíveis para quem pode considerar como seu pouco mais do que essa margem, que não é surpreendente que poucos proprietários de terras se encontrem em condições de fazer sacrifícios imediatos em função do lucro futuro. Caso estivessem inclinados para os fazerem, só poderiam fazê-los prudentemente aqueles que tivessem estudado seriamente os princípios da agricultura científica — e é raro que os grandes proprietários rurais tenham estudado seriamente alguma coisa. Poderiam, pelo menos, criar incentivos para os agricultores fazerem aquilo que eles mesmos não fazem ou não podem fazer. Todavia, mesmo quando arrendam a terra, há, em Inglaterra, a queixa geral de que amarram os arrendatários a contratos baseados nas práticas de uma agricultura desacreditada e obsoleta — e muitos deles, recusando completamente contratos de arrendamento, e negando ao agricultor qualquer garantia de posse que exceda uma única colheita, conservam a terra numa condição que não é muito mais favorável ao melhoramento do que a do tempo dos nossos antepassados bárbaros.

——— *immetata quibus jugera liberas*
Fruges et Cererem ferunt,
Nec cultura placet longior annuâ.([15])

Deste modo, a propriedade fundiária, em Inglaterra, está muito longe de satisfazer as condições que tornam a sua existência economicamente justificável. Mas estas condições, se mesmo em Inglaterra estão insuficientemente realizadas, na Irlanda não são de forma alguma cumpridas. Com exceções individuais (algumas delas muito honrosas), os donos de propriedades rurais irlandesas nada fazem pelas terras além de extrair o seu produto. Aquilo que foi dito epigramaticamente em discussões sobre «fardos peculiares» é literalmente verdade quando se lhes aplica: o maior «fardo das terras» são os proprietários de terras. Sem nada devolver ao solo, eles consomem todo o seu produto, menos as batatas estritamente necessárias para impedir que os habitantes morram de fome; e, quando têm planos de melhoramento, o passo preparatório costuma consistir em não deixar sequer essa esmola, levando as pessoas à mendicidade ou mesmo à fome.([*]) Quando a propriedade fundiária se põe nesta

([15]) Excerto de Horácio (2008: 238), *Odes*, Livro III, Ode 24: «que livres frutos e cereais cultivam / por hectares sem fronteiras, / nem lhes agrada cultura mais longa que um ano».

([*]) Tenho de pedir ao leitor que tenha presente que este parágrafo foi escrito há mais de vinte anos. As mudanças morais e económicas que decorrem na nossa época são de tal modo fabulosas que, sem reescrever constantemente uma obra como esta, é impossível acompanhá-las.

posição, deixa de ser defensável — e chega a altura de a reorganizar de algum modo.

Quando se fala da «sacralidade da propriedade», importa sempre recordar que a propriedade fundiária não tem essa sacralidade no mesmo grau. Nenhum homem fez a terra. Esta é a herança original de toda a espécie. A sua apropriação é inteiramente uma questão de conveniência geral. Quando a propriedade privada da terra não é conveniente, é injusta. Ser excluído daquilo que outros produziram não é uma infelicidade para uma pessoa: estes não têm a obrigação de produzir para o seu uso e ela nada perde por não ter uma parte daquilo que de outro modo nem sequer existiria. Contudo, há alguma infelicidade em nascer no mundo e descobrir que todas as dádivas da natureza já têm dono e que não há lugar para recém-chegados. Para reconciliar as pessoas com isto, depois de elas terem admitido no espírito a ideia de quaisquer direitos morais que lhes pertencem enquanto seres humanos, é sempre necessário convencê-las de que a apropriação exclusiva é boa para a humanidade no seu todo, inclusive para elas próprias. Mas nenhum ser humano são poderia ficar convencido disto, se a relação entre o proprietário rural e o agricultor fosse, em todos os lugares, como tem sido na Irlanda.

Mesmo os defensores mais obstinados dos direitos de propriedade fundiária sentem que esta é diferente das outras formas de propriedade; e, onde o grosso da comunidade ficou deserdado da sua participação nessa propriedade, e esta se tornou posse exclusiva de uma pequena minoria, os homens geralmente tentaram reconciliá-la, pelo menos em teoria, com o seu sentido de justiça, procurando vinculá-la a deveres e promovendo-a a uma espécie de magistratura moral ou jurídica.

Todavia, se o Estado tem a liberdade de tratar os proprietários de terras como funcionários públicos, fica-se a um passo de dizer que este tem a liberdade de os despedir. O direito dos proprietários rurais à terra está inteiramente subordinado à política geral do Estado. O princípio da propriedade não lhes dá nenhum direito à terra; dá-lhes apenas um direito de compensação por qualquer parcela do seu interesse na terra da qual, em virtude da política do Estado, possam ficar privados. O seu direito a isso é inegável. Os donos de terras (e os donos de qualquer género de propriedade), assim reconhecidos pelo Estado, não devem ser expropriados sem receber o valor pecuniário do que possuem ou um rendimento anual igual ao que obteriam com essa posse. Isto resulta dos princípios gerais em que a propriedade assenta. Se as terras foram compradas com o produto do trabalho e a abstinência deles mesmos ou dos seus antepassados, deve-se-lhes uma compensação que tem esse fundamento; mesmo que isso não se verifique, ainda assim deve-se-lhes uma compensação por prescrição. Além disso, jamais poderá ser necessário imolar um segmento específico da comunidade de modo a realizar um objetivo que fará a comunidade no seu todo ficar a ganhar. Quando existem afetos peculiares ligados ao género de propriedade em causa, a compensação deve exceder a simples equivalência pecuniária. Mas, sujeito a esta condição, o Estado tem a liberdade de lidar com a propriedade fundiária do modo exigido pelos interesses gerais da comunidade, mesmo ao ponto (se isso assim acontecer) de fazer com o todo aquilo que se faz com uma parte sempre que se aprova a construção de uma linha ferroviária ou de uma nova estrada. A comunidade tem demasiado em jogo no cultivo da terra, bem como nas condições associadas à sua ocupação, para que estas coisas possam ficar entregues ao critério de um conjunto de pessoas conhecidas por senhorios, quando elas se revelaram indignas de confiança. Se a legislatura assim entendesse, poderia transformar todo o conjunto de senhorios em titulares de fundos ou pensionários. Esta poderia, *a fortiori*, substituir a receita média dos proprietários rurais irlandeses por uma renda fixa e promover os arrendatários a proprietários — isto admitindo sempre que os senhorios recebiam o valor de mercado das terras, caso preferissem isso a aceitar as condições propostas.

Haverá outro lugar para discutir os diversos modos de propriedade e arrendamento de terras, bem como as vantagens e inconveniências de cada um deles. Neste capítulo, a questão respeita ao próprio direito de propriedade, aos fundamentos que o justificam e (como corolário) às condições que devem limitá-lo. Parece-me quase um axioma que a propriedade fundiária deve ser interpretada com exigência e que, em todos os casos de dúvida, a ponderação deve ter uma inclinação desfavorável ao proprietário. Verifica-se o inverso na propriedade de móveis e em todas as coisas que são produto do trabalho: a seu respeito, o poder de uso e exclusão do proprietário deve ser absoluto, exceto quando daí resulte um mal positivo para os outros. No caso da terra, todavia, não se deve consentir a nenhum indivíduo um direito exclusivo, caso não se possa mostrar que esse direito produz um bem positivo. Consentir um direito exclusivo a uma parte da herança comum, quando outros não têm nenhuma parte, é já um privilégio. Nenhuma quantidade de bens móveis que uma pessoa adquira com o seu trabalho impede os outros de adquirirem algo semelhante através de meios semelhantes, mas, devido à própria natureza do caso, quem possua terras exclui os outros da sua fruição. O privilégio, ou monopólio, só é defensável como mal necessário e torna-se uma injustiça quando não é acompanhado por um bem compensador.

Por exemplo, o direito exclusivo à terra para efeitos de cultivo não implica um direito exclusivo para efeitos de acesso, e não se deve reconhecer nenhum direito desse género, exceto na medida em que isso seja necessário para impedir que o produto sofra danos e que a privacidade do proprietário seja invadida. A pretensão dos dois duques de vedar uma parte das Terras Altas da Escócia, e de excluir o resto da humanidade de muitas milhas quadradas de paisagem montanhosa para não se perturbar os animais selvagens, é um abuso — excede os limites legítimos do direito de propriedade fundiária. Quando não se tenciona cultivar a terra, não se pode, de um modo geral, dar uma boa razão para esta ser propriedade privada — e, caso se permita a uma pessoa que chame sua a essa terra, ela deve saber que a possui graças à anuência do membros da comunidade e na condição implícita de essa posse, visto não poder fazer-lhes qualquer bem, pelo menos não os privar daquilo que obteriam da terra se esta não tivesse sido objeto de posse. Mesmo no caso da terra cultivada, um homem a quem a lei permita possuir uma parcela de milhares de acres, embora ele seja apenas um entre milhões, não está autorizado nem a pensar que tudo isso lhe é dado para seu uso e abuso, nem a lidar com as suas posses como se estas só lhe dissessem respeito. Os lucros ou rendas que possa obter com a terra ficam à sua inteira disposição. Todavia, a respeito de tudo o que faça ou não faça com a própria terra, tem a obrigação moral de tornar o seu interesse e a sua satisfação consistentes com o bem público, e deverá ser legalmente compelido a proceder assim sempre que o caso o admita. A espécie em geral ainda detém, do seu direito original ao solo do planeta que habita, tanto quanto seja compatível com os fins em função dos quais cedeu o resto.

§11.

Além da propriedade a respeito do produto do trabalho e da propriedade fundiária, há outras coisas que foram ou são objeto de propriedade, quando não deviam existir quaisquer direitos de propriedade. Mas como, de um modo geral, o mundo civilizado já se decidiu quanto à maioria dessas coisas, não é preciso ocuparmo-los delas neste lugar. À sua dianteira, temos a propriedade de seres humanos. É quase supérfluo observar que esta instituição não pode ter nenhum lugar numa sociedade que tenha sequer aspirações a basear-se na justiça ou na fraternidade entre criaturas humanas. Todavia, apesar de ser iníqua, se o Estado a legalizou explicitamente e se, ao longo de gerações, os seres humanos foram comprados, vendidos e herdados com o aval da lei, abolir essa propriedade sem dar uma plena compensação é outra injustiça. Evitou-se esta injustiça com a grande medida da justiça de 1833 — um dos atos mais virtuosos, bem como um dos mais beneficentes na prática, alguma vez realizado coletivamente por uma nação.([16]) Encontramos outros exemplos de propriedade que não devia ter sido criada na propriedade de responsabilidades públicas, como cargos judiciais no antigo regime francês e as jurisdições

([16]) Mill refere-se à Lei da Abolição da Escravatura de 1833, que aboliu a escravatura em diversas partes do Império Britânico.

passíveis de herança que, em países que não saíram completamente do feudalismo, são herdadas com as terras. No nosso próprio país, como casos ilustrativos, temos patentes do exército e o padroado, ou direito de nomeação para um benefício eclesiástico. Por vezes, cria-se propriedade num direito de tributar o público, o que se verifica num monopólio, por exemplo, ou noutro privilégio exclusivo. Estes abusos ocorrem sobretudo em países semibárbaros, mas também encontram exemplos no mais civilizados. Em França, há vários ofícios e profissões — como os de notário, advogado, corretor, avaliador, tipógrafo e (até recentemente) padeiro e talhante — que, por lei, têm um limite máximo de profissionais. Consequentemente, o *brevet* ou licença de um dos admitidos vale um preço alto no mercado. Quando isso acontece, provavelmente seria injusto recusar uma compensação após a abolição do privilégio. Há casos em que isto seria mais duvidoso. A questão dependerá, nas circunstâncias peculiares, daquilo que será suficiente para constituir uma prescrição, e de o reconhecimento legal que o abuso obteve ser suficiente para constituir uma instituição ou, pelo contrário, corresponder apenas a uma licença temporária. Seria absurdo exigir uma compensação por perdas causadas por mudanças numa tarifa (algo que se admite ser variável de ano para ano), ou por monopólios como aqueles que os Tudor deram a indivíduos (favores de uma autoridade despótica, que a qualquer momento podiam ser revogados pelo poder que os outorgou).

Foi dito o suficiente sobre a instituição da propriedade — um assunto que, para os fins da economia política, era indispensável abordar, mas que não poderia ficar proveitosamente confinado a considerações económicas. Temos de investigar agora os princípios mediante os quais se efetua a distribuição do produto da terra e do trabalho, bem como os seus resultados, no âmbito das relações que esta instituição cria entre os diversos membros da comunidade.

Sobre os Fundamentos e os Limites do *Laissez-Faire*

§1.

Chegámos à última parte do nosso plano: a discussão, na medida em que esta se ajuste a este tratado (isto é, na medida em que seja uma questão de princípios, e não de pormenores), dos limites da província do governo: a questão de saber a que objetos a intervenção governamental nas atividades sociais poderá ou deverá estender-se, para lá daqueles que necessariamente lhe cabem. Nenhum assunto foi mais escrutinado na presente época. O escrutínio, no entanto, decorreu sobretudo em torno de alguns tópicos seletos, tendo havido apenas incursões passageiras no resto da área. Na verdade, aqueles que discutiram uma questão específica sobre a interferência governamental, como a educação estatal (espiritual ou secular), a regulamentação das horas de trabalho ou o apoio público aos pobres, ocuparam-se em grande medida de argumentos gerais, que excediam amplamente a aplicação específica em que foram empregados, e revelaram um enviesamento consideravelmente forte a favor da não-interferência ou a favor da interferência, mas poucas vezes declararam, ou aparentemente decidiram no seu próprio espírito, até onde levariam o seu princípio. Os apoiantes da interferência contentaram-se em afirmar que o governo tem um direito e um dever de carácter geral de intervir sempre que a sua intervenção seja útil. E aqueles que pertencem à escola do chamado *laissez-faire*, quando tentaram oferecer uma limitação definida da província do governo, geralmente restringiram-na à proteção da pessoa e da propriedade contra a força e a fraude — uma definição à qual nem eles nem mais ninguém adere deliberadamente, visto que esta exclui, como se mostrou num capítulo precedente, alguns dos deveres do governo mais indispensáveis e unanimemente reconhecidos.([17])

Sem procurar colmatar inteiramente esta falta de uma teoria geral (numa questão que, a meu ver, não admite uma solução universal), tentarei contribuir um pouco para a resolução deste conjunto de questões à medida que elas se coloquem, examinando, do ponto de vista mais geral que o assunto admite, as vantagens e os males ou inconveniências da interferência governamental.

Temos de começar por distinguir dois géneros de intervenção governamental que, embora digam respeito ao mesmo assunto, diferem profundamente na sua natureza e nos seus efeitos, e requerem, como justificação, motivos com um grau de urgência muito diferente. A intervenção pode estender-se ao controlo da livre ação dos indivíduos. O governo pode proibir todas as pessoas de fazerem certas coisas, ou de as fazerem sem a sua autorização; ou pode ordenar que façam certas coisas, ou que as façam de certa

---

([17]) Veja-se, em *Princípios de Economia Política*, o Cap. 1 do Livro V.

maneira, ficando ao seu critério fazerem-nas ou não. Esta é a interferência *autoritativa*([18]) do governo. Há uma forma de intervenção que não é autoritativa: esta verifica-se quando um governo, em vez de emitir uma ordem e de a fazer valer através de sanções, adota o curso de ação (ao qual os governos recorrem tão raramente e que poderia ter usos muito importantes) que consiste em aconselhar e em publicar informação; ou quando o governo, dando aos indivíduos a liberdade de usar os seus próprios meios na prossecução de um objetivo de interesse geral, sem se intrometer na sua vida, mas também sem confiar esse objetivo exclusivamente ao seu cuidado, estabelece, a par das organizações privadas, estruturas próprias destinadas a um fim semelhante. Assim, uma coisa é manter uma Igreja oficial; outra coisa é recusar tolerar outras religiões ou pessoas que não professam nenhuma religião. Uma coisa é proporcionar escolas e universidades; outra coisa é exigir que nenhuma pessoa aja como instrutora dos jovens sem uma licença estatal. Poderá haver um banco nacional, ou uma fábrica estatal, mas não poderá haver um monopólio que exclua bancos e fábricas privados. Poderá haver um serviço postal, mas não poderá haver sanções para o transporte de cartas por outros meios. Poderá haver um grupo de engenheiros ao serviço do governo, mas todos serem livres de adotar a profissão de engenheiro civil. Poderão existir hospitais públicos, mas não poderá haver qualquer restrição à prática privada da medicina ou da cirurgia.

([18]) Optei pelo neologismo «autoritativa», visto que (1) o termo de Mill é «authoritative», e não «authoritarian»; (2) o termo «autoritária» conota um abuso despótico de poder e (3), já se faz, na língua inglesa, uma distinção entre *authoritative* e *authoritarian*.

§2.

É evidente, mesmo à primeira vista, que a forma autoritativa de intervenção governamental tem uma esfera de ação legítima muito mais limitada do que a outra. Em qualquer caso, a sua justificação requer uma necessidade muito mais forte. Além disso, tem de ser completa e imperiosamente excluída de grandes áreas da vida humana. Seja qual for a teoria adotada acerca do fundamento da união social, e sejam quais forem as instituições políticas sob as quais vivamos, há um círculo em torno de cada ser humano individual que nenhum governo (seja ele um governo de um, de alguns ou de muitos) deverá poder transpor: há uma parte da vida de cada pessoa que tenha chegado à idade da razão na qual a sua individualidade deve reinar sem o controlo de outro indivíduo ou do público colectivamente. Que existe, ou que deve existir, um espaço da existência humana assim reservado e a salvo da intrusão autoritativa, ninguém que professe a menor consideração pela liberdade e dignidade humanas colocará em questão. O que há a determinar é o ponto onde se deve situar essa fronteira, ou a dimensão da região da vida humana que constitui esse território reservado. Entendo que esta região deve incluir toda aquela parte que concerne apenas à vida do indivíduo, interna ou externa, e que não afeta os interesses de outrem, ou que só os afeta através da influência moral do exemplo. No que respeita ao domínio da consciência interna, dos pensamentos e dos sentimentos, e daquela conduta externa que é só pessoal e não tem consequências (pelo menos consequências dolorosas ou prejudiciais) para outras pessoas, entendo que é admissível (e um dever, no caso das pessoas mais cultas e reflexivas) todos afirmarem e difundirem, com toda a força que tenham, a sua opinião acerca do que é bom ou mau, admirável ou desprezível, mas não compelirem os outros a aceitar a sua opinião, quer a força usada seja a coerção extrajurídica, quer esta se exerça através da lei.

Mesmo no que respeita aos segmentos da conduta que afetam os interesses de outrem, o ónus da prova cabe sempre aos defensores das proibições legais. Um prejuízo para outrem meramente concebível ou presumível não justificará a interferência da lei na liberdade individual. Ser impedido de fazer o que se está inclinado a fazer, ou de agir segundo o nosso próprio juízo acerca do que é desejável, além de ser sempre cansativo, tende sempre, *pro tanto*, a desnutrir o desenvolvimento de alguma parte das faculdades físicas ou mentais, sejam elas sensitivas ou ativas. E se a consciência não estiver livre da restrição legal, ela participa, em maior ou menor grau, da degradação da escravidão. Dificilmente um grau de utilidade aquém da absoluta necessidade justificará a regulamentação proibitiva, a não ser que esta também se torne recomendável à consciência geral; a não ser que as pessoas comuns bem-intencionadas já acreditem, ou possam ser levadas a acreditar, que a coisa proibida é algo que não devem desejar fazer.

A situação é diversa nas interferências governamentais que não restringem a livre ação individual. Quando um governo proporciona meios para concretizar um certo fim, deixando os indivíduos livres para se servirem de meios diferentes, na sua opinião preferíveis, não há nenhuma infração da liberdade, nenhuma restrição cansativa ou degradante. Assim, uma das objeções principais à interferência governativa não se põe. No entanto, em quase todas as formas de ação governamental há uma coisa compulsória: o provimento dos meios pecuniários. Estes derivam da tributação — ou, se existirem na forma de rendimentos extraídos de propriedade pública, não deixam de causar tanta tributação compulsória como aquela que a venda ou os rendimentos anuais da propriedade permitiriam dispensar.(*) Ademais, a objeção ligada necessariamente às contribuições compulsórias fica quase sempre muito agravada pelas precauções dispendiosas e pelas restrições onerosas que são indispensáveis para evitar a fuga a um imposto compulsório.

§3.

Uma segunda objeção à ação governamental é que todo o aumento das funções atribuídas ao governo é um aumento do seu poder, tanto na forma de autoridade como, ainda mais, na forma indireta de influência. De um modo geral, a importância desta consideração no que respeita à liberdade política foi suficientemente reconhecida, pelo menos em Inglaterra, mas muitos, nos últimos tempos, têm-se inclinado para pensar que a limitação dos poderes do governo só é essencial quando o próprio governo está mal constituído, quando este não representa o povo e é apenas o órgão de uma classe ou de uma coligação de classes, e que, a um governo com uma

(*) Os únicos casos em que a ação governamental não implica nada que tenha uma natureza compulsória são aqueles casos raros em que, sem um monopólio artificial, o governo paga as suas próprias despesas. Um caso destes será o de uma ponte construída com dinheiro público na qual se cobrem portagens suficientes para pagar não só todas as despesas correntes, mas também os juros do gasto inicial. Os caminhos de ferro estatais da Bélgica e da Alemanha são outro exemplo. Ainda outro seria o serviço postal, se o seu monopólio fosse abolido e ainda assim cobrisse as suas despesas.

constituição suficientemente popular, poder-se-á confiar qualquer poder sobre a nação, visto que o seu poder será apenas o poder da nação sobre si mesma. Isto poderá ser verdade se a nação, nesses casos, não corresponder na prática apenas à mera maioria da nação, e se as minorias forem capazes de oprimir, mas não de ser oprimidas. No entanto, a experiência prova que os depositários do poder que são delegados do povo (isto é, de uma maioria) têm uma disposição tão forte (quando pensam poder contar com o apoio popular) como os órgãos de uma oligarquia para exercer um poder arbitrário e intrometer--se indevidamente na liberdade da vida privada. Enquanto coletivo, o público está abundantemente disposto a impor, como leis aplicáveis a todos os indivíduos, não só as suas perspetivas geralmente estreitas sobre os seus interesses, mas também as suas opiniões abstratas e até os seus gostos. E a presente civilização tem uma tendência de tal modo forte para fazer do poder das pessoas a agir em massa o único poder substancial na sociedade, que nunca foi tão necessário dar à independência individual de pensamento, discurso e conduta as defesas mais poderosas, para assim conservar aquela originalidade de espírito e individualidade de carácter que é a única fonte do verdadeiro progresso, bem como a maioria das qualidades que tornam a raça humana muito superior a qualquer manada de animais. Por isso, num governo democrático não é menos importante que toda a tendência das autoridades públicas para alargar a sua influência, e para assumir um qualquer poder que possa ser facilmente dispensado, seja encarada com incessante desconfiança. Talvez isto seja ainda mais importante numa democracia do que em qualquer outra forma de sociedade política, porque, onde a opinião pública é soberana, um indivíduo oprimido pelo soberano não encontrará, como na maioria dos outros estados de coisas, um poder rival onde possa encontrar alívio ou, em qualquer caso, simpatia.

§4.

Uma terceira objeção geral à ação governamental assenta no princípio da divisão do trabalho. Toda a função adicional assumida pelo governo é uma nova ocupação imposta a um corpo já sobrecarregado de deveres. Isto tem como consequência natural a maior parte das coisas serem mal feitas; muitas nem são feitas, pois o governo não é capaz de as fazer sem atrasos fatais para o seu propósito; as funções mais incómodas, e menos visíveis, são adiadas ou negligenciadas, e uma desculpa para a negligência está sempre disponível; as chefias da administração têm o espírito tão ocupado com pormenores burocráticos, por mais perfunctória que seja a sua supervisão, que não lhes sobra tempo ou atenção para os grandes interesses do Estado e para a preparação de medidas amplas para o avanço da sociedade.

Mas estas inconveniências, embora reais e graves, resultam muito mais da má organização dos governos do que da dimensão e variedade dos deveres que estes assumem. O termo «governo» não nomeia um agente ou um número definido de agentes: dentro do corpo administrativo, a divisão do trabalho pode ter quase qualquer magnitude. O mal em questão atinge um maior grau em alguns governos do continente, nos quais seis ou oito homens, que vivem na capital e são conhecidos por ministros, exigem que toda a administração pública passe, efetiva ou apenas formalmente, pelas suas mãos. Todavia, esta inconveniência será reduzida a uma dimensão muito tolerável num país em que haja uma distribuição apropriada de funções pelos agentes centrais e locais do governo, estando o corpo central dividido num número suficiente de departamentos. Quando o Parlamento considerou conveniente atribuir ao governo a autoridade para inspecionar e para controlar parcialmente os caminhos de ferro, não acrescentou os caminhos de ferro ao departamento do Ministério da Administração Interna, tendo criado antes a Comissão para a Ferrovia. Quando decidiu ter uma autoridade central supervisora para a administração da pobreza, instituiu a Comissão para a Lei dos Pobres. São poucos os países em que os agentes públicos desempenham um maior número de funções do que nos estados da União Americana, particularmente os da Nova Inglaterra, mas aí a divisão do trabalho na administração pública é extrema: a maioria desses agentes nem tem de responder perante um superior comum e cumpre livremente os seus deveres, sob o duplo controlo da eleição pelos cidadãos da sua área e da responsabilidade civil e criminal perante os tribunais.

Num bom governo é indispensável, sem dúvida, que as chefias da administração, permanentes ou temporárias, exerçam um controle genérico no conjunto de todos os interesses confiados, num ou noutro grau, à responsabilidade do poder central. No entanto, uma organização interna engenhosa da máquina administrativa confiará a subordinados (e, tanto quanto possível, a subordinados locais) não só a execução, mas em grande medida o controlo, dos detalhes; fá-los-á responder pelos resultados dos seus atos, e não pelos próprios atos, exceto quando estes se achem sob a alçada dos tribunais; tomará as precauções mais eficazes para se nomearem pessoas honestas e capazes; abrirá amplas oportunidades de promoção dos escalões inferiores para os superiores da administração; com cada promoção, dará aos agentes maior margem de ação na criação de medidas, de tal modo que, no escalão superior, a deliberação poderá concentrar-se nos grandes interesses coletivos do país em cada departamento. Caso se faça tudo isto, o governo provavelmente não ficará sobrecarregado com nenhuma matéria noutros aspetos apropriada para ficar a seu cargo, ainda que a sobrecarga não deixe de ser um grave acréscimo às inconveniências da incumbência de matérias que não lhe sejam apropriadas.

§5.

Embora uma melhor organização dos governos enfraquecesse muito a objeção da mera multiplicação dos seus deveres, não deixaria de ser verdade que, nas comunidades mais avançadas, a grande maioria das coisas não é tão bem feita pela intervenção do governo como o seria pelos indivíduos mais interessados no assunto (se os deixassem em paz), caso eles as realizassem ou fizessem realizar. Os fundamentos desta verdade estão expressos com uma precisão aceitável no dito popular de que as pessoas compreendem melhor os seus próprios assuntos e interesses, e cuidam melhor deles, do que o governo o faz ou se possa esperar que o faça. Esta máxima aplica-se corretamente à maior parte das atividades da vida e, sempre que seja verdadeira, devemos condenar todo o género de intervenção governamental que entre em conflito com ela. A prova da inferioridade da ação governamental nas operações comuns da indústria ou do comércio, por exemplo, está no facto de esta dificilmente conseguir alguma vez competir em pé de igualdade com a ação individual, quando os indivíduos possuem o grau necessário de iniciativa industrial e podem dispor do conjunto necessário de meios. As vantagens de acesso à informação de que um governo dispõe, bem como os seus meios para remunerar (e, assim, controlar) os melhores talentos disponíveis no mercado, não compensam a grande desvantagem de um interesse inferior no resultado.

Há que recordar, além disso, que mesmo que o governo fosse superior em inteligência e conhecimento a qualquer indivíduo da nação, terá de ser inferior a todos os indivíduos da nação considerados conjuntamente. Não pode possuir em si, nem pôr ao seu serviço, mais do que uma parte das competências e capacidades que o país contém, aplicáveis a qualquer propósito. Têm de existir muitas pessoas tão qualificadas para o trabalho como aquelas que o governo emprega, mesmo que este selecione os seus instrumentos atendendo apenas à sua competência. Ora, estas são precisamente aquelas pessoas a cujas mãos, nos casos mais comuns, um sistema de ação individual tende a confiar o trabalho, porque elas são capazes de o fazer melhor ou a um custo mais baixo do que qualquer outra pessoa. Na medida em que isto se verifica, é evidente que o governo, excluindo ou mesmo sobrepondo-se à ação individual, ou substitui um instrumento mais qualificado por um menos qualificado, ou põe o seu modo de executar o trabalho no lugar de toda a variedade de modos que seriam ensaiados por diversas pessoas igualmente qualificadas e em busca do mesmo fim — uma competição muito mais favorável ao progresso do que qualquer sistema de uniformidade.

§6.

Reservei para último lugar uma das razões mais fortes contra a extensão da ação governamental. Mesmo que o governo pudesse abarcar, em cada departamento, a totalidade da mais eminente capacidade intelectual e talento ativo da nação, não seria menos desejável que a condução de uma grande parte das atividades da sociedade ficasse nas mãos das pessoas com um interesse imediato nelas. As ocupações da vida são uma parte essencial da educação prática de um povo; sem elas, a instrução oferecida pelos livros e pela escola, embora muitíssimo necessária e salutar, não basta para qualificar as pessoas para a conduta e para a adaptação de meios a fins. A instrução é apenas uma das condições do desenvolvimento mental; outra, quase tão indispensável, é um exercício vigoroso das energias ativas (o trabalho, o engenho, o discernimento, o autodomínio), e as dificuldades da vida são o seu estímulo natural. Há que não confundir esta doutrina com o otimismo complacente, que representa os males da vida como coisas desejáveis em virtude de levarem ao exercício de qualidades adaptadas para os combaterem. É só porque as dificuldades existem que as qualidades para as combaterem têm algum valor. Como seres práticos, cabe-nos libertar a vida humana de tantas dificuldades quanto possível, e não, como os caçadores que preservam caça para o exercício de a caçarem, conservar uma reserva de dificuldades. Todavia, como a necessidade de talento ativo e de discernimento prático nos afazeres da vida pode apenas diminuir, e não, mesmo na suposição mais favorável, acabar, é importante que essas capacidades sejam cultivadas não só num conjunto seleto de indivíduos, mas em todos eles, e essa cultura deve ser mais variada e completa do que aquela que a maior parte das pessoas conseguirá encontrar na estreita esfera dos seus interesses meramente individuais. Um povo em que não haja um hábito de ação espontânea em função de um interesse coletivo — um povo que conte habitualmente que o seu governo o dirija ou motive em todas as questões de interesse conjunto, que espere que o governo faça tudo por si, exceto aquilo que pode tornar-se uma questão de mero hábito ou rotina — terá faculdades apenas parcialmente desenvolvidas; a sua educação será deficiente num dos seus ramos mais importantes.

A cultura das faculdades ativas através do seu exercício, difundida por toda a comunidade, além de ser em si mesma uma das riquezas nacionais mais valiosas, torna-se mais necessária, e não menos, quando se mantém um grau elevado dessa cultura indispensável nos líderes e funcionários do Estado. Não pode haver uma combinação de circunstâncias mais perigosa para o bem-estar humano do que aquela em que se assegura um padrão elevado de inteligência e de talento dentro de uma corporação governativa, ao mesmo tempo que estas qualidades escasseiam e são desencorajadas fora do círculo protegido. Um sistema como este, mais integralmente do que qualquer outro, incorpora a ideia de despotismo, dando, como arma adicional, superioridade intelectual àqueles que já dispõem do poder da lei. Aproxima-se, tanto quanto a diferença orgânica entre os seres humanos e os outros animais admite, do governo das ovelhas pelo seu pastor, sem, contudo, haver nada que chegue perto do interesse do pastor em melhorar a condição do rebanho. A única proteção contra a escravidão política é o controlo exercido sobre os governantes pelos governados através da difusão da inteligência, da atividade e do espírito público.

A experiência revela a extrema dificuldade de manter permanentemente um padrão suficientemente elevado destas qualidades — uma dificuldade que aumenta à medida que o avanço da civilização e da segurança elimina, um após outro, os perigos, as provações e os constrangimentos contra os quais, anteriormente, os indivíduos só podiam recorrer ao seu engenho, força e coragem. É sumamente importante, portanto, que as pessoas de todas as classes da comunidade, até à mais baixa, tenham muito que fazer por elas mesmas; que se exija da sua virtude e inteligência aquilo que estiver ao seu alcance; que o governo, além de deixar, tanto quanto possível, que empreguem as suas faculdades na conduta que só lhes respeita, permita-lhes que giram (ou melhor, encoraje-as a fazê-lo) o maior número possível dos seus interesses conjuntos através da cooperação voluntária — pois esta discussão e gestão dos interesses coletivos é a grande escola desse espírito público, e a grande fonte dessa inteligência nas questões públicas, que são sempre considerados o carácter distintivo da população dos países livres.

Uma constituição democrática que não se apoie em instituições democráticas a uma escala menor, ficando confinada ao governo central, não só não é um exemplo de liberdade política como cria, muitas vezes, um espírito precisamente inverso, levando até ao nível mais baixo da sociedade o desejo e a ambição de domínio político. Em alguns países, as pessoas desejam não ser tiranizadas, mas noutros desejam apenas que todos tenham a mesma oportunidade de tiranizar. Infelizmente, este último estado desiderativo é tão natural à humanidade como o primeiro — e em muitas condições, mesmo na humanidade civilizada, tem muitos mais exemplos. Na medida em que as pessoas estejam acostumadas a gerir os seus assuntos através da sua própria intervenção ativa, em vez de os confiarem ao governo, os seus desejos estarão orientados para repelir a tirania, e não para tiranizar; ao passo que, na medida em que toda a verdadeira iniciativa e direção resida no governo, e os indivíduos sintam e ajam habitualmente sob a sua perpétua tutelagem, as instituições populares desenvolverão neles não o desejo de liberdade, mas um apetite desmesurado de cargos e de poder, desviando a inteligência e a atividade do país da sua ação principal para uma competição miserável por prémios egoístas e mesquinhas vaidades associadas aos cargos.

§7.

Apresentaram-se as razões principais, de carácter geral, para restringir ao máximo a intervenção de uma autoridade pública nos assuntos da comunidade. E poucos contestarão que estas razões são mais do que suficientes para, em cada caso, transferir o ónus de dar uma forte justificação para aqueles que recomendam a interferência governamental, e não para aqueles que lhe resistem. O *laissez-faire*, em suma, deve ser a prática: todo o desvio dessa prática, se não for necessário para um bem maior, é um mal certo.

Provavelmente, as épocas futuras terão dificuldade em perceber como esta máxima, mesmo nos casos em que é aplicável do modo mais manifesto, tem sido infringida até hoje pelos governos. Podemos formar uma ideia a este respeito a partir da descrição, que nos é dada pelo Sr. Dunoyer(*),

(*) *De la Liberté du Travail*, Vol. II, pp. 353–4.

das restrições impostas às operações industriais, no velho governo francês, pelo espírito invasivo e regulador da legislação.

> A sociedade exercia na indústria a jurisdição mais ilimitada e arbitrária: dispunha sem escrúpulos das faculdades dos fabricantes; decidia quem podia trabalhar, o que cada um podia fazer, que matérias-primas deviam ser utilizadas, que procedimentos deviam ser adotados, que formas deviam ser dadas aos produtos, etc. Para fazer melhor não era suficiente fazer bem; era preciso fazer segundo as regras. Quem não conhecerá a lei de 1670, que prescrevia que se apreendessem e pregassem no pelourinho, com os nomes dos autores, as mercadorias desconformes às regras traçadas, e que, à segunda infração, mandava que também os fabricantes fossem presos? Tinha de se obedecer às prescrições da lei em vez de consultar o gosto dos consumidores. Estavam incumbidos da execução dessas leis legiões de inspetores, de comissários, de controladores, de jurados e de guardas; quebravam-se máquinas e queimavam-se produtos desconformes. Puniam-se aperfeiçoamentos e multavam-se inventores. Havia regras diferentes para a produção de objetos destinados ao consumo interno e para a produção destinada à exportação. Um artesão não podia escolher o lugar do seu estabelecimento, nem podia trabalhar em todas as estações ou para quem quisesse. Há um decreto, de 30 de março de 1700, que limita a dezoito o número de localidades em que se podem fabricar meias; um decreto de 18 de junho de 1723 impõe aos fabricantes de Rouen a suspensão do seu trabalho de julho a 15 de setembro, a fim de facilitar a colheita; Luís XIV, quando quis construir a colunata do Louvre, proibiu os particulares de empregarem trabalhadores sem a sua autorização, sob uma multa de

10 000 libras francesas, e proibiu os trabalhadores de trabalharem para privados, sob pena de prisão para a primeira infração, e de trabalhos forçados nas galés para a segunda.

Que estes e outros regulamentos similares não eram letra morta, e que esta intromissão autoritária e humilhante se prolongou até à Revolução Francesa, é atestado pelo testemunho de Roland, o ministro girondino, que diz o seguinte(*):

> Vi cortarem, e destruírem completamente, oitenta, noventa, cem peças de algodão ou de lã. Testemunhei cenas semelhantes todas as semanas ao longo de vários anos. Vi confiscarem bens fabricados e aplicarem multas pesadas aos fabricantes; algumas peças de tecido foram queimadas em lugares públicos nas horas de mercado, outras foram afixadas no pelourinho, com o nome do fabricante escrito nelas, e ele mesmo era ameaçado com o pelourinho, se cometesse uma segunda infração. Tudo isto foi feito sob o meu olhar, em Rouen, em conformidade com os regulamentos existentes ou as ordens ministeriais. Que crime merecia um castigo tão cruel? Alguns defeitos nos materiais usados, ou na textura do tecido, ou mesmo em alguns fios da urdidura.
>
> Vi frequentemente fabricantes serem visitados por um bando de subordinados que lançavam a confusão no seu estabelecimento, aterrorizavam a sua família, arrancavam o tecido dos caixilhos, a urdidura dos teares, e que os levavam como prova da infração. Os fabricantes eram convocados, julgados e condenados; os seus bens eram confiscados;

(*) Cito em segunda mão a partir do *Essay on the Rate of Wages*, pp. 195–6, do Sr. Carey.

cópias do julgamento resultante no confisco eram afixadas em todos os lugares públicos; a fortuna, a reputação e o crédito ficavam perdidos e destruídos. E qual fora a ofensa? Eles tinham feito, com lã penteada, um tecido chamado *shag*, que os ingleses costumavam fabricar e mesmo vender em França, quando os regulamentos franceses diziam que esse tipo de tecido devia ser fabricado com pelo de cabra angorá. Vi outros fabricantes serem tratados da mesma forma por terem produzido chamalotes com uma certa largura, usada na Inglaterra e na Alemanha, com muita procura em Espanha, Portugal e outros países, bem como em algumas regiões francesas, quando os regulamentos de França prescreviam outras larguras para os chamalotes.

Já passou o tempo em que, mesmo no país menos esclarecido da comunidade europeia de nações, seriam ensaiadas aplicações como estas do princípio do «governo paternal». Em casos como os indicados, todas as objeções à interferência do governo são válidas, algumas delas quase no seu máximo grau. Contudo, temos de passar agora à segunda parte da nossa tarefa e dirigir a nossa atenção a casos em que algumas dessas objeções gerais nem minimamente se colocam, ao mesmo tempo que aquelas que nunca desaparecem completamente são suplantadas por considerações opostas de importância ainda maior.

Observei que, por norma, as atividades da vida são mais bem realizadas quando se deixa que aqueles que têm nelas um interesse imediato sigam o seu próprio caminho, sem o controlo de exigências legais ou a intromissão de funcionários públicos. As pessoas que fazem o trabalho, ou algumas delas, tendem ser melhores juízes do que o governo no que respeita aos meios de alcançar o fim específico que têm em vista. Mesmo supondo que o governo detém o melhor conhecimento adquirido até a uma certa altura pelas pessoas mais competentes na ocupação, o que não é muito provável, os agentes individuais têm, ainda assim, um interesse no resultado de tal modo mais forte e direto, que os meios terão uma tendência muito maior para serem melhorados e aperfeiçoados se ficarem entregues à sua escolha incontrolada. Mas se o trabalhador geralmente é mais competente para escolher os meios, poder-se-á afirmar que, com a mesma universalidade, o consumidor, ou a pessoa servida, é o juiz mais competente do fim? Será que o comprador está sempre qualificado para julgar a mercadoria? Se a resposta for negativa, a presunção favorável à competição do mercado não se aplicará ao caso; e se a mercadoria for uma daquelas em cuja qualidade a sociedade tem muito em jogo, a ponderação das vantagens poderá favorecer algum modo e grau de intervenção por representantes autorizados do interesse coletivo do Estado.

§8.

A proposição de que o consumidor é um juiz competente da mercadoria é aceitável apenas com numerosas reservas e exceções. Ele geralmente é o melhor juiz (embora mesmo isto não seja universalmente verdadeiro) dos objetos materiais produzidos para o seu uso. Estes destinam-se a suprir alguma necessidade física ou a satisfazer algum gosto ou inclinação, e ninguém julga melhor estas necessidades ou inclinações do que quem as sente; ou estes são os meios e utensílios de uma ocupação, para uso das pessoas que têm essa ocupação, que podem ser consideradas juízes das coisas necessárias para o seu trabalho habitual. Todavia, há coisas cujo valor de forma alguma pode ser testado pela sua procura no mercado; coisas cuja utilidade não consiste em servirem as inclinações ou em auxiliarem nos afazeres quotidianos — e a sua falta é menos sentida onde a sua necessidade é maior. Isto aplica-se peculiarmente àquelas coisas que são úteis sobretudo por contribuírem para elevar o carácter dos seres humanos. Os incultos não podem ser juízes competentes da cultura. Aqueles que mais necessitam de se tornar mais sábios e melhores geralmente desejam-no menos e, se o desejassem, seriam incapazes de encontrar com as suas próprias luzes o caminho para esse fim. No sistema voluntário, verificar-se-á constantemente que, não se desejando o fim, os meios não serão proporcionados, ou que, tendo as pessoas que carecem de desenvolvimento uma conceção imperfeita ou totalmente errónea daquilo que querem, a oferta exigida pela procura no mercado será tudo menos aquilo que é realmente necessário. Ora, qualquer governo bem-intencionado e toleravelmente civilizado poderá pensar, sem presunção, que possui ou deve possuir um grau de cultura acima da média da comunidade governada, e que, portanto, deve ser capaz de oferecer às pessoas uma melhor educação e instrução do que aquela que, na sua maioria, elas exigiriam espontaneamente. A educação, portanto, é uma das coisas que, em princípio, o governo deve poder providenciar às pessoas. Este é um dos casos em que as razões do princípio da não-interferência não se aplicam necessária ou universalmente.(*)

(*) Opondo-se a estas opiniões, um autor com o qual concordo em muitos aspetos, mas cuja hostilidade à intervenção governamental me parece demasiado indiscriminada e irrestrita, o Sr. Dunoyer, observa que a instrução, por muito boa que seja em si mesma, pode

Penso que, no que respeita à educação elementar, poder-se-á, justificadamente, levar mais longe a exceção às regras comuns. É desejável, no grau mais elevado, que todos os seres humanos nascidos na comunidade adquiram, durante a infância, certos elementos e instrumentos do conhecimento. Se os seus pais, ou aqueles dos quais

---

ser útil para o público apenas na medida em que este esteja disposto a recebê-la, e que a melhor prova de que a instrução se ajusta às suas preferências é o seu sucesso como empreendimento lucrativo. Este argumento não me parece mais instrutivo a respeito da instrução do espírito do que seria a respeito do tratamento do corpo. Nenhum medicamento fará algum bem ao paciente se não pudermos induzi-lo a tomá-lo; mas não temos de admitir, como corolário, que o paciente escolherá o medicamento correto sem auxílio. Não será provável que uma recomendação, de um quadrante que ele respeite, possa induzi-lo a aceitar um remédio melhor do que aquele que ele teria escolhido espontaneamente? A respeito da educação, é isto que está em questão. Sem dúvida, uma educação tão avançada para o povo, que este não poderia ser induzido a querê-la, teria tanto valor para este como se não existisse. Todavia, entre aquilo que o povo escolhe espontaneamente e aquilo que ele não aceitaria se lhe fosse oferecido, há todo um espaço ajustado à sua deferência pelo recomendador. Além disso, estando em causa uma coisa que o público não sabe julgar, poderá ser preciso mostrar-lha e chamar a sua atenção para ela durante muito tempo, bem como provar os seus benefícios com uma longa experiência, até que este aprenda a apreciá-la e acabe por aprender; e isso poderia nunca acontecer se essa coisa não lhe tivesse sido incutida na prática, mas só recomendada em teoria. Ora, uma especulação financeira não pode esperar anos, ou talvez gerações, pelo sucesso; tem de ser bem-sucedida rapidamente, ou fracassará. Outra consideração que o Sr. Dunoyer parece ter ignorado é que as instituições e modos de instrução que nunca se tornaram suficientemente populares para compensar, lucrativamente, as suas despesas podem ter um valor inestimável para a população em virtude de darem a alguns a educação de melhor qualidade, e de assegurarem a perpétua sucessão de espíritos superiores, que fazem o conhecimento avançar e a comunidade progredir na civilização.

dependem, têm o poder de lhes providenciar uma instrução e não o fazem, cometem uma infração do dever tanto para com as próprias crianças como para com os membros da comunidade em geral, que estão sujeitos a sofrer seriamente com as consequências da ignorância e da falta de educação dos seus concidadãos. Impor aos pais a obrigação legal de providenciar instrução elementar aos filhos é, portanto, um exercício admissível dos poderes do governo. No entanto, não se pode fazer isto corretamente sem tomar medidas para assegurar que essa instrução lhes esteja sempre acessível, gratuitamente ou a um custo insignificante.

Na verdade, poder-se-á objetar que a educação dos filhos é uma das despesas que os pais, mesmo que sejam da classe trabalhadora, têm o dever de suportar; que é desejável que eles sintam que lhes cabe assegurar, com os seus próprios meios, o cumprimento dos seus deveres; e que, providenciando uma educação custeada por outros, o padrão dos salários necessários, tal como se se providenciasse a subsistência, baixaria proporcionalmente, e os motivos para o esforço e a contenção enfraqueceriam muito. Quando muito, este argumento só poderia ser válido se a questão fosse pôr um provimento público no lugar daquilo que os indivíduos de outra forma fariam por si mesmos, o que aconteceria se todos os pais da classe trabalhadora reconhecessem e praticassem o dever de providenciar instrução aos filhos com os seus meios. Contudo, dado que os pais não praticam este dever e não incluem a educação nas despesas necessárias que o seu salário deve pagar, o nível geral dos salários não é suficientemente alto para suportar essas despesas, e estas têm de ser suportadas por outra fonte. E este não é um dos casos em que a gentileza do auxílio perpetua o estado de coisas que torna o auxílio necessário. A instrução, quando é genuína, em vez de debilitar as faculdades ativas, fortalece-as e alarga-as. Seja qual for o modo como é obtida, tem o efeito de predispor a mente para o espírito de independência — e, quando só pode ser obtida gratuitamente, esta forma de auxílio tem a tendência oposta àquela que em muitos outros casos torna o auxílio objetável; é um auxílio para agir sem auxílio.

Em Inglaterra, e na maioria dos países europeus, a instrução elementar não pode ser paga completamente com os salários dos trabalhadores não qualificados. Além disso, se pudesse, não o seria. A escolha, portanto, não é entre o governo e a iniciativa privada, mas entre o provimento governamental e a caridade voluntária, entre a interferência do governo e a interferência de associações de indivíduos que contribuem com o seu dinheiro para esse fim, como acontece nas duas grandes sociedades escolares. Obviamente, não é desejável fazer-se uma coisa com fundos obtidos por tributação compulsória quando esta já é feita suficientemente bem graças à liberalidade individual. Em que medida isto acontece na instrução escolar, será, em cada caso particular, uma questão de facto. A educação providenciada neste país segundo o princípio voluntário tem sido tão discutida que aqui seria escusado criticá-la pormenorizadamente, e limitar-me-ei a expressar a minha convicção de que esta, mesmo na sua quantidade, é, e com probabilidade continuará a ser, globalmente insuficiente, enquanto a sua qualidade, embora com uma ligeira tendência para melhorar, só por um raro acidente é boa, e costuma ser tão má que é pouco mais do que nominal. Defendo, portanto, que o governo tem o dever de suprir esta falta dando apoio financeiro às escolas elementares, de modo a torná-las acessíveis a todos os filhos dos pobres, seja gratuitamente ou a um custo tão baixo que se torne impercetível.

Há que insistir vigorosamente no seguinte: tanto na educação elementar como na superior, o governo não deve reclamar nenhum monopólio; não deve exercer nem a sua autoridade nem a sua influência no sentido de levar as pessoas a recorrerem aos seus professores em detrimento dos outros, e não deve dar nenhuma vantagem peculiar àqueles que tenham sido instruídos por eles. Ainda que os professores do governo, em média, provavelmente sejam melhores do que os instrutores privados, não incorporarão todo o conhecimento e sagacidade dos instrutores no seu conjunto, e é desejável deixar abertas tantas estradas quanto possível para o fim desejado. Não é tolerável que um governo tenha, *de jure* ou *de facto*, um controlo completo da educação do povo. A posse e o exercício efetivo desse controlo seriam despóticos. Um governo que possa moldar as opiniões e os sentimentos do povo desde a juventude poderá fazer-lhe o que lhe aprouver. Por isso, embora um governo possa, e em muitos casos deva, criar escolas e universidades, não deve compelir nem induzir nenhuma pessoa a frequentá-las; tão-pouco o poder dos indivíduos para criar instituições rivais deverá depender minimamente da sua autorização. O governo terá uma boa justificação para exigir que todas as pessoas possuam instrução em certas coisas, mas não para determinar o modo de elas serem instruídas ou quem as instruirá.

§9.

Na área da educação, a intervenção do governo é justificável, porque esse não é um caso em que o interesse e o juízo do consumidor assegurem suficientemente a qualidade do bem consumível. Consideremos agora outro conjunto de casos, nos quais nenhuma pessoa está na posição de um consumidor, e o interesse e o juízo em que há que confiar são os do próprio agente, como acontece na realização de um negócio em que ele esteja exclusivamente interessado, ou de um contrato ou compromisso que o obrigará a fazer algo.

O fundamento do princípio prático da não-interferência tem de ser, aqui, o de que a maioria das pessoas tem uma perspetiva do seu próprio interesse, e dos meios de o promover, mais correta e inteligente do que aquela que lhe poderia ser prescrita por uma lei geral, ou apontada por um funcionário público no caso particular. A máxima é inquestionavelmente sensata como regra geral, mas não é difícil discernir algumas exceções muito amplas e conspícuas. Podemos agrupá-las em várias categorias.

Em primeiro lugar, o indivíduo que, supostamente, é o melhor juiz dos seus próprios interesses poderá ser incapaz de julgar ou de agir por si mesmo; poderá ser um lunático, um idiota, uma criança de tenra idade; ou, mesmo sendo totalmente incapaz, poderá ser imaturo na idade e na capacidade de julgar. Neste caso, o fundamento do princípio do *laissez-faire* colapsa completamente. A pessoa mais interessada na questão não é o melhor juiz, nem de forma alguma um juiz competente. Em todos os lugares, os loucos são considerados objeto apropriado do cuidado do Estado.(*) No caso das crianças e dos jovens,

(*) A prática da lei inglesa a respeito dos loucos, especialmente no que toca à questão da maior importância de determinar a insanidade, tem de ser revista com urgência. Atualmente, nenhuma pessoa cuja propriedade seja digna de cobiça, e cujos familiares mais próximos não tenham escrúpulos ou mantenham consigo uma má relação,

é comum dizer-se que, como não podem julgar por si mesmos, têm os pais e outros familiares para julgarem por eles. Porém, isto desloca a questão para uma categoria diferente: a questão já não é se o governo deve interferir na vida dos indivíduos, dirigindo a sua conduta e os seus interesses, mas se este deve dar-lhes um poder absoluto sobre a conduta e os interesses de outrem. O poder parental é tão suscetível de abuso como qualquer outro poder e, de facto, abusa-se dele constantemente. Se as leis não conseguirem impedir os pais de maltratar brutalmente, ou até de assassinar, os seus filhos, muito menos será de presumir que os interesses dos filhos nunca serão sacrificados, de maneiras mais comuns e menos revoltantes, ao egoísmo ou à ignorância dos pais. Sempre que se vê

---

está a salvo de uma comissão de sanidade mental. A pedido das pessoas que lucrarão com a declaração de insanidade, poder-se-á constituir um júri e conduzir uma investigação paga pela pessoa visada — uma investigação em que todas as suas peculiaridades pessoais, com tudo o que seja aduzido pelos mexericos mentirosos de criados vis, são vazadas nos ouvidos crédulos de uma dúzia de lojistas mesquinhos, que ignoram todas as formas de vida exceto a da sua classe, e que encaram qualquer traço de individualidade no carácter ou no gosto como uma excentricidade, e qualquer excentricidade como insanidade ou perversidade. Se este sapiente tribunal der o veredicto desejado, a propriedade talvez seja transmitida às últimas pessoas que o legítimo proprietário desejaria ou suportaria ver como proprietárias. Alguns exemplos recentes de investigações deste género foram um escândalo para a administração da justiça. Independentemente de outras mudanças na lei que possam fazer-se nesta área, pelo menos duas são imperiosas: em primeiro lugar, como nos outros processos judiciais, as despesas deverão ser suportadas não pela pessoa em julgamento, mas pelos promotores da investigação, que reaverão o que pagaram em caso de sucesso; em segundo lugar, a propriedade de uma pessoa declarada louca em caso algum deverá ficar para os herdeiros enquanto ela estiver viva, devendo antes ser gerida por um funcionário público até que ela morra ou recupere.

claramente que os pais devem fazer ou abster-se de fazer algo em função dos interesses dos filhos, a lei está autorizada, se isso estiver dentro do seu poder, a compeli-los a fazerem ou a absterem-se de fazer isso — e geralmente deve compeli-los. Consideremos um exemplo da área peculiar da economia política: é correto que as crianças, e os jovens que ainda não atingiram a maioridade, sejam protegidos do trabalho excessivo até onde os olhos e as mãos do Estado possam chegar. Trabalhar demasiadas horas por dia, ou em ocupações que excedam a sua força, não lhes deveria ser permitido, porque, se for permitido, poderão ser sempre compelidos a trabalhar desse modo. No caso das crianças, a liberdade contratual é apenas outra expressão para a liberdade de coagir. Também a educação — a melhor educação que as circunstâncias lhes permitam obter — não é algo que os pais ou os familiares, por indiferença, inveja ou avareza, devam poder não proporcionar.

As razões para que a lei intervenha em defesa das crianças aplicam-se com não menos força ao caso desses infortunados escravos e vítimas da parte mais cruel da humanidade — os animais inferiores. Deve-se à incompreensão mais grosseira dos princípios da liberdade considerar que a inflição de um castigo exemplar à brutalidade exercida nessas criaturas indefesas é uma intromissão do governo naquilo que ultrapassa a sua esfera — uma interferência na vida doméstica. A vida doméstica dos tiranos domésticos é uma das coisas em que a interferência da lei é mais imperiosa; e é lamentável que os escrúpulos metafísicos a respeito da natureza e da fonte da autoridade do governo levem muitos ardentes defensores das leis contra a crueldade com os animais a procurar uma justificação dessas leis, não nos méritos intrínsecos do próprio caso, mas nas consequências secundárias, para os interesses dos seres humanos, de se tolerarem hábitos ferozes. Aquilo que um ser humano com a robustez física necessária teria o dever de impedir pela força, se tentassem fazê-lo na sua presença, cabe igualmente à sociedade em geral reprimir. As leis existentes de Inglaterra sobre esta matéria falham sobretudo porque, mesmo nos piores casos, a pena máxima é insignificante, geralmente quase nominal.

Propõe-se frequentemente incluir as mulheres entre os membros da comunidade cuja liberdade contratual deve ser controlada pela lei, para sua própria proteção, devido (diz-se) à sua posição de dependência. E, nas Leis das Fábricas existentes, o seu trabalho, como o dos jovens, foi colocado sob restrições peculiares. Mas pôr as mulheres e as crianças na mesma categoria, para este e outros efeitos, parece-me indefensável em princípio e nocivo na prática. Abaixo de uma certa idade, as crianças *não conseguem* julgar ou agir por si mesmas; até a uma idade consideravelmente maior, estão, inevitavelmente, mais ou menos desqualificadas para o fazerem; mas as mulheres são tão capazes como os homens de avaliar e gerir os seus próprios interesses, e só não o fazem por causa da injustiça da sua presente posição social. Quando a lei torna tudo aquilo que a mulher adquire propriedade do seu marido, ao mesmo tempo que, compelindo-a a viver com ele, força-a a submeter-se a quase toda a tirania moral e mesmo física que ele escolha exercer, há algum fundamento para considerar que todos os seus atos são realizados sob coerção; mas os reformadores e os filantropos da nossa época cometem o grande erro de beliscarem as consequências de um poder injusto, em vez de enfrentarem a própria injustiça. Se as mulheres tivessem um controlo tão absoluto como os homens sobre a sua própria pessoa, e sobre o seu próprio património ou as suas próprias aquisições, não haveria nenhum pretexto para limitar as suas horas de trabalho, para seu próprio bem, de modo a terem tempo para trabalhar para o marido naquelas que, segundo os defensores da restrição, é a casa *dele*. As mulheres que trabalham nas fábricas são as únicas da classe trabalhadora cuja posição não é a de escravas ou servas, precisamente por não ser fácil compeli-las a trabalhar e a ganhar um salário em fábricas contra a sua vontade. Para melhorar a condição das mulheres, o objetivo deverá ser dar-lhes o acesso mais simples ao trabalho independente na indústria, e não lhes vedar, total ou parcialmente, aquilo que já lhes é acessível.

§10.

Uma segunda exceção à doutrina de que os indivíduos são os melhores juízes dos seus próprios interesses verifica-se quando um indivíduo tenta decidir irrevogavelmente, agora, aquilo que será melhor para si mesmo num período futuro distante. A presunção favorável ao juízo individual só é legítima quando o juízo se baseia na efetiva experiência pessoal, especialmente a presente; não o é quando este se forma antes da experiência, e não se permite que o juízo mude depois de a experiência o ter condenado. Quando as pessoas se obrigam com um contrato, não simplesmente a fazer uma coisa, mas a continuar a fazê-la para sempre ou por um longo período, sem terem nenhum poder para revogar o compromisso, deixa de existir a presunção de que a sua perseverança nessa conduta lhes é vantajosa; e qualquer presunção desse género que possa ter-se baseado no facto de elas terem feito voluntariamente o contrato talvez com outra idade, e sem nenhum verdadeiro conhecimento do que estava em causa, normalmente é quase nula. A máxima prática de deixar as pessoas livres para fazerem os contratos que bem entendam não é aplicável sem grandes limitações ao caso dos compromissos perpétuos; e a lei deve ser extremamente desconfiada a seu respeito; deve recusar-se a apoiá-los, quando a parte contratante não pode ser um juiz competente das obrigações que estes impõem; se alguma vez os apoiar, deve ter toda a cautela possível no sentido de o contrato ser feito com deliberação e antevisão das consequências; e, como compensação por não permitir que as próprias partes revoguem o seu compromisso, deve autorizar que se desvinculem deste, caso apresentem uma justificação suficiente perante uma autoridade imparcial. Estas considerações aplicam-se eminentemente ao casamento, o mais importante de todos os casos de compromisso para a vida inteira.

§11.

A terceira exceção que vou apontar à doutrina de que o governo não pode gerir os assuntos dos indivíduos tão bem como eles mesmos respeita ao grande conjunto de casos em que os indivíduos só podem gerir uma organização através de representantes — e em que, na verdade, a gestão considerada privada dificilmente será uma gestão feita pelos interessados com maior propriedade do que uma administração feita por um funcionário público. No que respeita ao trabalho efetivo, o Estado fará igualmente bem, e por vezes melhor, tudo aquilo que, caso fique entregue à atividade espontânea, tenha de ser feito por sociedades por ações. A gestão governamental, de facto, é proverbialmente abusiva, descuidada e ineficaz, mas, de um modo geral, pode dizer-se o mesmo da gestão por sociedades por ações. É verdade que os diretores de uma companhia por ações também são acionistas; contudo, os membros de um governo também são invariavelmente contribuintes — e no caso dos diretores, não menos do que no dos governos, a sua parcela proporcional dos benefícios da boa gestão não é muito diferente do interesse que possam ter numa má gestão, mesmo sem se atender ao seu interesse em não se esforçarem. Poder-se-á objetar que os acionistas exercem coletivamente um certo controlo nos diretores e têm quase sempre plenos poderes para os destituírem. Na prática, no entanto, constata-se que a dificuldade de exercer este poder é tão grande que este dificilmente será exercido, exceto em casos em que haja uma gestão de tal forma incompetente, ou pelo menos malsucedida, que geralmente levaria à demissão de gestores designados pelo governo. À segurança muito débil facultada pelas reuniões de acionistas, e pelas suas inspeções e investigações a título individual, podemos contrapor a maior publicidade, bem como as discussões e os comentários mais ativos, que são de esperar, nos países livres, a respeito dos assuntos nos quais o governo geral está envolvido. Assim sendo, os defeitos da gestão governamental não parecem necessariamente muito maiores, se é que são necessariamente maiores, do que os de uma gestão por uma sociedade por ações.

As verdadeiras razões para confiar às associações privadas tudo aquilo que elas têm competência para fazer teriam a mesma força se fosse certo que os funcionários públicos fariam o trabalho igualmente bem ou melhor.

Já se apontaram estas razões: o prejuízo de sobrecarregar os principais funcionários do governo com exigências à sua atenção, e de os distrair dos deveres que só eles podem cumprir, em função de objetivos que podem ser concretizados suficientemente bem sem eles; o perigo de expandir desnecessariamente o poder direto e a influência indireta do governo, bem como de multiplicar as ocasiões para conflitos entre os seus agentes e os cidadãos privados; e a inconveniência de concentrar, numa burocracia dominante, toda a competência e experiência na gestão de interesses vastos e todo o poder de ação organizada existente na comunidade — uma prática que mantém os cidadãos numa relação com o governo semelhante àquela que existe entre as crianças e os seus guardiões, e que é a causa principal da capacidade inferior para a vida política que até agora tem caracterizado os países continentais onde o governo tem um peso excessivo, tenham eles ou não as estruturas de um governo representativo.(*)

(*) Podemos encontrar um caso paralelo na aversão à política e na ausência de espírito público que caracterizam as mulheres, como grupo, no estado atual da sociedade, sendo isto algo que os reformadores políticos sentem e lamentam com frequência — o que, de um modo geral, não os predispõe a reconhecer, nem lhes dá o desejo de eliminar, a sua causa. Esta reside, como é óbvio, no facto de as mulheres serem ensinadas, tanto pelas instituições como ao longo de toda a sua educação, a considerarem-se completamente afastadas da política. Onde existiram mulheres políticas, elas, segundo o espírito da sua época, revelaram um interesse tão grande pelo assunto, e uma competência tão grande no mesmo, como os homens que eram seus contemporâneos: isso aconteceu (por exemplo) no período histórico em que Isabel de Castela e Isabel de Inglaterra não eram raras exceções, mas simplesmente exemplos brilhantes de um espírito e de uma capacidade muitíssimo difundidos pelas mulheres europeias de classe e cultura superiores.

Mas embora, por estas razões, a maioria das coisas que tendem a ser toleravelmente bem feitas por associações privadas devam, de um modo geral, ficar-lhes confiadas, isso não significa que o modo como essas associações desenvolvem a sua atividade deva ficar totalmente fora do controlo do governo. Há muitos casos que, pela sua natureza, não deixam dúvidas de que a entidade (seja qual for a sua natureza) que presta o serviço ficará virtualmente sem concorrência — casos nos quais não se pode impedir a existência de um monopólio prático com todo o poder que isso confere de fazer imposições à comunidade. Já alertei mais do que uma vez para o caso das companhias de gás e de água: embora se permita uma perfeita liberdade de competição entre elas, nenhuma verdadeira competição ocorre realmente e, na prática, constata-se que são ainda mais irresponsáveis e insensíveis a reclamações individuais do que o governo. Ficamos com os custos sem as vantagens de uma pluralidade de agentes; e aquilo que se cobra por serviços indispensáveis é, no essencial, praticamente como uma tributação coerciva imposta pela lei; poucos dos que têm uma casa distinguem a «taxa de água» dos impostos locais. No caso destes serviços específicos, prevalecem as razões para eles serem prestados — como a pavimentação e a limpeza das ruas — seguramente não pelo governo geral do Estado, mas pelas autoridades municipais da zona, sendo a despesa suportada — como mesmo agora, na verdade, já se verifica — por um imposto local. Todavia, em muitos casos análogos em que é melhor recorrer à iniciativa privada, a comunidade precisa de uma garantia, para lá dos interesses dos gestores, de que o serviço será bem prestado — e cabe ao governo sujeitar o negócio a condições razoáveis em função do bem geral, ou manter sobre ele um controlo de modo a que os lucros do monopólio pelo menos revertam para o público. Isto aplica-se ao caso de uma estrada, de um canal ou de uma linha ferroviária. Estes são sempre, num grau elevado, monopólios práticos; e um governo que conceda um monopólio deste género, sem restrições, a uma companhia privada faz praticamente o mesmo que permitir que um indivíduo ou uma associação criem o imposto que bem entendam, para seu próprio benefício, sobre todo o malte produzido no país ou sobre todo o algodão importado. Pelo princípio que justifica patentes de invenções, geralmente é justificável fazer a concessão por um período limitado, mas o Estado deve reservar para si uma propriedade devolutiva dessas obras públicas, ou deve conservar, e exercer livremente, o direito de fixar os preços máximos e de alterar esse máximo de tempos a tempos. Talvez seja preciso observar que o Estado pode ser o proprietário de canais ou de linhas ferroviárias sem estar incumbido da sua atividade, e que esta atividade quase sempre se desenvolverá melhor através de uma empresa, à qual o Estado arrende, por um período limitado, o canal ou a linha ferroviária.

§12.

Tenho de pedir uma atenção especial para um quarto caso de exceção, visto me parecer que os economistas políticos ainda não lhe deram atenção suficiente. Há questões em que se exige a interferência da lei não para suplantar os juízos dos indivíduos a respeito dos seus próprios interesses, mas para efetivar esses juízos, dado que os indivíduos só poderão efetivá-los concertadamente e essa concertação, por sua vez, só se concretizará se obtiver a validade e a sanção de uma lei. A título ilustrativo, e sem tomar partido neste assunto específico, posso apontar a questão da diminuição das horas de trabalho. Suponha-se (o que pelo menos será concebível, independentemente de ser verdade) que uma redução geral do número de horas no trabalho fabril de dez para nove, digamos, seria vantajosa para os trabalhadores: que eles receberiam salários tão altos, ou quase tão altos, por nove horas de trabalho como recebem por dez. Alguns poderão dizer que se o resultado fosse esse, e se os operários em geral estivessem convencidos disso, a limitação seria adotada espontaneamente. Respondo que esta não seria adotada, a não ser que os operários, em conjunto, se comprometessem a respeitá-la. Um trabalhador que se recusasse a trabalhar mais do que nove horas, enquanto outros trabalhassem dez, ou não encontraria emprego, ou, se encontrasse, teria de se sujeitar a perder um décimo do salário. Assim, por muito convencido que ele estivesse de que seria do interesse da classe trabalhar menos, seria contrário ao seu próprio interesse dar o exemplo, a não ser que pudesse confiar que todos, ou quase todos os outros, agiriam do mesmo modo. Mas suponha-se que havia um acordo geral em toda a classe. Não seria esse acordo eficaz sem o apoio da lei? Não, a não ser que a opinião o apoiasse com um rigor praticamente igual ao da lei. Pois, por muito benéfico que o cumprimento da regra fosse para a classe, coletivamente, o interesse imediato de todo o indivíduo seria violá-la — e quantos mais aderissem à regra, mais os indivíduos ganhariam em desrespeitá-la. Se quase todos adotassem a restrição das nove horas, aqueles que escolhessem trabalhar dez ficariam com todos os benefícios da restrição, bem como com o lucro de a infringirem; ficariam com um salário de dez horas com nove horas de trabalho e, além disso, seriam pagos pela hora adicional. Admito que não haveria um prejuízo se uma grande maioria aderisse às nove horas: o benefício, no essencial, seria assegurado pela classe, e aqueles indivíduos que quisessem trabalhar mais e ganhar mais teriam a oportunidade de o fazer. Este parece, seguramente, o estado de coisas desejável; e, presumindo que uma redução de horas sem uma redução dos salários poderia ocorrer sem eliminar a mercadoria de alguns dos seus mercados — o que, em qualquer caso particular, é uma questão de facto, e não de princípio —, o modo mais desejável de produzir este efeito consistiria numa mudança tranquila no costume laboral geral; por uma escolha espontânea, um menor número de horas de trabalho tornar-se-ia a prática geral, mas aqueles que quisessem desviar-se dessa prática teriam toda a liberdade para o fazer. Provavelmente, no entanto, aqueles que preferissem as dez horas de trabalho em melhores condições seriam tão numerosos que não seria possível manter a limitação como prática geral: aquilo que alguns fariam por escolha outros depressa seriam obrigados a fazer por necessidade; e aqueles que tivessem escolhido trabalhar mais horas para ganhar mais seriam forçados, por fim, a trabalhar essas horas sem ganhar mais do que antes. Presumindo, então, que realmente seria do interesse de cada um trabalhar apenas nove horas, caso pudesse confiar que todos os outros fariam o mesmo, o único meio de atingir este objetivo poderá consistir na conversão do seu presumível acordo mútuo num compromisso sujeito a punições, consentindo-se que este fosse imposto pela lei. Não estou a exprimir uma opinião favorável a esta medida, que nunca foi exigida neste país, e que eu seguramente não recomendaria nas presentes circunstâncias. Todavia, isto serve para exemplificar o modo como uma classe de pessoas poderá precisar do apoio da lei para implementar a opinião coletiva ponderada a respeito dos seus próprios interesses, dando a todo o indivíduo a garantia de que os seus concorrentes seguirão o mesmo caminho, sem a qual ele não poderá segui-lo com segurança.

O chamado sistema de colonização de Wakefield oferece outro exemplo do mesmo princípio. Este sistema baseia-se no princípio importante que nos diz que o grau de produtividade da terra e do trabalho depende de existir uma proporção apropriada entre as duas coisas; que se forem poucos aqueles que, num território recentemente colonizado, tentem ocupar e apropriar-se de uma grande região, ou se cada trabalhador se tornar demasiado depressa alguém que ocupa e cultiva a terra, haverá uma perda de poder produtivo e um grande abrandamento no progresso da colónia no que respeita à riqueza e à civilização; que, ainda assim, o instinto (como praticamente lhe podemos chamar) de apropriação, a par dos sentimentos associados, nos velhos países, à propriedade de terras, incita quase todos os emigrantes a tornarem-se proprietários de todas as terras que consigam adquirir, e todo o trabalhador a tornar-se imediatamente um proprietário, que cultiva as suas terras apenas com o auxílio da sua família. Se esta propensão para a apropriação imediata da terra puder ser restringida até certo ponto, e se cada trabalhador for levado a trabalhar com um contrato durante um certo número de anos antes de se tornar proprietário de terras, poder-se-á assegurar que existam sempre trabalhadores contratados disponíveis para trabalhar na construção de estradas e de canais, em obras de irrigação, etc., bem como para criar e desenvolver diversos setores de trabalho nas áreas urbanas. Deste modo, quando o trabalhador por fim se tornar proprietário de terras, encontrará terras mais valiosas, graças ao acesso a mercados e à facilidade em contratar trabalhadores. Por isso, o Sr. Wakefield propôs que, dando um preço bem alto às terras, se freasse a ocupação prematura da terra e a dispersão das pessoas. A receita da venda dessas terras seria despendida no transporte de novos trabalhadores emigrantes.

Todavia, criticou-se esta medida salutar em nome e à luz da autoridade do princípio — apresentado como o maior princípio da economia política — segundo o qual os indivíduos são os melhores juízes dos seus próprios interesses. Disse-se que, quando se deixam as coisas entregues a si mesmas, a terra é apropriada e ocupada segundo as escolhas espontâneas dos indivíduos nas quantidades e nas alturas mais vantajosas para cada pessoa e, portanto, para a comunidade em geral; e que criar obstáculos artificiais à obtenção da terra é impedir as pessoas de optarem por aquilo que, segundo o seu próprio juízo, é mais benéfico para elas mesmas, pelo facto de o legislador ter a pretensão de saber melhor do que elas o que é do seu interesse. Ora, isto é uma incompreensão total do próprio sistema, ou do princípio com o qual este supostamente está em conflito. O erro é semelhante àquele que acabámos de ver exemplificado na questão das horas de trabalho. Por muito benéfico que possa ser para a colónia no seu todo, e para cada indivíduo que a constitui, que ninguém ocupe mais terra do que aquela que possa cultivar apropriadamente, nem se torne um proprietário antes de estarem disponíveis trabalhadores que sejam contratados para tomar o seu lugar, o exercício dessa contenção nunca poderá ser do interesse de um indivíduo, a não ser que ele tenha a garantia de que os outros também se conterão. Rodeado por colonizadores, cada um com os seus mil acres, como será ele beneficiado se resolver limitar-se a cinquenta acres? O que ganhará um trabalhador ao adiar a aquisição por uns anos, se todos os outros trabalhadores converterem os seus primeiros rendimentos, logo que possível, em propriedades situadas em regiões despovoadas, separadas entre si por milhas? Se eles, apropriando-se da terra, impedem a formação de uma classe de trabalhadores assalariados, ele, adiando a altura em que se tornará proprietário, não ficará em condições de empregar a terra com maiores benefícios quando a adquirir. Permanecendo um trabalhador contratado, quando todos os que o rodeiam são proprietários, para que há de ele ficar, portanto, numa posição que tanto a si como aos outros parece ser de inferioridade? É do interesse de cada um fazer o que é bom para todos, mas só se os outros agirem da mesma forma.

O princípio de que cada um é o melhor juiz dos seus interesses, entendido como esses críticos o entenderam, provaria que os governos não devem cumprir nenhum dos seus deveres reconhecidos — que os governos, de facto, não devem sequer existir. Coletiva e individualmente, a comunidade tem um grande interesse em que não se cometam roubos e fraudes. Contudo, não deixa de ser necessário que existam leis que punam o roubo e a fraude, já que, embora seja do interesse de cada um que ninguém roube ou defraude, nenhuma pessoa tem o interesse de se abster de roubar e defraudar os outros, caso se permita que todos os outros a roubem e defraudem. As leis penais existem sobretudo por esta razão, dado que mesmo a opinião unânime de que uma certa linha de conduta é do interesse geral nem sempre faz o interesse individual das pessoas aderir a essa linha de conduta.

§13.

Em quinto lugar, o argumento contra a interferência governamental em consideração, baseado na máxima de que os indivíduos são os melhores juízes dos seus próprios interesses, não se pode aplicar ao conjunto muito amplo de casos em que os atos de indivíduos nos quais o governo pretende interferir são realizados por esses indivíduos em função não dos seus próprios interesses, mas dos interesses de outras pessoas. Isto inclui, entre outras coisas, a questão importante e muito discutida da caridade pública. De um modo geral, deve-se deixar que os próprios indivíduos façam aquilo que, razoavelmente, se pode esperar que sejam capazes de fazer, mas, quando há que ajudá-los em vez de os deixar entregues a si mesmos, surge a questão de saber se é melhor que obtenham a ajuda exclusivamente através de indivíduos (e, portanto, de uma forma incerta e casual) ou através de procedimentos sistemáticos nos quais a sociedade atua mediante o seu órgão, o Estado.

Isto leva-nos ao assunto das Leis dos Pobres([19]) — um assunto que teria pouquíssima importância se as pessoas de todas as classes tivessem hábitos de temperança e prudência, e se a propriedade estivesse satisfatoriamente dispersa, mas que tem a maior importância numa situação que, em ambos aspetos, diverge tanto dessa como aquela que se verifica atualmente nas ilhas britânicas.

Independentemente de considerações metafísicas a respeito do fundamento da moral ou da união social, admitir-se-á que é correto os seres humanos entreajudarem-se

---

([19]) As Leis dos Pobres, ou Poor Laws, existiram em Inglaterra, de diversas formas, do século XVI a 1948, consistindo em medidas estatais de apoio aos mais desfavorecidos.

— e isso em proporção à urgência da necessidade. Ora, ninguém precisa de ajuda tão urgente como aquele que está a passar fome. A exigência de ajuda por causa da pobreza é, portanto, uma das mais fortes que pode existir; e, *prima facie*, há uma razão das mais fortes para fazer com que o alívio de uma necessidade tão extrema seja, para os necessitados, tão certo quanto as estruturas sociais o permitam.

Por outro lado, há dois conjuntos de consequências a considerar em todos os casos de ajuda: as consequências da própria ajuda e as consequências de contar com ajuda. As primeiras geralmente são benéficas, mas as segundas, na sua maior parte, são prejudiciais — são-no de tal forma que, em muitos casos, suplantam esmagadoramente o valor do benefício. E é precisamente nos casos em que a necessidade de ajuda é mais intensa que se torna mais provável que isso aconteça.

No que respeita ao auxílio habitual dos outros, poucas coisas são mais nocivas do que contar com os meios de subsistência — e, infelizmente, as pessoas aprendem mais facilmente a contar com isso do que com qualquer outra coisa. Portanto, o problema a resolver — como prestar a maior ajuda indispensável, incentivando o menos possível uma dependência indevida dessa ajuda — é uma questão particularmente difícil, além de importante.

Contudo, a energia e a independência podem enfraquecer tanto pelo excesso como pela ausência de ajuda. Não ter esperança de ser bem-sucedido é ainda mais letal para o esforço do que ter a garantia de ser bem-sucedido sem esforço. Quando alguém se encontra numa situação de tal modo desastrosa que o desânimo lhe paralisa a energia, o auxílio é um tónico, e não um sedativo; revigora as faculdades ativas em vez de as amolecer — isto desde que o auxílio, substituindo o trabalho, o engenho e a prudência do indivíduo, não dispense o indivíduo de se ajudar a si mesmo e se limite a dar-lhe mais esperanças de alcançar o sucesso através desses meios legítimos. Temos aqui, portanto, um teste a aplicar a todos os planos de filantropia e benevolência, independentemente de estes serem conduzidos segundo o princípio voluntário ou segundo o princípio governamental.

Uma máxima ou doutrina geral para esta questão, na medida em que ela admite algo desse género, parece ser a seguinte: se o auxílio for dado de um modo que faz a pessoa ajudada ficar numa condição tão desejável como a de quem consegue fazer o mesmo sem auxílio, o auxílio, se puder ser previamente ponderado, será pernicioso; mas se o auxílio, estando acessível a todos, não impedir que todos tenham um forte motivo para o dispensar, se puderem fazê-lo, então será sobretudo benéfico. Este princípio, aplicado a um sistema de caridade pública, é o da Lei dos Pobres de 1834. Se a situação de uma pessoa que receba a ajuda se tornar tão vantajosa como a do trabalhador que se sustenta com o seu próprio esforço, o sistema atingirá a própria raiz de toda a autonomia e diligência do indivíduo; e, se este fosse plenamente implementado, seria necessário complementá-lo com um sistema de compulsão organizado que governasse, e pusesse a trabalhar como gado, aqueles que ficassem privados da influência dos motivos que atuam nos seres humanos. Mas se, de uma forma consistente com a proteção de todas as pessoas contra a carência absoluta, se puder manter a situação dos que são apoiados pela caridade pública consideravelmente menos desejável do que a situação daqueles que se sustentam a si mesmos, só poderão resultar consequências benéficas de uma lei que torne impossível uma pessoa morrer por falta de comida, exceto por sua vontade. Que, pelo menos em Inglaterra, esta suposição pode realizar-se, demonstra-o a experiência de um longo período que precedeu o fim do século passado, bem como, em tempos mais recentes, o caso das numerosas regiões extremamente empobrecidas, que saíram dessa condição mediante a adoção de regras estritas de administração das leis de apoio aos pobres, o que resultou num grande benefício permanente para toda a classe trabalhadora. Provavelmente, não há um único país em que, ajustando os meios ao carácter do povo, não se possa compatibilizar um apoio público aos pobres com a observância das condições necessárias para este ser inócuo.

Dentro dessas condições, considero extremamente desejável que a lei assegure subsistência certa aos pobres capazes de trabalhar em vez de se fazer esse auxílio depender da caridade voluntária. Em primeiro lugar, a caridade é quase sempre excessiva ou insuficiente: desperdiça a generosidade num lugar e noutro deixa as pessoas passarem fome. Em segundo lugar, dado que o Estado não pode deixar de garantir a subsistência dos pobres criminosos enquanto eles são punidos, não fazer o mesmo pelos pobres que cumprem a lei será premiar o crime. Por fim, se os pobres ficarem dependentes da caridade individual, haverá inevitavelmente muita mendicidade. Aquilo que o Estado pode e deve confiar à caridade privada é a tarefa de distinguir os diversos casos de verdadeira necessidade. A caridade privada pode dar mais aos que mais merecem. O Estado tem de atuar segundo regras gerais. Não pode discriminar os pobres que mais merecem dos que menos merecem. Não deve mais do que a subsistência aos primeiros e não pode dar menos do que isso aos segundos. Aquilo que se diz sobre a injustiça de uma lei que não trata melhor os pobres meramente infortunados do que aqueles que agiram mal resulta de uma incompreensão da província da lei e da autoridade pública. Aos que dispensam apoio público não cabe serem inquisidores. Os tutores e os supervisores não devem poder dar ou conservar o dinheiro de outra pessoa segundo o seu veredito acerca da moralidade de quem o solicita; e supor que essas pessoas, mesmo que qualificadas (o que é quase impossível), se dariam ao trabalho de averiguar e analisar a conduta passada de uma pessoa em aflição, para assim formarem um juízo racional a seu respeito, revela muita ignorância da maneira de ser dos seres humanos. A caridade privada pode fazer essas distinções — e, ao atribuir o seu dinheiro, está autorizada a fazê-lo segundo o seu próprio juízo. Deve entender que esta é a sua área peculiar e apropriada, e que a sua atuação será recomendável ou o oposto na medida em que exerça a sua função com maior ou menor discernimento. Aos administradores de um fundo público, no entanto, não se deve exigir que façam por alguém mais do que o mínimo que é devido até aos piores. Se o fizerem, a indulgência tornar-se-á a norma muito rapidamente, e a recusa será a exceção mais ou menos caprichosa ou tirânica.

§14.

Outros casos que estão dentro do mesmo princípio geral que a caridade pública são aqueles em que os atos dos indivíduos, embora visem somente o seu próprio bem, têm consequências que o ultrapassam indefinidamente, e que respeitam a interesses da nação ou da posteridade aos quais só a sociedade, coletivamente, pode e deve atender. Um destes casos é a colonização. Como ninguém negará, é desejável que se empreenda a criação de colónias atendendo não apenas aos interesses privados dos seus primeiros fundadores, mas também, deliberadamente, ao bem-estar permanente das nações que depois surgirão desse modesto começo. Só se poderá assegurar isto submetendo o empreendimento, desde o início, a regras concebidas com as perspetivas amplas e prescientes de legisladores filosóficos — e só o governo tem poder para conceber ou fazer aplicar essas regras.

A questão da intervenção governamental no processo de colonização abrange os interesses futuros e permanentes da própria civilização, além de ultrapassar muito os limites comparativamente estreitos das considerações puramente económicas. Mesmo atendendo apenas a essas considerações, a verdade é que um dos processos de eminente utilidade social — que exige no maior grau a intervenção governamental e a recompensa da melhor forma — é a deslocação da população de partes sobrepovoadas para partes desocupadas da superfície terrestre.

Para avaliar os benefícios da colonização, importa considerá-la na sua relação não com apenas um país, mas com os interesses económicos coletivos da raça humana. De um modo geral, examina-se demasiado a questão como se esta fosse exclusivamente de distribuição, ou seja, de aliviar um mercado de trabalho para fornecer outro. A questão passa por aí, mas respeita também à produção e ao emprego mais eficiente dos recursos produtivos do mundo. Já se disse muito acerca da boa economia que se faz ao importar mercadorias de onde estas possam ser compradas ao preço mais baixo, mas pensou-se comparativamente pouco na boa economia que se faz ao produzi-las onde estas possam ser produzidas ao custo mais baixo. Se transportar bens consumíveis de lugares onde estes são superabundantes para lugares onde estes escasseiam é uma boa especulação pecuniária, não será uma especulação igualmente boa fazer o mesmo a respeito do trabalho e dos instrumentos? A exportação de trabalhadores e de capital de velhas para novas regiões, de um lugar onde o seu poder produtivo é menor para um lugar onde este é maior, aumenta na mesma medida a produção agregada do trabalho e do capital do mundo. Esta transferência acrescenta à riqueza conjunta da velha e da nova região algo que, em pouco tempo, equivale a muitas vezes o mero custo de a efetuar. Não temos de hesitar na afirmação de que a colonização, no presente estado do mundo, é a melhor situação económica para o capital de uma região rica e antiga.

É igualmente óbvio, porém, que a colonização a uma grande escala pode ser empreendida, enquanto atividade económica, apenas pelo governo ou por um conjunto de indivíduos em completo entendimento com o governo — isto exceto em circunstâncias muito peculiares, como as que se seguiram à fome irlandesa. A emigração segundo o princípio voluntário raramente tem uma influência significativa no alívio da pressão populacional na velha região, embora, na medida em que se verifique, seja seguramente um benefício para a colónia. Os trabalhadores que emigram voluntariamente não costumam ser muito pobres; são pequenos agricultores com um pouco de capital, ou trabalhadores que pouparam alguma coisa, e que, ao retirarem apenas o seu próprio trabalho do mercado laboral saturado, retiram do capital do país um fundo que sustentava e empregava mais trabalhadores do que eles mesmos. Além disso, este segmento da comunidade é de tal modo reduzido que poderia ser completamente removido sem que isso afetasse percetivelmente a dimensão da população, ou mesmo o seu crescimento anual. Uma emigração considerável de mão de obra só é praticável quando o seu custo é suportado, pelo menos a título de empréstimo, por outros que não os próprios emigrantes. Quem, então, suportará o custo? Naturalmente, poder-se-á dizer, os capitalistas da colónia, que precisam dos trabalhadores e tencionam empregá-los. Mas há aqui um obstáculo: um capitalista, depois de suportar a despesa de transportar os trabalhadores, não tem a garantia de que será ele a pessoa que obterá um benefício deles. Se todos os capitalistas da colónia se concertassem, e suportassem a despesa através de uma subscrição, ainda assim não teriam a garantia de que os trabalhadores, chegados ao seu destino, continuariam a trabalhar para eles. Depois de trabalharem durante um breve período e de ganharam algumas libras, poderiam sempre, se o governo não os impedisse de fazer isso, instalar-se em terra desocupada e trabalhar apenas para si mesmos. Fizeram-se repetidamente experiências no sentido de averiguar a possibilidade de fazer respeitar contratos laborais, ou de cobrar aos emigrantes o empréstimo do dinheiro da sua passagem, e descobriu-se que o trabalho e os custos excediam sempre os benefícios. O único recurso adicional consiste nas contribuições voluntárias de paróquias ou de indivíduos, que assim se livrariam dos trabalhadores em excesso que já são (ou que, provavelmente, acabarão por ser) sustentados pela taxa destinada aos pobres. Se este procedimento se generalizasse, poderia produzir emigração suficiente para acabar com a população desempregada existente, mas não para fazer subir os salários — e seria preciso repeti-lo num período inferior ao de uma geração.

Uma das razões principais pelas quais a colonização deve ser um empreendimento nacional é que só dessa forma, excluídos casos extremamente excecionais, a emigração poderá sustentar-se. Como se observou, sendo a exportação de capital e trabalho uma das situações económicas mais vantajosas para uma nova região, seria absurdo que esta, ao invés dos outros negócios, não compensasse os seus custos. Não pode haver nenhuma razão para que, do grande acréscimo que esta traz à produção mundial, não se retenha uma parcela suficiente e se a use para compensar os seus custos. Por razões já apresentadas, nenhum indivíduo ou conjunto de indivíduos pode compensar os custos; todavia, o governo pode. Este pode tirar, do aumento anual de riqueza causado pela emigração, a fração que baste para compensar com juros aquilo que a emigração custou. As despesas da emigração para uma colónia devem ser suportadas pela colónia — e isto, de um modo geral, só é possível quando estas são suportadas pelo governo colonial.

Dos modos de criar um fundo, na colónia, que apoie a colonização, nenhum é tão vantajoso como aquele que foi proposto pela primeira vez pelo Sr. Wakefield, que o defendeu com muita inteligência e perseverança: o plano de atribuir um preço a todas as terras desocupadas e de aplicar os lucros na emigração. Numa parte anterior deste capítulo, já se respondeu às objeções infundadas e pedantes a este plano; temos de considerar agora as suas vantagens. Em primeiro lugar, evita as dificuldades e o descontentamento próprios da obtenção de uma grande quantia anual através de impostos — é quase inútil tentar seguir essa via numa população de colonos dispersa por regiões selvagens, os quais, como prova a experiência, dificilmente poderão ser compelidos a pagar impostos diretos, exceto a um custo que exceda o seu valor; além disso, numa comunidade muito recente a tributação indireta atinge depressa o seu limite. A venda de terras é assim, de longe, o modo mais fácil de obter os fundos necessários — e tem outras vantagens ainda maiores. Refreia beneficamente a tendência de uma população de colonos para adotar os gostos e as inclinações da vida selvagem, e para se dispersar ao ponto de perder todas as vantagens do comércio, dos mercados, da separação de empregos e da associação de trabalho. Ao obrigar aqueles que emigram com o apoio do fundo a ganharem uma quantia considerável antes de poderem tornar-se proprietários de terras, assegura uma sucessão perpétua de trabalhadores disponíveis para ser contratados, os quais, em todas as regiões, constituem um auxílio muitíssimo importante até para os lavradores que são proprietários. Além disso, ao diminuir a ânsia dos negociantes agrícolas por expandirem os seus domínios, mantém os colonizadores ao alcance uns dos outros para fins de cooperação, mantém um número considerável deles a uma curta distância de cada centro de comércio internacional e de indústria não-agrícola, e assegura a formação e a rápida expansão de cidades e produtos citadinos. Esta concentração, comparada com a dispersão que ocorre uniformemente quando se pode obter as terras desocupadas a troco de nada, acelera muito a realização da prosperidade e aumenta os fundos que podem ser usados para prosseguir a emigração. Antes da adoção do sistema de Wakefield, os primeiros anos de todas as novas colónias foram dominados por provações e dificuldades, sendo a última colónia baseada no velho princípio, a de Swan River, um dos exemplos mais característicos. Em toda a colonização subsequente, seguiu-se o princípio de Wakefield, embora imperfeitamente: apenas uma parte dos lucros da venda das terras era aplicada na emigração. Ainda assim, onde se introduziu de alguma forma este princípio (como na Austrália Meridional, em Vitória e na Nova Zelândia), a limitação à dispersão dos colonos e o influxo de capital, causado pela garantia de haver trabalhadores para contratar, produziram, apesar de muitas dificuldades e erros de gestão, uma prosperidade tão súbita e rápida que parecia mais fantasia do que realidade. (*)

Depois de instituído, o sistema de colonização que se sustente a si mesmo tornar-se-á mais eficaz ano após ano. O seu efeito tenderá a aumentar em progressão geométrica: até a região ficar plenamente povoada, cada emigrante capaz de trabalhar acrescentará muito rapidamente riqueza que excederá o seu próprio consumo ao ponto de esta ser suficiente para pagar a despesa de trazer outro emigrante, do que se segue que, quanto maior for o número dos que já emigraram, maior será o número dos que poderão emigrar; cada emigrante criará as condições para uma sucessão de emigrantes, em intervalos curtos e sem despesa acrescida, até a colónia ficar lotada. Por esta razão, valeria a pena a metrópole acelerar as fases iniciais desta progressão através de empréstimos às colónias destinados à emigração, que seriam pagos com os lucros das vendas de terras. Ao proporcionar os meios para uma ampla emigração imediata, estaria a investir

(*) As objeções ao sistema de Wakefield que, com tanta virulência, se avançaram em algumas destas colónias incidem, na medida em que são válidas, não no próprio princípio, mas em algumas medidas que não fazem parte do sistema e que lhe foram enxertadas desnecessária e impropriamente. Por exemplo, põe-se apenas uma quantidade limitada de terra à venda, e isso por leilão, em lotes não inferiores a 640 acres, em vez de, a um preço fixo, se vender toda a terra que tenha procura e de se dar ao comprador uma liberdade de escolha ilimitada no que respeita tanto à quantidade como à localização.

essa quantidade de capital do modo mais benéfico para a colónia; e o trabalho e as poupanças desses emigrantes fariam chegar mais depressa a altura em que, graças às vendas de terras, uma grande quantia ficasse disponível. Para não saturar o mercado de trabalho, seria necessário agir em concertação com as pessoas inclinadas a tirar o seu próprio capital da colónia. Saber-se que uma grande quantidade de trabalho contratado estaria disponível numa área laboral tão lucrativa garantiria uma grande emigração de capital de um país, como Inglaterra, de lucros baixos e acumulação rápida. E só seria necessário não deslocar para a colónia, ao mesmo tempo, uma quantidade de trabalhadores maior do que aquela que esse capital pudesse absorver e empregar com salários altos.

Na medida em que, neste sistema, qualquer despesa determinada, depois de realizada, garantiria não só uma vaga de emigração, mas um fluxo perpétuo de emigrantes que estaria a aumentar constantemente em largura e profundidade, este modo de mitigar o excesso de população tem a vantagem, que não se encontra em nenhum outro plano proposto, de enfrentar as consequências do crescimento populacional sem limitar o próprio crescimento. Há nele um elemento de indefinição; ninguém é capaz de antever perfeitamente até onde poderá chegar a sua influência no escoamento da população em excesso. O governo de um país como o nosso, com uma população excessiva e continentes desocupados sob o seu domínio, tem, portanto, a mais forte obrigação de construir e de manter aberta, num entendimento com os governos coloniais, uma ponte da metrópole para esses continentes. Deverá estabelecer, a essa escala, um sistema de colonização que se sustente a si mesmo, para que, em todas as alturas, possa decorrer uma emigração para as colónias com toda a magnitude que estas possam acomodar, sem custos para os próprios emigrantes.

No que respeita às ilhas britânicas, a importância destas considerações diminuiu consideravelmente nos últimos tempos devido à emigração espontânea e sem paralelo na Irlanda — uma emigração que é não só de pequenos agricultores, mas também da classe mais pobre de trabalhadores agrícolas, e que é voluntária ao mesmo tempo que se sustenta a si mesma, dado que a sucessão de emigrantes se nutre de fundos decorrentes dos ganhos dos seus familiares e amigos que partiram antes. A isto juntou-se a vasta emigração voluntária para os lugares onde se descobriu ouro. Esta supriu parte das necessidades das nossas colónias mais distantes, que era onde, tanto pelos interesses locais como pelos nacionais, fazia mais falta. Contudo, a corrente destas emigrações já abrandou consideravelmente e, embora a irlandesa já se tenha reavivado em parte, não é certo que o auxílio do governo de uma forma sistemática, e segundo o princípio da autossustentação, não volte a ser necessário para manter aberta a comunicação entre as mãos que, em Inglaterra, precisam de trabalho e o trabalho que, noutros lugares, precisa de mãos.

§15.

O princípio que aponta a colonização e o apoio aos pobres como casos imunes à objeção principal à interferência governamental estende-se a casos diversificados em que, havendo serviços públicos importantes a prestar, não há nenhum indivíduo especialmente interessado em prestá-los e nenhuma remuneração adequada seria dada natural e espontaneamente a quem os prestasse. Consideremos, por exemplo, uma viagem de exploração geográfica ou científica. Embora a informação procurada possa ter um grande valor público, nenhum indivíduo obteria dela um benefício que compensasse a despesa de financiar a expedição — e não haveria forma de intercetar o benefício no seu percurso até aqueles que lucram com ele, criando-se uma taxa que remunerasse os seus autores. Essas viagens são, ou podem ser, financiadas por contributos privados, mas este é um meio raro e precário. São mais frequentes os casos em que a despesa é suportada por companhias públicas ou por associações filantrópicas. Contudo, de um modo geral, essas iniciativas foram financiadas pelo governo, que assim as pôde confiar às pessoas que, de acordo com o seu juízo, eram as mais qualificadas para a tarefa. Outra competência apropriada do governo é a construção e manutenção de faróis, a instalação de boias, etc., para segurança da navegação. Pois, sendo impossível levar os navios que estão no mar e beneficiam de um farol a pagar uma taxa aquando do seu uso, ninguém construiria faróis por interesse pessoal, a não ser que fosse recompensado através de uma taxa obrigatória criada pelo Estado. Existem muitas investigações científicas de grande valor para uma nação e para a humanidade que exigem um emprego assíduo de tempo e de trabalho, e não raras vezes grandes despesas, a pessoas que podem ganhar mais com os seus serviços de outras formas. Se o governo não tivesse o poder de suportar essas despesas, e de dar remunerações pelo tempo e pelo trabalho empregados dessa forma, essas investigações só poderiam ser empreendidas pelas pouquíssimas pessoas que, tendo uma fortuna independente, unissem, além de conhecimento técnico e de hábitos de trabalho, ou um grande espírito público ou um desejo ardente de fama científica.

Em conexão com este assunto, temos a questão de assegurar, através de dotações ou salários, a manutenção de uma classe muito instruída, como se lhe chamou. Cultivar o conhecimento teórico, embora seja um dos empregos mais úteis, consiste num serviço que se presta à comunidade não individual, mas coletivamente. Assim sendo, é razoável *prima facie* que a comunidade o pague coletivamente, visto que esse serviço não dá a nenhum indivíduo o direito a uma remuneração pecuniária e que, se não houver um fundo público para pagar esses serviços, não só não se incentiva a sua prestação como se a desincentiva, na medida em que seja impossível ganhar a vida com essas atividades e, consequentemente, se imponha à maioria daqueles que seriam capazes de os prestar a necessidade de empregar a maior parte do seu tempo em obter uma subsistência. O mal, no entanto, é mais aparente do que real. Como se tem dito, as coisas mais grandiosas geralmente foram feitas por aqueles que tinham menos tempo ao seu dispor; e constatou-se com frequência que a ocupação de algumas horas diárias num emprego banal era compatível com os feitos mais brilhantes na literatura e na filosofia. Ainda assim, há investigações e experiências que exigem uma dedicação de tempo e atenção que seja contínua, e não meramente grande; há também ocupações que absorvem e fatigam as faculdades mentais ao ponto de serem inconsistentes com o seu emprego noutros assuntos, mesmo nos intervalos de tempo livre. É extremamente desejável, portanto, que haja um modo de assegurar à população os serviços dos cientistas, e talvez de outras espécies de sábios, proporcionando-lhes meios de subsistência que lhes permitam dedicar uma parte suficiente do seu tempo às suas atividades peculiares. As bolsas das universidades são uma prática excelentemente adaptada a esse fim. Contudo, não é frequente que o sirvam, já que são atribuídas, na melhor das hipóteses, como recompensa pelo desempenho passado, perpetuando a memória do que outros fizeram, e não como salário para trabalhos futuros de progresso do conhecimento. Em alguns países, fundaram-se academias de ciências, de estudos clássicos, de história, etc., com emolumentos associados. O plano mais eficaz, e ao mesmo tempo mais vulnerável a abusos, parece ser o de atribuir postos de professor que incluam deveres de ensino. Pelo menos nas áreas avançadas, a ocupação de ensinar um ramo do conhecimento promove, em vez de dificultar, uma cultura sistemática do próprio assunto. Os deveres de um posto desse género deixam quase sempre muito tempo livre para investigações originais; e, de Platão e Aristóteles aos grandes nomes das universidades escocesas, francesas e alemãs, os maiores progressos nas diversas ciências físicas e morais partiram daqueles que as ensinaram publicamente. Não menciono as universidades inglesas porque, como se sabe, até muito recentemente os seus postos de professor eram pouco mais do que nominais. No caso de um lente de uma grande instituição educativa, o público em geral tem forma de julgar, se não a qualidade do ensino, pelo menos os talentos e o empenho do professor; e é muito mais difícil empregar mal o poder de nomear alguém para essa posição do que o de atribuir pensões e salários a pessoas que não enfrentam tão diretamente o olhar do público.

De um modo geral, podemos dizer que tudo aquilo cuja realização seja desejável em função dos interesses gerais da humanidade ou das gerações vindouras, ou dos presentes interesses daqueles membros da comunidade que precisam de auxílio externo, mas que, pela sua natureza, não remunere indivíduos ou associações que o façam, é em si mesmo algo apropriado para a ação do governo. Todavia, antes de empreenderem esse trabalho, os governos devem sempre considerar se há uma probabilidade racional de este ser feito segundo o chamado princípio voluntário e, em caso afirmativo, se é provável que este seja feito de uma maneira melhor ou mais eficaz pela ação do governo do que pelo zelo e liberalidade de indivíduos.

§16.

Os casos precedentes abrangem, tanto quanto consigo ver, todas as exceções à máxima prática de que a ação privada e voluntária pode lidar melhor com as questões sociais. No entanto, importa acrescentar que a intervenção do governo, na prática, nem sempre pode parar no limite que define os casos que lhe são intrinsecamente apropriados. Nas circunstâncias específicas de uma determinada época ou nação, dificilmente haverá algo com verdadeira importância para o interesse geral que não seja desejável, ou mesmo necessário, o governo fazer — não porque os indivíduos privados não possam fazê-lo, mas porque não o farão. Em algumas épocas e lugares, não existirão estradas, estaleiros, portos, canais, obras de irrigação, hospitais, escolas, universidades, imprensas, a não ser que o governo as crie; a população será demasiado pobre para reunir os recursos necessários, pouco avançada em inteligência para apreciar os fins ou insuficientemente experiente na ação conjunta para adotar os meios. Isto aplica-se, em maior ou menor grau, a todos os países acostumados ao despotismo, especialmente àqueles em que há uma grande distância em civilização entre a população e o governo, o que se verifica naqueles que foram conquistados e continuam submetidos a um povo mais enérgico e culto. Em muitas partes do mundo, a população não pode fazer nada para si mesma que exija grandes meios e ação conjunta: todas essas coisas ficarão por fazer, a não ser que sejam feitas pelo Estado. Nestes casos, o modo como o governo pode mostrar, da forma mais segura, que é sincero ao ter em vista o maior bem dos seus súbditos consiste em fazer as coisas que tem de fazer por incapacidade da população de uma forma que contribua para corrigir essa incapacidade, e não para a aumentar e perpetuar. Um bom governo prestará todo o seu auxílio de modo a incentivar e alimentar todos os rudimentos de um espírito de esforço individual que consiga encontrar. Será assíduo na remoção de obstáculos e desincentivos à iniciativa voluntária e, sempre que isso possa ser necessário, dará todas as facilidades, instruções e orientações. Os seus meios pecuniários serão aplicados, sempre que isso seja exequível, no auxílio aos esforços privados, e não na sua suplantação, e fará atuar todos os seus mecanismos de recompensas e honras na promoção desses esforços. O auxílio governamental, quando é dado devido à ausência de iniciativa privada, deve ser dado de modo a constituir, tanto quanto possível, uma forma de educar a população na arte de concretizar grandes objetivos através da energia individual e da cooperação voluntária.

Não me pareceu necessário insistir aqui naquela parte das funções do governo que todos admitem serem indispensáveis: a função de proibir e punir a conduta individual, resultante do exercício da liberdade, que é claramente prejudicial para outras pessoas, seja o caso de um exemplo de força, de fraude, ou de negligência. É lamentável pensar como, mesmo no melhor estado que a sociedade alcançou, uma proporção tão grande de todos os esforços e talentos do mundo são utilizados na sua mera neutralização mútua. Cabe apropriadamente ao governo reduzir este miserável desperdício tanto quanto possível, tomando medidas que façam a energia que os seres humanos despendem agora a prejudicarem-se, ou a protegerem-se de prejuízos, deslocar-se para a utilização legítima das faculdades humanas, que é a de forçar os poderes da natureza a servirem cada vez mais o bem físico e moral.

Centralização

Estas obras exprimem as opiniões de dois autores competentes e talentosos, baseadas em pontos de vista opostos, sobre a questão política da nossa época que apresenta os indícios mais fortes de estar destinada a permanecer uma questão para as gerações vindouras: a centralização, ou, por outras palavras, os limites que separam a esfera do governo da esfera da ação individual e espontânea, ou a esfera do governo central da do governo local. Esta questão tem uma tendência constante para se tornar mais importante, o que acontece devido ao crescimento perpétuo da ação coletiva dos seres humanos, bem como ao progresso na resolução de questões que a precedem na ordem natural da discussão. É provável que o problema mais ruidoso e excitante das formas de governo, que durante muitas épocas esteve na dianteira da controvérsia política, fique resolvido muito mais cedo com todas as suas dificuldades, pelo menos teoricamente — isto por ser um problema mais simples em si mesmo e por admitir, em qualquer país determinado, uma resposta mais definida. Pelo contrário, a resposta à questão da relação entre a ação governamental ou central e a privada ou local varia constantemente; depende não de um único princípio, mas de um compromisso entre princípios, cujos elementos não são exatamente iguais em duas aplicações. O grau em que pode ser justo e conveniente a autoridade política interferir — para controlar os indivíduos e as associações voluntárias, para fazer o seu trabalho por eles, para os orientar e apoiar, ou para incentivar e promover a sua ação — depende não só das necessidades do país e da época e das capacidades do povo, mas também dos requisitos específicos do género de trabalho a realizar.

Na verdade, o governo mais despótico tem de deixar que a grande maioria das atividades sociais sejam realizadas pelos indivíduos aos quais estas respeitem diretamente; ao mesmo tempo, nos países mais livres há muitas coisas que são e têm de ser feitas pelo governo, pois é indispensável que sejam feitas e impossível que os indivíduos as façam. Entre estes limites, todavia, há uma vasta área discutível, onde a questão é apenas de grau e depende de uma comparação de vantagens — e são tão grandes as vantagens de cada um dos modos de proceder, onde as circunstâncias e os hábitos os fizeram produzir ação vigorosa e bem dirigida, que podemos encontrar, nesta questão, argumentos inesgotáveis em defesa de cada um dos campos. Infelizmente, a questão depende não dos méritos da ação individual ou governamental no seu melhor, mas das limitações ou imperfeições de ambas na sua condição média; os argumentos mais fortes de cada campo decorrem, de longe, não da excelência da espécie de ação defendida, mas das fraquezas da sua rival.

Entre os pensadores ingleses, ninguém poderá duvidar de que em todos os grandes países civilizados do mundo, com a exceção de Inglaterra e dos Estados Unidos, o elemento central e governamental é excessivo — e isso num grau prodigioso. Mesmo os pensadores principais do outro lado do canal têm poucas dúvidas a este respeito. Os ingleses estão acostumados a pensar que as nações do continente — sobressaindo França, por ser a mais avançada em todos os outros aspetos — têm permanecido num estado de infância política em virtude do peso excessivo do governo; que a concentração de todo o rumo dos assuntos nacionais numa burocracia foi mais esmagadora nos seus efeitos no carácter e nas capacidades da nação do que a própria tirania, sendo ela o instrumento principal da instituição e conservação da tirania; que o governo, fazendo, através do seus agentes, tudo aquilo que possa ocorrer-lhe — regulamentando pormenorizadamente tudo o que permita que se faça, e exigindo, em todos os casos que impliquem a menor ação coletiva, o seu assentimento prévio, obtido formalmente, para o que há a fazer e também para todos os elementos dos meios propostos para fazê-lo — fez definhar não só a capacidade política da população, mas também, em grande medida, toda a sua capacidade prática e até a sua atividade intelectual e as suas aspirações morais em todos os campos da ação mental, excluindo a teoria pura. Esta opinião, há muito generalizada em Inglaterra, tornou-se agora (descontando algum exagero) a opinião de França ou, pelo menos, da grande maioria dos pensadores franceses que provavelmente, a longo prazo, formarão e orientarão o sentimento nacional.

Em França, a reação ao governamentalismo e ao centralismo, em defesa da ação individual e local, atualmente é intensa. Houve uma tendência nesta direção, quando a corrente geral da opinião se dirigia sobretudo para o lado oposto. Nos primeiros anos da Restauração, os melhores liberais e os líderes dos ultrarrealistas aliaram-se durante algum tempo na exigência de poderes locais e de uma limitação dos poderes do governo. Como diz, corretamente, o Sr. Odilon-Barrot (p. 12), homens de opiniões opostas como de Villèle, de Corbière, Benjamin Constant, Fiévée, Chateaubriand e Royer-Collard são unânimes neste aspeto. Infelizmente, o movimento afrouxou quando os dois grandes partidos, na altura igualmente em oposição à política do *juste milieu* de Luís XVIII, acalentaram a esperança de ter nas próprias mãos os poderes que tinham desejado limitar. Geralmente, diz-se que o movimento renovado e mais sério nesta direção benéfica começou com a publicação da grande obra do Sr. de Tocqueville. Mais do que qualquer outra pessoa, este pensador eminente, cuja sorte é profundamente lamentável, assumiu a liderança da nova tendência da opinião. Esta foi promovida através dos escritos e dos esforços desse valioso grupo de homens, os economistas políticos de França, que, dos autores que escreviam sobre assuntos políticos e sociais, foram quase os únicos capazes de prosseguir a difusão das suas ideias sem reservas durante os primeiros anos do presente governo francês. O seu triunfo na questão comparativamente limitada do comércio livre deu às suas opiniões uma importância que estas há muito mereciam, mas que até então não tinham granjeado. A espontaneidade e a ação desimpedida tanto do individuo como das associações voluntárias são, como todos sabem, a vida da moderna economia política. Qualquer intervenção evitável do governo nos assuntos sociais repugna mais às opiniões e ideias associadas dos economistas políticos do que às de quaisquer outras pessoas. Por isso, alguns economistas políticos franceses (homens de grandes talentos e virtudes, como o Sr. Dunoyer) levaram a teoria da não-intervenção a um ponto que mesmo em Inglaterra seria considerado excessivo. Não admitem um serviço postal, estradas estatais, auxílio público aos pobres ou apoios à educação. Confiam unicamente no princípio voluntário para a satisfação de necessidades a respeito das quais — mesmo nos países onde há maior iniciativa individual, espírito público e capacidade de cooperação voluntária — se descobriu ou considerou ser preciso ficarem a cargo do governo.

Todavia, na produção da mudança que hoje se manifesta na opinião francesa, os acontecimentos políticos influíram muito mais do que quaisquer escritos. Se alguma coisa pudesse aliviar a dolorosa mágoa com que vejo o governo despótico de Napoleão III, seria o modo como esse despotismo está a purgar a visão e a amadurecer o discernimento político do espírito francês. Um pequeno número de anos realizou o trabalho de gerações inteiras ao fazer os principais representantes do intelecto francês compreenderem o que há no sistema social e nos hábitos nacionais do seu país que tornou possível que, no sexagésimo segundo ano da sua luta pela liberdade, se recuasse, por um período indeterminado, para uma servidão política que não é menos completa do que aquela que existia no começo. Desde então, tornou-se um tema habitual dos principais líderes de opinião franceses afirmar que a liberdade é mais preciosa do que a igualdade; que a igualdade na escravatura torna a escravatura ainda mais servil; que um povo não é nem pode ser livre se não aprender a ousar e a ser capaz de tratar dos seus interesses, e isto não espasmodicamente, em intervalos de uma geração, trocando um conjunto de amos por outro, mas na prática da vida diária; que um governo que possa intrometer-se em tudo, por muito livre que seja na aparência formal, será sempre pouco diferente de um despotismo, e que uma ordem dada a um grupo de militares poderá, em qualquer altura, transformá-lo num despotismo declarado; e que um carácter nacional capaz de conservar o controlo da nação sobre as grandes questões do Estado não é consistente com o hábito de pedir autorização e orientação aos governantes, em cada passo, nas questões menores da vida. Esta doutrina é agora seriamente ensinada por quase todos os autores franceses que conservaram ou conquistaram reputação enquanto pensadores políticos durante a década que decorreu desde o *coup d'état.* A grande revista que inclui entre os seus colaboradores, habituais ou ocasionais, quase todos pensadores de primeira categoria de França, e que, pela constante quantidade e qualidade do seu conteúdo (um volume igual ao de uma revista inglesa em cada quinzena), tem o estatuto de órgão mais importante do intelecto francês, está totalmente impregnada de princípios anti-centralistas. Não satisfeitos com isto, os espíritos mais ardentes e enérgicos resolveram ter uma revista em que o anticentralismo e o princípio da liberdade individual fossem o traço principal e estruturante, e fundaram, em novembro de 1860, a *Revue Nationale* — uma publicação que, no seu carácter geral, só é inferior à *Revue des Deux Mondes* e que não lhe fica atrás no mérito dos seus artigos principais e na sua abordagem às grandes questões políticas e sociais.(*) Nenhum leitor destas revistas poderá

(*) Parece injusto recomendar autores em particular quando o nível geral é tão alto. Ainda assim, permito-me nomear dois colaboradores que, ainda mais que os outros, deram já a esta revista o tom e o carácter que a distinguem: o Sr. Edouard Laboulaye (que, entre as celebridades em ascensão em França, é quem mais se encontra peculiarmente identificado com a filosofia da liberdade individual)

enganar-se por um momento quanto à direção ou à intensidade do presente movimento da opinião pública francesa. Aqueles que ainda aderem ao estandarte da centralização — «a conquista mais esplêndida da nossa Revolução», como aos autores da escola do Sr. Thier apraz chamar — estão tão cientes como os outros de que a maré não lhes é favorável. «Estamos saturados de governo» — foi a expressão usada, numa ocasião posterior, por um dos membros mais inteligentes e esclarecidos desta escola. «Só uma convicção muito forte», acrescentou, «me permite escrever como escrevo», nomeadamente em defesa da centralização e da interferência estatal.

A obra do Sr. Odilon-Barrot da qual copiei o título é uma das manifestações da nova tendência.([20]) Integra-se numa série de publicações que, com o título *Études Contemporaines*, foi iniciada por um grupo de defensores da liberdade conhecidos e distintos. Duas delas — *Lettre au Sénat*, do Sr. de Haussonville, e a intitulada *Les Ancients Partis*, pela qual o Sr. Prévost-Paradol foi condenado a uma pena de multa e prisão — atraíram alguma atenção dos autores e leitores de jornais em Inglaterra, por incidirem em questões do momento. O livro do Sr. Odilon-Barrot é pequeno e tem uma intenção mais popular do que filosófica, mas apresenta claramente, com convicção sincera

e o Sr. Lanfrey (que, além de ser um dos políticos mais esclarecidos, é um dos autores políticos mais poderosos em França). Entre aqueles que os auxiliam, podemos incluir alguns dos representantes principais do protestantismo francês, aos quais a Europa já deve tanto e que agora reafirmam zelosamente o seu lugar nas fileiras do pensamento especulativo e prático — sendo de destacar o Sr. de Pressensé, o mais conhecido, fora de França, dos teólogos protestantes franceses vivos, e fundador e líder desse segmento da Igreja Protestante Francesa que rejeita o apoio financeiro do Estado.

([20]) *De la Centralisation et de ses Effets* (1861).

e um sentimento forte, os aspetos principais do assunto: os males do governo excessivo, como questão teórica e de princípio e, em França, como questão de uma triste experiência prática.

Os dois tratados do Sr. Dupont-White (ou melhor, o seu tratado em duas partes) têm pretensões mais elevadas, mas o autor está perfeitamente à sua altura.([21]) Com um conhecimento amplo e grandes recursos aplicáveis em fins ilustrativos, o Sr. Dupont-White reúne a força e a vivacidade de expressão que recordam o estilo dos melhores autores franceses — e, o que é ainda mais importante, tem o hábito de procurar verdades gerais e o poder de as perceber, o que lhe permite dar às opiniões que defende, sejam elas corretas ou incorretas, os fundamentos mais verdadeiros e universais que a sua natureza admite. No caso presente, ele escolheu o lado que considero globalmente errado: pôs-se em oposição a um movimento que, dentro dos seus limites presentes, jugo ser eminentemente sensato e saudável. Ainda assim, considero que aquilo que ele fez, tanto de um ponto de visto prático como filosófico, tem um valor autêntico. Há muito de correto e de razoável a dizer em defesa do seu ponto de vista — e presta-se um serviço à verdade, quando a opinião se inclina para uma direção, com a apresentação de um *résumé* do verdadeiro ponto de vista *oposto*, isto é, das razões válidas dignas de consideração e de uma devida avaliação, excluídos os absurdos e as falácias dos seus defensores mais vulgares, que um oponente pode permitir-se ignorar quando estes deixaram de contar com a opinião geral. Encontramos isto na obra do Sr. Dupont-White — e é bom que exista um livro que ofereça, em alguns aspetos, uma limitação e correção necessárias às ideias atualmente

([21]) *L'Individu et l'État* (1857) e *La Centralisation* (1860).

predominantes, e que contribua para evitar que a reação contra o Estado e a atuação central caia num excesso que, além de intrinsecamente nocivo, provocaria naturalmente uma reação em sentido contrário.

A estes méritos do livro do Sr. Dupont-White, importa acrescentar o da plena honestidade. Além de nunca distorcer os argumentos da posição oposta, nunca os ignora nem os menospreza deliberadamente. Na minha opinião, por vezes (com frequência, na verdade) não lhes dá o devido valor, mas é escrupuloso na sua apresentação e expõe-nos com tanta força e plausibilidade que se diria serem os seus argumentos. Esta honestidade na apresentação é acompanhada naturalmente por uma honestidade similar nos juízos. Ao fazer justiça, cuidadosamente, às razões dos seus oponentes, ele é levado quase necessariamente a fazer uma justiça considerável às suas conclusões. Consequentemente, as suas concessões são grandes e numerosas — e, embora as suas premissas sejam sobretudo favoráveis à interferência estatal, ao passo que as do Sr. Odilon-Barrot lhe são desfavoráveis, há muito menos divergência nas suas conclusões práticas do que aquilo que seria natural esperar. Na passagem seguinte, por exemplo, o Sr. Odilon-Barrot apresenta as suas queixas a respeito dos males principais do sistema administrativo francês, denunciando-os:

> Não tenciono enfraquecer essa esplêndida unidade de França, que um governo poderosamente concentrado pode ter ajudado a constituir, mas que só a liberdade pode cimentar e conservar. Aquilo que rejeito na centralização é o seu excesso. Considero excessiva uma centralização que, por confundir ou aliar o poder espiritual com o temporal, infringe a liberdade de consciência e de culto

direta ou indiretamente, para fins religiosos ou políticos. Critico uma centralização que, com o pretexto por vezes da proteção, por vezes da manutenção da ordem, sujeita ao seu controlo preventivo os direitos coletivos e mesmo os direitos individuais dos cidadãos — uma centralização que, com o pretexto de que as comunas são incapazes de gerir os seus próprios assuntos, administra-as através dos seus próprios agentes, nomeia os seus líderes, os seus coletores de impostos, os seus professores, os seus *curés* e quase todos os seus *gardes-champêtres*; uma centralização que não permite que os conselhos das comunas se reúnam sem a sua autorização, que reserva para si a conceção dos seus orçamentos anuais e que, mesmo depois de uma despesa ter sido votada e aprovada, exige dirigir a sua execução, impondo às infortunadas comunas, que pagam o custo, os seus próprios planos, os seus próprios engenheiros e os seus próprios arquitetos. Considero excessiva uma centralização que impõe de tal modo, a quase todos os atos de um cidadão, a necessidade prévia de uma autorização que a este não se permite orar a Deus ou mudar-se de um sítio para outro sem o seu aval. Denuncio como abusiva uma centralização que, enquanto dá aos agentes do Governo todo este poder sobre os cidadãos privados, recusa a estes últimos qualquer reparação judicial por parte desses agentes, que são declarados invioláveis sob a proteção de um Conselho de Estado escolhido pelo Governo; uma centralização que, através de conflitos que produz e resolve como bem entende, suplanta os tribunais regulares e reclama para si mesma a decisão de qualquer processo em que declare ter um interesse. Por fim, rejeito uma centralização cujo apetite, constantemente estimulado e nunca satisfeito, ameaça incessantemente tudo o que se assemelhe a algo com existência independente que possa ainda existir no país — uma centralização que estende as mãos umas vezes para o património dos hospitais, outra vezes para o das comunas, outras vezes ainda para as grandes empresas ferroviárias e de seguros. Uma centralização como esta, que acabaria por reduzir o indivíduo à condição de autómato, é aquilo que ataco — tentarei descrever os seus efeitos fatais. (Pp. 63–6.)

Ora, numa ou noutra parte dos seus dois volumes, o Sr. Dupont-White aceita explícita ou implicitamente quase todos os aspetos deste programa. À pior tirania de todas, a imunidade dos funcionários do Governo à responsabilização em tribunais (a impossibilidade de processar um funcionário público por um ato de poder ilegal sem o consentimento prévio do Governo através do seu órgão, o «Conseil d'État»), o Sr. Dupont-White chama uma «enormidade»; e diz que a sua continuação durante trinta anos de governo constitucional só é inteligível porque a publicidade inerente às instituições representativas era uma proteção prática suficiente contra os seus prejuízos — revelando assim, com clareza suficiente, aquilo que pensa acerca do modo como esta tem de atuar sob o presente governo francês. Temos de dar crédito ao Sr. Dupont-White por, devido aos seus sentimentos de quem tem amor à liberdade, ter uma posição acertada sobre o princípio de uma instituição que põe abertamente o poder executivo acima das leis. Contudo, a sua ideia de que uma instituição como esta foi ou poderá ser inócua numa forma de governo parlamentar quase me leva a tomá-lo por alguém que só se preocupa em proteger o corpo coletivo da nação de grandes atos de opressão arbitrária pelos líderes do Estado (contra os quais, de facto, a liberdade de discussão e as instituições representativas oferecem uma proteção considerável), ignorando o hábito universal de tremer diante de qualquer funcionário público insignificante — um hábito que, mais do que quase qualquer outra coisa nomeável, torna um povo incapaz de liberdade. Como se poderá não ser submisso, quando quem quer que envergue um uniforme do Governo, desde que tenha o cuidado de ser servil para todas as pessoas poderosas bem relacionadas com o Governo, pode dominar como bem entenda todas as outras, sabendo muito bem que estes, em vez de apresentarem uma queixa ao magistrado mais próximo, podem apenas recorrer ao seu próprio empregador, que talvez esteja distante? Que proteção estas pessoas poderão obter de uma imprensa livre e de um governo parlamentar? Quem escutará as suas queixas ou lhes dará atenção? É um facto muitíssimo significativo que nenhum governo francês, por muito liberal ou constitucional que fosse nas suas declarações, conseguiu tomar a decisão de renunciar a este direito exclusivo de julgar em causa própria. Das promessas da Carta Constitucional de 1830, apenas esta ficou por cumprir ao longo dos dezoito anos do reinado de Luís Filipe.

O tratado do Sr. Odilon-Barrot ajusta-se tão bem ao tom dominante dos sentimentos deste país que considero desnecessário analisar os seus conteúdos, mas proponho-me fazer isso de um modo bastante pormenorizado no caso do Sr. Dupont-White. Entender um modo de pensar diferente do nosso é sempre uma aquisição valiosa — e, a respeito de um assunto onde tudo depende de uma ponderação correta de considerações opostas, é peculiarmente apropriado estudarmos o lado da questão com o qual a maioria de nós está menos familiarizada. No entanto, tenho de dizer que a obra do Sr. Dupont-White, embora rica em matéria, não me satisfaz completamente quanto ao modo de apresentar e dispor essa matéria. Há uma incisividade e um encanto verdadeiramente franceses na maneira como se exprime cada pensamento em separado. Mas sinto a falta, em certa medida, de uma separação bem delimitada dos elementos constituintes da posição do autor, que pusesse cada ideia ou argumento na divisão mais apropriada. É isso que geralmente torna distintas as exposições e discussões dos pensadores franceses — uma disposição engenhosa dos tópicos e dos argumentos, que dá às suas melhores obras um carácter simultaneamente científico e artístico —, de tal modo que um pensamento nunca atropela ou obstrui outro, surgindo na posição que lhe é mais natural ao mesmo tempo que se combina com os demais da forma mais marcante e lhes dá o apoio mais forte. Os títulos que o Sr. Dupont-White dá aos capítulos sugerem uma organização dos tópicos, mas, na execução, ele perde-a de vista quase completamente: o seu espírito, totalmente inteirado do assunto, verte em cada uma das divisões matéria de todas as restantes, e isto de um modo tão profuso que, embora muito do que ele diz esteja excelentemente dito, produz uma impressão geral quase de confusão. Depois da primeira leitura, fica-se com a sensação de que o autor tem muito a dizer e apresentou muitos argumentos fortes, embora não se saiba exatamente que argumentos são esses e a que dificuldades da questão se aplicam especialmente. Sem aderir à ordem do próprio autor, atendendo antes às suas ideias onde as encontrei, e aos seus argumentos e casos ilustrativos onde ele os expressou melhor, vou esforçar-me por dar uma ideia geral das suas observações.

Segundo o Sr. Dupont-White, a absorção das últimas gerações na implementação do controlo das nações sobre os seus governantes, a par das defesas exageradas dos governos que os socialistas fazem em teoria, e dos despotismos na prática, produziram um preconceito na direção contrária — um preconceito que considera a intervenção do Estado nos assuntos da sociedade algo inerentemente mau e perigoso. Ele vê o Estado, em todos estádios da civilização, como o principal instrumento e órgão do progresso. Esta fé forte e sincera no Estado é um dos aspetos mais salientes e honrosos do seu tratado. O Homem (diz), como ser cujos sentimentos egoístas geralmente são mais fortes do que os morais, precisa naturalmente de ser governado. Essa necessidade torna-se maior, e não menor, à medida que a sociedade avança. Isto acontece porque embora, por um lado, o melhoramento resultante da experiência torne o seu egoísmo mais esclarecido em alguns aspetos, o avanço da civilização, por outro lado, nunca cessa de oferecer ao egoísmo novas oportunidades e campos de ação — aos quais as lições do passado não se aplicam estritamente e nos quais o processo de instruir e disciplinar o egoísmo tem de ser constantemente renovado. Nestas condições, os interesses em conflito de indivíduos, e de classes acima de tudo, exigem um árbitro que decida não segundo os impulsos da ocasião particular, mas segundo regras gerais e perspetivas abrangentes. E o Governo, quando apropriadamente constituído e devidamente responsável perante a nação, *é* esse árbitro: pela sua posição, é mais imparcial do que qualquer segmento da sociedade poderá alguma vez ser e, portanto, está qualificado para avaliar as pretensões em conflito e estabelecer entre elas um compromisso melhor e mais justo do que aquele que se poderia esperar como resultado de uma luta hostil.

Contra esta doutrina, quando confinada a aspetos gerais, nada há a dizer. Todas as teorias permitem que o

Estado institua quaisquer leis que sejam necessárias para proteger do egoísmo recíproco os direitos legítimos das pessoas e das classes. Todavia, segundo a ideia essencial na posição do nosso autor, esta é uma exigência crescente — a necessidade de intervenção legal torna-se cada vez maior à medida que a sociedade avança. Para provar que isto é verdade, ele argumenta como se segue.

O primeiro e maior dever do Estado, em todos os estádios da sociedade, é proteger os fracos dos fortes. Ora, o progresso atua incumbindo o Estado de cada vez mais deveres deste género. Olhando para o passado, podemos encontrar uma época em que o Estado exercia muito pouco poder sobre a grande maioria da comunidade. Mas será de supor que, como o Estado não exercia muito poder, ninguém o exercia? Bem pelo contrário. O Estado não se ocupava da multidão porque esta estava sob o poder absoluto de senhores, que poderiam responsabilizar-se por ela. A lei e o governo reconheciam como juridicamente existente apenas a pequena minoria com autoridade: os donos de escravos, os chefes de família, os líderes patriarcais de tribos ou clãs. Melhorar a civilização altera este estado de coisas — alivia o homem do poder do homem e põe-no sob o poder da lei. Não tem o Estado um campo de ação necessariamente maior quando se espera que proteja o escravo, a mulher, o filho e o devedor, em vez de os deixar entregues ao arbítrio do senhor, do marido, do pai e do credor? Estes superiores dos tempos primitivos chegaram a ter poder de vida ou morte sobre aqueles que lhes estavam submetidos. Foi o Estado que libertou a parte mais fraca deste despotismo. Só o Estado pode fazer isso — e cabe-lhe o dever de o fazer sempre que isso esteja por fazer.

Tudo isto é aceite e não faz parte da área controversa. O poder que aqui se exige para o Estado está dentro das suas funções reconhecidas. Enquanto os seres humanos exercerem sobre outros qualquer autoridade ilícita, o Estado tem o dever de a abolir. Enquanto se abusar tiranicamente de uma autoridade, mesmo que necessária, caberá ao Estado reprimir e punir a tirania. Proteger todos os seres humanos das injúrias dos mais fortes, independentemente de a superioridade de força ser física ou uma dádiva da lei, é uma função atribuída aos governos pelos que mais desejam restringir a sua ação. Mas seguir-se-á daqui que, estendendo a proteção da lei às classes que tinham ficado injustamente excluídas dela, a atividade protetora se torna mais difícil ou laboriosa? Poderá exigir mais tribunais, mas por que razão há de exigir mais leis? Que mais será preciso fazer pelas classes emancipadas, além de não lhes recusar os recursos da lei acessíveis às outras?

O Sr. Dupont-White responde: o Estado não pode limitar-se a permitir que as classes recentemente emancipadas se defendam a si mesmas. Embora emancipadas, não deixam de ser as mais fracas, incapazes de rivalizar em pé de igualdade com os seus amos anteriores. Eles lutarão para exercer a sua velha autoridade de novas formas e procurarão tirar partido, dentro daquilo que as novas relações sociais permitem, da força superior que ainda conservam. Através de novas precauções e de medidas de proteção, o Estado tem de estar preparado para enfrentar qualquer tentativa de abuso.

Sempre que (por exemplo) as classes sociais desfavorecidas estão a esforçar-se por ascender, a constituição da propriedade exigirá infalivelmente uma modificação. O primeiro uso que as classes emancipadas procuram dar à sua liberdade é a aquisição de propriedade. Todavia, a organização prévia da sociedade fez a propriedade ser-lhes inacessível. Só após várias gerações, ou mesmo épocas, os descendentes dos servos poderão exercer o seu trabalho e espírito de iniciativa em termos equitativos relativamente aos seus antigos senhores. Ademais, isto efetuou-se sempre através de uma sucessão de leis ou decretos, contando-se em cada passo com a mão auxiliar do Estado. A história da Europa moderna é uma série de atos legislativos desse género, que culminaram com as grandes mudanças introduzidas pela Revolução Francesa. As nações dos nossos dias tiveram a mesma necessidade quando emanciparam os seus escravos coloniais. E podemos observar, a título de confirmação, que a questão da propriedade constitui a dificuldade principal na grande obra de justiça e civilização atualmente em curso: a emancipação dos servos russos. O Sr. Dupont-White consegue uma vitória fácil enquanto se confina a países bárbaros ou atrasados. A emancipação nominal dos camponeses da Letónia e da Livónia deixou--os quase na mesma servidão. Mas é errado supor que, nas Índias Ocidentais Britânicas, foi necessário conservar uma proteção estatal dos negros. As medidas desse carácter que ele aponta são todas anteriores à emancipação. Foram incidentes e consequências da escravatura — e cessaram com ela. A conclusão que justificam opõe-se diretamente à do Sr. Dupont-White. Ilustram uma tendência que é a inversa daquela que ele diz existir: uma diminuição da necessidade de ação estatal à medida que as instituições melhoram. São um exemplo de quanta supervisão minuciosa, de quantos cuidados e trabalhos para proteção e benefício geral das classes menos favorecidas, o Estado se pode dispensar quando faz completa justiça a essas classes de uma só vez; mostram como muita da energia e planeamento da sociedade em defesa de indivíduos só é necessária porque esta não escolhe libertá-los.

Quando o nosso autor argumenta que muitas relações entre os homens que estiveram entregues à decisão da força ou à autoridade de um senhor se tornaram objeto de regulamentação jurídica num estado mais avançado, ele diz algo que ninguém nega — e foi só para esclarecer o âmbito geral do seu argumento que me ocupei desta vertente do assunto. Mas chegamos agora à área de controvérsia. O Sr. Dupont-White diz:

> Quando o Estado acabou com a opressão da lei, tem ainda de impedir *l'exploitation naturelle*, o uso injusto das vantagens naturais. [...] Não subordinar e sacrificar alguns a outros como se os primeiros fossem uma espécie inferior não pode ser o *dernier mot*, a última conquista da civilização. Poderemos esquecer a dimensão das diferenças entre os seres humanos e pensar apenas na sua semelhança geral? Poder-se-á ignorar que estas diferenças, deixadas a si mesmas, submeteriam toda fraqueza, física ou intelectual, ao domínio dos mais fortes, mais capazes e mais perseverantes, e que este domínio resultante da natureza seria tão opressivo como aquele que antes era exercido pela lei? A própria natureza precisa de ser retificada, bem como as instituições. Mas quem corrigirá o abuso das superioridades naturais, se não for o Estado a fazê-lo? E como poderá o Estado fazê-lo sem um acréscimo de força e de atribuições? (*L'Individu et l'État*, pp. 54–5.)

Começa aqui a grande divergência entre a doutrina do nosso autor e a de quase todos os pensadores ingleses. Estes concedem ao Estado o direito e o dever de regular — e, quando possível, abolir — as desigualdades artificiais das quais ele mesmo é autor. Não admitem, todavia, que o Estado se preocupe com as desigualdades naturais.

Admitem prontamente que se deve corrigir «o abuso» destas desigualdades. Pois quem negará que se deve interferir em qualquer género de abuso? Contudo, nada consideram um abuso da superioridade natural, exceto a força ou a fraude. Defendem que, desde que estas fiquem excluídas, não há nenhum mal em permitir que os fortes colham todas as vantagens da sua força. Só assim, pensam, se incentiva todos os membros da comunidade a exercer e a cultivar a sua força. Aqueles que adotam esta perspetiva têm muita razão, mas não toda a razão: na corrida por um prémio, o estímulo ao esforço dos concorrentes só atinge o máximo quando o ponto de partida é equitativo, isto é, quando as desigualdades naturais são compensadas por pesos artificiais; e a objeção é que, na corrida da vida, o ponto de partida não é equitativo, e que, se o Estado não fizer algo para fortalecer o lado fraco, a falta de equidade tornar-se-á completamente esmagadora e desmotivante.

À medida que a economia produtiva avança, segundo o Sr. Dupont-White, há um antagonismo crescente e natural entre interesses conflituantes — a terra, o capital e o trabalho. Não deverá haver, pergunta, um moderador nestes conflitos? Não deverá haver alguém para arbitrar os interesses pessoais dissonantes, cada um deles insensível às exigências razoáveis dos outros, bem como para prescrever — e impor, se necessário — uma regra justa ou, no mínimo, termos de compromisso aceitáveis? A esta questão, os pensadores ingleses respondem quase unanimemente: não. Tudo o que o Estado deve fazer é conservar a paz. Só a competição num mercado livre pode revelar os termos de acomodação razoáveis e impor esses termos às partes em conflito. Se isto fosse verdade universalmente, a questão acabaria aqui. Isto é verdade na sua maior parte e é indisputável que o ónus da justificação cabe àqueles que advogam uma exceção. Todavia, o Sr. Dupont-White prova facilmente, com o exemplo da própria Inglaterra, que, de tempos a tempos, surgem cada vez mais exceções. Desde o período em que a Inglaterra começou a sentir os efeitos do crescimento assombroso da sua indústria, foram impostas, com intervalos de alguns anos, novas interferências autoritativas à liberdade de contratar. O Parlamento regulou as horas de trabalho. Proibiu o emprego de crianças até a uma certa idade. Nas minas, interditou o emprego tanto de mulheres como de crianças. Impôs, aos donos de fábricas, precauções sanitárias e de segurança, em vez de fazer a aplicação dessas precauções depender de os operários se recusarem a trabalhar. Insistiu numa certa competência dos responsáveis por navios mercantes, para que as pessoas não confiassem a sua vida ou a sua propriedade a uma navegação incompetente. Obrigou os donos de navios de emigração a terem profissionais médicos e estabeleceu uma lotação máxima para os navios, de modo a que, com a sede de lucro ou a competição por preços baixos, não se tirasse partido das oportunidades criadas pela pobreza, ignorância e imprudência dos aspirantes a emigrantes. Tornou ilegal a construção de casas a seu ver impróprias para a habitação de seres humanos, embora a doutrina pura da competição deixasse a correção do mal aos pobres, que se recusariam a habitá-las.

A respeito daqueles cuja subsistência depende do trabalho, o Sr. Dupont-White defende que o governo poderá ter o dever de os proteger daqueles avanços produtivos que, antes de mais, são benéficos apenas para os empregadores e para os consumidores improdutivos. Observa, além disso, que todos os grandes avanços produtivos são, ou presume-se que são, prejudiciais para alguns interesses individuais — os quais, ficando entregues à simples atuação da lei, teriam poder para impedir o avanço ou para exigir, como preço da aquiescência, condições extremamente onerosas para a sociedade. A Inglaterra teve oportunidade de saber isto no caso dos caminhos de ferro, das docas, dos portos, das estradas e dos melhoramentos urbanos. A intervenção do Estado é necessária para dominar a resistência desses interesses privados e fixar a compensação que lhe seja devida. Muitas vezes, essas iniciativas exigem também auxílio financeiro do Estado. Mesmo em Inglaterra, a navegação oceânica a vapor e os telégrafos marítimos não a podem dispensar.

Caso se diga que a civilização, difundindo o conhecimento e fortalecendo os sentimentos morais, diminui a necessidade de governo, na medida em que leva os homens a identificarem cada vez mais os seus interesses e sentimentos com o bem geral, o Sr. Dupont-White admitirá o facto até certo ponto. Mas alega que, como esse mesmo progresso torna a sociedade e os seus interesses mais complexos, torna-se necessária uma maior amplitude e elevação de espírito para os abranger. Ao mesmo tempo, o nível dessas qualidades na sociedade, em vez de aumentar com a necessidade, tende antes a decair, visto que a subdivisão do trabalho e a especialização crescente das ocupações dos homens restringem a atenção e o conhecimento rigoroso de cada indivíduo a um círculo de ideias mais estreito. Num estado avançado da sociedade, até mais do que num estado primitivo, é mais necessário, portanto, que os interesses mais abrangentes fiquem a cargo de pessoas que, estando-lhes expressamente dedicadas, possam especializar-se no seu estudo e compreensão. (Pp. 280–2.) Além disso, o avanço da sociedade requer constantemente novos serviços públicos que os indivíduos e as associações não são competentes para prestar — e, mesmo no caso daqueles que estão dentro da sua área de competência, a intervenção do governo é necessária para reprimir os abusos, negociar os compromissos e resolver os conflitos que surgem desse mesmo facto. «A associação depressa se transforma num monopólio para o público e numa ditadura para os acionistas.» (P. 350.) O Estado é essencial para proteger da negligência ou desonestidade dos gestores. Os caminhos de ferro podem ser construídos e geridos por companhias privadas, mas o Estado não considera supérfluo limitar o preço das passagens e impor precauções para salvaguardar os passageiros, os interesses comerciais da comunidade e, em alguns aspetos (por exemplo, através de auditorias públicas), até os acionistas. Deste modo, a atividade crescente do indivíduo, numa sociedade em progresso, não decorre à custa de uma menor atividade do governo. Pelo contrário, quanto mais as próprias pessoas fazem, mais coisas existem para o governo vigiar, supervisionar e, se necessário, regular.

Se o progresso material contribui assim para alargar, e não para estreitar, a região do Estado, isto, na opinião do nosso autor, aplica-se igualmente ao progresso moral. Um dos resultados mais certos do progresso é o desenvolvimento da consciência moral da sociedade. As obrigações éticas dos seres humanos tendem a aumentar. Eles agora sentem-se dispostos a reprimir atos que lhes pareceram permissíveis ou desculpáveis; são mais sensíveis àquilo que é imoral e exigem a expansão da esfera não só da reprovação social, mas também da proibição e punição. As estatísticas judiciais mostram que, enquanto os velhos tipos de crimes tendem a diminuir, há um aumento constante da soma das ofensas, principalmente porque, de tempos a tempos, se expande o castigo jurídico a formas de fraude e de dano que estavam fora do alcance das leis anteriores. A consciência moral torna-se mais apurada na perceção não só de imoralidades, mas também de direitos, o que acontece no caso da propriedade literária e da propriedade de modelos ou invenções. Veja-se como a decisão das sociedades modernas de suprimir o comércio de escravos tornou necessárias tantas novas ações dos governos. Veja-se como, desde que a consciência das nações se tornou sensível ao bem-estar e à reabilitação dos criminosos presos, tanto trabalho e regulamentação foram impostos aos governos. As leis contra a crueldade para com os animais põem, pela primeira vez, uma região inteira da conduta humana sob a alçada da lei. A consciência pública evoluída, não se satisfazendo em fazer aplicar a justiça estrita, estende as suas exigências ao aumento da beneficência. Na verdade, o nosso autor, como toda a gente, defende que aqui termina a esfera apropriada da autoridade coerciva. O Estado não deve impor a filantropia através da lei. Contudo, a moralidade evoluída exige que o Estado pratique aquilo que não pode exigir. Para não mencionar a obrigação de providenciar trabalho e subsistência aos pobres (um dever que não é admitido universalmente, embora seja reconhecido nas Leis dos Pobres inglesas), eis o que o Estado pode fazer:

> O Estado pode providenciar a satisfação de certas necessidades do indivíduo (culto público, educação, estradas, administração da justiça), transformando em funções públicas os serviços do sacerdote, do professor, do juiz, do engenheiro. Isto é uma regalia para os pobres, que beneficiam destes serviços públicos de forma proporcional às suas necessidades, mas contribuem para eles apenas de forma proporcional aos seus meios. [...] O Estado também pratica a beneficência para com os pobres quando atua como seu

> agente gratuito, recebendo as suas pequenas poupanças, pagando-lhes juros e restituindo o dinheiro a seu pedido. [...] Ou a sua beneficência pode assumir a forma de caridade direta, que pode ser permanente (auxílio a hospitais, ensino gratuito, etc.) ou realizar-se através daquelas medidas ocasionais que muitas vezes são necessárias nos países civilizados em tempos de penúria, epidemia, inundações ou crises comerciais. (*L'Individu et l'État*, p. 86.)

O meu resumo da posição do Sr. Dupont-White seria demasiado extenso se incluísse os argumentos que ele extrai do carácter nacional e das condições específicas de França. Vou mencionar um desses argumentos, cujos fundamentos o tornam pelo menos plausível: que, em França, o amor às honras é mais forte do que o desejo de lucro enquanto motivo para agir e incentivo para tomar iniciativas; que, em França, transformar em serviços públicos certas áreas até da economia privada (como acontece com a mineração e a engenharia civil, entre outras atividades), em vez de assegurar a perpetuação da rotina e o sufoco da inovação, como aconteceria em Inglaterra, é a forma mais eficaz de promover esses serviços; que, para aperfeiçoar inovações e melhoramentos económicos, as pessoas encontram um incentivo muito mais forte na esperança de obter honras e condecorações do que naquilo que poderá parecer a via mais natural para elas mesmas e as suas famílias enriquecerem. Seja qual for a verdade, e mesmo que isto seja literalmente correto, subsiste a questão de saber se esta tendência do espírito nacional não será criada, em grande medida, pelas instituições e práticas invocadas na sua defesa.

Tendo apresentado o seu ponto de vista acerca da questão, o nosso autor considera o ponto de vista oposto: as limitações que a sua teoria requer, as objeções a que está sujeita, e a capacidade e a suficiência da ação individual para empreender o progresso social sem o auxílio do Estado.

As limitações com as quais o Sr. Dupont-White propõe a sua doutrina são grandes e importantes. As suas conclusões práticas de forma alguma são proporcionais à generalidade e ao alcance espantosos, e à forma ocasionalmente paradoxal, das suas premissas teóricas. De um modo geral, adere plenamente aos princípios limitadores, independentemente de lhes ter dado o devido peso. Uma e outra vez, salienta que não deve haver qualquer ação estatal que contribua realmente para obstruir o desenvolvimento completo das faculdades do indivíduo.(*) O indivíduo (diz) é o objeto final de todo o governo; e os *seus* poderes e capacidades são a nascente de todo o bem social. Aquilo que o nosso autor deseja não é um governo forte através da fraqueza e da compressão da individualidade, mas indivíduos ativos e fortes num Estado forte. O Estado não deve interferir no pensamento, nem na sua livre expressão. Pode ser preciso regulamentar alguns meros *modos* de expressão (como o teatro, os clubes ou as reuniões públicas), mas só aqueles que o pensamento possa dispensar. A imprensa tem de ser livre para fazer tudo, exceto difamar o carácter e ferir desnecessariamente os sentimentos. No que respeita ao ensino público, o Estado pode ensinar as suas próprias doutrinas, mas tem de dar toda a liberdade para outras competirem com elas. Em matérias económicas, o Estado não deve interferir no direito do trabalhador ao livre emprego do seu trabalho.

(*) Veja-se particularmente *L'Individu et l'État*, pp. lxiii-lxiv; 53; 282; 283; 308–11 e *La Centralisation*, pp. 127–30.

As suas funções reguladoras têm de se confinar àquelas grandes agregações de trabalho apoiadas em grandes capitais, que não são um simples meio de subsistência, mas um poder na sociedade. Em todas as coisas, o Estado, não menos do que os indivíduos, tem de respeitar a lei moral. Tem de considerar sagrados os direitos de propriedade privada. A confiscação, a falência e a alteração do padrão monetário — modos de exploração manifesta ou disfarçada — são crimes da sua parte. Contudo, a definição e a limitação dos direitos de propriedade (as decisões quanto àquilo que pode ser objeto de propriedade e as limitações da transmissão de propriedade) estão dentro das funções do Estado, constituindo uma das partes mais importantes dessas funções. Não é de esperar que esta doutrina seja questionada em Inglaterra, embora seja considerada muito herética em França, onde geralmente se fundamentam as leis da propriedade, e as respostas a todas as questões controversas a seu respeito, não na óbvia consideração do bem público, mas numa abstração metafísica chamada *le droit.*

O Sr. Dupont-White discute muito extensamente as objeções à sua teoria — especialmente se incluirmos, na resposta às objeções, as suas críticas contundentes à eficácia da ação individual como instrumento do progresso. O interesse do indivíduo (diz) constitui uma ampla salvaguarda do interesse do indivíduo, mas quase não salvaguarda os interesses coletivos. O nosso autor começa pelo maior deles, embora esse não costume ser incluído entre os interesses (não *l'utile*, mas *le vrai, le beau, et le bien*): as atividades cuja recompensa não é externa, mas interna, e cujos frutos externos se situam só no futuro distante. Como poderão estas prosperar sem incentivos, ou até sem meios, dados por fontes distintas do interesse privado?

O interesse privado não é um estímulo suficiente na esfera da utilidade mais comum quando essa utilidade não é individual, mas coletiva. O mais forte de todos os casos de coincidência entre o interesse público e o privado é o da proteção contra a violência aberta. Poder-se-á dizer, de facto, que os indivíduos privados *não podem* satisfazer a necessidade em questão neste caso. Mas quantas outras necessidades eles podem satisfazer, mas não o farão?

> É precisamente o carácter coletivo de um interesse que faz os homens virarem as costas à sua realização. Mesmo quando estão em causa as coisas que mais lhes importam, os homens fazem algo apenas quando podem fazê-lo através dos seus próprios esforços e quando o benefício for apenas para eles. O interesse pessoal é um motivo adequado para cultivar a terra, dado que o sucesso desta atividade está na esfera privada do indivíduo; ele e os seus têm todo o trabalho e colhem todos os frutos. Contudo, os indivíduos ficam inativos a respeito da pavimentação e iluminação de uma cidade, já que, por muito que estas sejam importantes para cada um deles, nenhum poderá concretizá-las sozinho, nem tem a garantia de que os outros façam o mesmo (pois o seu próprio esforço nada vale, exceto como parte do esforço geral). Deste modo, os indivíduos negligenciam um interesse coletivo, ainda que o seu próprio interesse esteja incluído nele. O indivíduo abstém-se de fazer as coisas mais vantajosas para si mesmo quando é incapaz de as fazer sozinho e não tem poder para compelir os outros a fazerem a sua parte. (*L'Individu et l'État*, pp. 267–8.)

Além disso, os indivíduos podem estar numa posição social demasiado baixa para sentirem a influência estimulante do interesse pessoal. A ausência de auxílio e encorajamento leva, tanto como o seu excesso, à inação e à inércia.

O amor ao conforto pessoal e a impaciência com privações não são um incentivo capaz de atuar em toda a gente. Estes sentimentos não despontam em pessoas de tal modo afundadas na miséria que só querem esquecer a sua condição, em vez de a melhorar. Os serviços que a necessidade presta ao progresso são limitados: esta só pode desenvolver aquilo que existe. Sem a necessidade, as qualidades das naturezas mais privilegiadas poderão nunca ver a luz, mas ela não dota de coragem e prudência os seres humanos típicos. Pelo contrário, arrasta-os para um estado de negligente abandono de si e conserva-os nesse estado. Aquilo que é um estímulo para o forte constitui, para o homem comum, apenas uma causa de desespero. A educação da necessidade nunca faltou aos irlandeses ou aos índios norte-americanos: conservarem-se vivos era a ocupação da sua vida. Todavia, ela não ensinou a lição da prudência ao irlandês ou ao iroquês. [...] Os governos, mais sábios dos que os teóricos sectários, compreenderam que, embora não lhes coubesse incumbirem-se completamente do indivíduo, lhes cabia oferecer-lhe condições, despertar as suas esperanças e *conduzi-lo*, mas não *levá-lo*, para o fim. [...] Temeremos que este auxílio debilite aqueles caracteres vigorosos que podem passar sem ele? Mas pode-se supor que um certo grau de tutelagem é benéfico para o maior número, sem prejudicar as naturezas mais dotadas. Encontrar o limite e conservá-lo poderá ser uma questão delicada, mas a via para toda a verdade aplicável a usos humanos é uma via de compromisso. Preferiremos guiar-nos por um único princípio em vez de combinarmos vários? Nesse caso, se formos suficientemente ousados, concluamos pela supressão dos hospitais — esta é

> a consequência última e perfeitamente legítima do princípio individualista e da doutrina de abandonar as pessoas à necessidade. (Pp. 298–9.)

De acordo com uma das objeções antecipadas, o Estado é apenas o agregado dos indivíduos e os direitos do Estado são apenas os seus direitos unidos. Este, portanto, não tem um direito de empregar a força superior àquele que os indivíduos têm — que é o direito à autodefesa. A repressão da violência e da fraude são, consequentemente, as únicas funções legítimas do Estado. Este é instituído para promover apenas a ordem, e não o progresso.

O nosso autor responde que o Estado é mais do que um mero agregado de indivíduos. «Essa é a definição de um caravançará, de um lugar como Bade ou Homburgo, e não de uma sociedade.» (P. 168.) O Estado não é a soma dos indivíduos que o constituem, considerados meramente *como* indivíduos; cada um deles, ao tornar-se parte da sociedade, torna-se mais do que um indivíduo. Da união dos seres humanos numa sociedade, resultam relações e necessidades distintas das dos meros indivíduos — e não é estranho que aí surjam também direitos que só o estado social legitima. Ao pôr ao alcance do Homem inúmeros fins que não são alcançáveis de outro modo, o Estado torna justificável o uso de meios adicionais.

Mas (poder-se-á dizer) dado que os governos são constituídos por indivíduos, por que razão, se os indivíduos não são competentes para promover os grandes interesses da raça humana, haveremos de esperar melhor dos indivíduos que constituem o governo? A isto responde-se dizendo, antes de mais, que esses indivíduos são, ou devem ser, a *élite*, acrescentando-se de seguida que eles são, por norma, mais competentes do que os outros para fazerem aquilo de que ficaram especialmente incumbidos. Além disso, o simples facto de a sua posição ser mais elevada (desde que eles sejam escolhidos isentamente e não se identifiquem com castas ou classes com interesses distintos) contribui para lhes dar mais imparcialidade — uma identificação com os interesses da comunidade quanto a tudo aquilo que respeita às relações entre os cidadãos (mas não àquilo que respeita às suas relações com o governo). Na sua posição, aquilo que nos indivíduos exigiria um esforço heroico não requer mais do que um comum bom senso e boas intenções. A um governo, não custa muito esforço criar um imposto para financiar as escolas, ao passo que, para os indivíduos, financiá-las com os seus próprios fundos exige verdadeira virtude. «Um senhor, para libertar os seus escravos, tem de ter grandeza de espírito, mas, num Estado, o sentido moral mais comum é suficiente para abolir a escravatura.» (P. 346.) Esta doutrina é um tanto contrariada pelo facto de a abolição da escravatura ter demorado tantas eras. Temos de supor, pelo menos, que o governo não é constituído por proprietários de escravos nem está sob a sua influência — ou então que o governante é um déspota como Caracala([22]), a cuja tirania escravo e cidadão estavam sujeitos quase na mesma medida. Uma posição de liderança põe de tal modo o governante acima dos interesses limitados que pervertem a humanidade —acrescenta o nosso autor — que muitos dos piores soberanos fizeram leis excelentes e impuseram-nas aos seus súbditos, mantendo para si a liberdade de não lhes obedecer. «Mesmo César Bórgia não tolerava nos seus domínios nenhum envenenador que não ele

([22]) Caracala (188–217) foi imperador romano de 211 até à sua morte.

mesmo.» (P. 308.) Com esta observação, concluo o resumo do primeiro dos dois volumes do Sr. Dupont-White, que é também o mais importante.

Do segundo volume, *La Centralisation*, não é necessário fazer um resumo tão detalhado. Este completa a teoria da influência estatal, contrastada com a ação individual, com uma teoria correspondente da ação governamental central, considerada preferível à local. As duas questões, na verdade, são fundamentalmente a mesma. Na promoção do interesse geral, sejam quais forem as vantagens dos governos sobre os indivíduos, o governo central tê-las-á sobre qualquer organismo local — e, tanto nos méritos como nos defeitos, os organismos locais assemelham-se mais às energias espontâneas do cidadão privado.

À autoridade central, contrastada com a local — como ao governo, contrastado com o indivíduo —, o Sr. Dupont-White atribui uma imparcialidade maior. Os funcionários locais estão demasiado próximos daqueles que administram; estão demasiado envolvidos nos seus interesses e parcialidades; muitas vezes identificam-se, pessoalmente ou em função da classe, com um segmento específico. A esta ideia, o Sr. Dupont-White acrescenta uma ideia distinta, mas que se lhe alia. O governo central é, naturalmente, o órgão de um segmento mais avançado da nação. O público cuja opinião influencia os governos é principalmente o da capital. Os organismos locais são imediatamente influenciáveis por um segmento inferior do público, talvez muito retrógrada. A supremacia da administração central sobre a local corresponde, segundo o nosso autor, ao predomínio de uma vanguarda ativa e esclarecida da comunidade sobre uma retaguarda mais ignorante, de horizontes mais estreitos e com menos espírito público. O poder central, cujo predomínio ele anseia defender, é quase tanto o de Paris como o do executivo. Por esta razão, ele atribuiria à capital um número de representantes muito superior — e não inferior, como em Inglaterra — à sua proporção na população:

> Suponha-se que, há doze ou quinze anos, quando havia uma Câmara com 450 deputados, Paris tinha quarenta e cinco representantes em vez de doze; suponha-se (o que não é uma hipótese rebuscada) que todos eles, normalmente, teriam votado e agido como os doze, ao lado da oposição; uma certa maioria (temos todas as razões para crer) não se teria formado, um certo Governo não teria durado oito anos e uma certa Revolução, com todas as suas consequências, não teria irrompido. (*La Centralisation*, pp. 277-8.)

Esta sugestão ilustra curiosamente uma das múltiplas diferenças políticas entre França e Inglaterra. Em Inglaterra, ocorreria a poucas pessoas que dar oitenta ou cem membros à capital seria uma forma de obter um governo mais sábio e menos exposto à revolução. Mas a verdade é que as classes média e trabalhadora de Londres não têm, relativamente às de Warwickshire ou Lancashire, essa superioridade na capacidade e inteligência política que quase todas as autoridades atribuem às de Paris relativamente às de todas as outras partes de França.

O Sr. Dupont-White menciona, sem dúvida, exemplos impressionantes de tolice e ignorância dos presidentes de grandes cidades regionais. Gostaria que nos tivesse dito se esses espécimes de funcionários locais foram eleitos pelos seus concidadãos ou nomeados pelo governo. Um governo que tem toda a inteligência educada do país contra si terá muitas vezes a necessidade de nomear ignorantes. Sem informação adicional, não posso aceitar esses casos como exemplos do funcionamento de instituições locais livres. O nosso autor diz algo mais relevante quando declara que, na maior parte das localidades, não foi possível criar escolas elementares e estradas locais (*chemins vicinaux*) antes de o governo de Luís Filipe ter decretado a sua criação com um ato de autoridade.

Outro argumento seu na recomendação do controlo central é a sua necessidade de proteger as minorias. Tanto nos assuntos locais como nos gerais, a maioria tem uma tendência perpétua para tiranizar os demais. A justiça para a minoria, que poderá ser tributada para fins que reprova muito razoavelmente, exige um árbitro. Qualquer árbitro é preferível ao mero despotismo dos números, mas o governo central, devido à sua distância e posição elevada, normalmente é um árbitro imparcial. Mesmo em Inglaterra, o solo eleito da liberdade e da espontaneidade individual, há uma tendência crescente para associar um órgão de controlo central à administração local. A administração paroquial ou regional da Lei dos Pobres subordina-se agora a uma Comissão da Lei dos Pobres. As doações caritativas, que antes — na medida que eram supervisionadas — estavam sob a supervisão de corporações e de outros organismos locais, ficaram fora da sua alçada e estão a cargo de comissários da caridade nomeados pelo Estado.

O Sr. Dupont-White não quer aniquilar as instituições regionais e municipais. Ele reconhece que são valiosas para cultivar a inteligência dos cidadãos e familiarizá-los com a gestão de interesses que não sejam privados e pessoais. Contudo (alega), não é necessário, para este efeito, que as localidades tenham um controlo completo sobre os seus próprios assuntos. Precisam de um poder de veto e de iniciativa — isto é, de um poder rejeitar e de propor —, e não de soberania. Que estas tenham a liberdade de fazer de si mesmas aquilo que entendam, sem autorização de um superior, é algo que o nosso autor não inclui na ideia que tem do seu papel. Admite, todavia, que, atualmente, a interferência que sofrem ultrapassa todos os limites razoáveis e não é *de la tutelle*, mas *de la pédagogie*. Defende um grande abrandamento deste despotismo e, ocasionalmente, é tão severo quanto se pode ser a respeito da *manie réglementaire* do espírito nacional francês.

De acordo com uma objeção frequente, o Estado, ao interferir em tudo, fica com a culpa de tudo e concentra em si todas as animosidades (*toutes les haines*). O nosso autor não leva esta objeção muito a sério. Responde que haverá sempre *haine* e que o Estado é o lugar mais apropriado para o descarregar. É melhor que os homens cujos interesses se opõem culpem o Governo em vez de culparem classes hostis ou se culparem reciprocamente. Além disso, o ódio dirigido a um objeto distante é sempre menos intenso. Para confirmar isto, poder-se-ia dizer que a vingança de um povo rude incide menos no autor original da alegada injustiça do que no instrumento subordinado comparativamente inofensivo. Um camponês irlandês desapossado dispara não sobre o seu senhorio, mas sobre o agente do senhorio ou sobre o simples arrendatário que lhe sucedeu. Onde não existe um governo central forte, a sociedade, diz o nosso autor, fica dividida por ódios. Como as cidades de Itália ou da Flandres na Idade Média, cada localidade, família ou indivíduo é o inimigo implacável do seu vizinho mais próximo. (Pp. 118–19.) Na ausência de um árbitro autorizado, as causas perpétuas das discordâncias inevitáveis ficam ervadas de animosidade.

O nosso autor, sendo ainda assim um entusiasta da liberdade, distingue a liberdade política daquela a que chama liberdade civil. Muitos autores fizeram esta distinção e foram pródigos nos seus elogios à liberdade civil e nas suas suspeitas e desconfiança relativamente à liberdade política. O Sr. Dupont-White faz o inverso. É um partidário vigoroso da liberdade política — o controlo da nação sobre o governo. No entanto, não dá nenhum valor à liberdade civil, que considera significar o mesmo que não ser governado. Com este uso paradoxal da linguagem, colide escusadamente com as opiniões comuns e torna as suas doutrinas muito mais impopulares do que aquilo que se justificaria pelo uso prático que lhes dá. Pois, na realidade, ele acabaria com a maioria das restrições cansativas às quais, nos países continentais, a liberdade privada do cidadão continua sujeita — e a sua doutrina, na medida em que difere da dos políticos moderados ingleses, é criticável não tanto por reprimir a espontaneidade individual, mas por facilitar e encorajar fatalmente o seu mau uso voluntário.

Onde o nosso autor é mais fraco é na tentativa de mostrar que, sob um governo centralizado, um povo pode ser livre, e que França, tendo manifestado sempre um forte amor à liberdade, não prova o contrário. Para impedir que um governo centralizado esmague a liberdade política, o Sr. Dupont-White confia na centralização da resistência na capital — uma doutrina que, num livro escrito depois de dezembro de 1851, poderá muito bem suscitar interrogações.([23]) Viu-se então quanto vale esta centralização da resistência contra um exército numeroso

([23]) No dia 2 de dezembro de 1851, o Presidente Luís Napoleão Bonaparte (1808–1873) liderou um golpe de Estado, dissolvendo a Assembleia Nacional. No dia 21 do mesmo mês, um referendo constitucional permitiu-lhe que tivesse um novo mandato por dez anos. Como Napoleão III, acabaria por ser Imperador de França até 1870.

e bem disciplinado. A resistência está centralizada como Calígula gostava que os seus inimigos estivessem centralizados — para poder varrê-los de uma só vez. A Espanha descentralizada não é um exemplo brilhante das influências da liberdade. Todavia, a sua resistência ao primeiro Napoleão, quando este tinha um pleno controlo militar da sua capital, foi algo diferente, temos de admitir, da resistência de França ao seu imitador e representante vivo.

Aqueles que acompanharam este resumo necessariamente magro da defesa, empreendida pelo Sr. Dupont-White, da interferência estatal como consequência inevitável e instrumento indispensável do progresso não podem ter deixado de reparar numa grande deficiência, que enfraquece a sua defesa muito mais na aparência do que na realidade. Ele não distingue, ou distingue só casual e acidentalmente, dois modos de interferência estatal. O seu argumento principal poderá apenas provar, quando muito, que há uma necessidade frequente de novas leis à medida que a sociedade avança. Os adversários ingleses da centralização, na sua maioria, aceitariam esta proposição sem pensarem ter feito uma grande concessão. Quando não havia ferrovias, não havia a necessidade de leis ferroviárias. Quando não havia sociedades por ações, não eram precisas leis para a sua formação, para a sua dissolução ou sobre a responsabilidade dos acionistas ou dos diretores. Quando não havia agências de seguros, bancos ou letras de câmbio, não havia a necessidade de uma grande parte do nosso direito comercial. Para garantir a execução das novas leis, no entanto, os tribunais comuns costumam ser suficientes. Em si mesma, a extensão da legislação não implica uma nova delegação de poder ao executivo; não implica nenhuma autoridade discricionária, ainda menos controlo e ainda menos a obrigação de pedir autorização ao executivo para qualquer nova iniciativa. Por vezes, implica algum aumento do número de funcionários públicos e do poder de os nomear. Muitas leis que protegem interesses coletivos contra os individuais ficariam por executar, caso se confiasse apenas na ação voluntária para fazer aplicá-las.(*) Quando o Parlamento fez leis a observar por escolas, fábricas e organizações de beneficência financiadas, teve de criar um corpo de inspetores ou comissários para vigiarem o cumprimento dessas leis. Mas não é necessário que estes funcionários tenham controlo administrativo. O seu papel é alertar os chefes dos estabelecimentos quando não se cumprem certas obrigações legais especificadas e fazer aplicar a lei quando se persiste nas violações. Este é o género de interferência estatal adicional que, até certo ponto, é útil e inevitável em função dos avanços realizados. Mas esta forma de interferência não enfraquece — ou, pelo menos, não tem de enfraquecer — o estímulo ao esforço individual. De facto, poderá haver legislação a mais, bem como administração a mais. Tanto a legislatura como o executivo podem encarregar-se de prescrever o modo de os indivíduos desenvolveram as suas atividades para proveito deles mesmos. Podem prender as operações da indústria a uma rotina imutável através de todos os regulamentos *minutieux* de Colbert. Contudo, estão dentro da sua província quando, em vez de protegerem os indivíduos de si mesmos, só os protegem dos outros, pondo-os a salvo daquilo que seria difícil ou impossível eles evitarem por si

---

(*) O Sr. Dupont-White diz que isto se verifica em França com as leis que limitam as horas de trabalho das crianças nas fábricas — sendo até esse um país que, ao invés do nosso, tem um procurador público em cada tribunal.

mesmos. Este é o princípio que legitima leis contra falsos pesos e medidas, bem como a adoção de um padrão comum em todo o país; que justifica a regulamentação dos navios de emigrantes e das qualificações profissionais dos pilotos da marinha mercante; que proíbe que empregadores e pais, conspirando juntos para seu ganho privado, façam as crianças trabalhar excessivamente, ou que as façam sequer trabalhar em alturas e de modos inconsistentes com uma educação apropriada; que proíbe os indivíduos de construírem casas para habitação onde os seres humanos não podem morar com decência e segurança sanitária. Embora se possa alegar que, neste último caso, a aceitação das condições é voluntária, na verdade só o é para o chefe de família, que, sendo aquele que se ausenta com maior frequência, sofre menos com o mal; e a aceitação não é de forma alguma voluntária quando não há residências melhores acessíveis. Ademais, se as más residências forem proibidas, seguir-se-á naturalmente uma oferta espontânea de boas.

Tem de se admitir, então, que o progresso social frequentemente torna necessária nova legislação, que proteja os indivíduos ou o público de injúrias. Isto acontece não só devido à emergência de novos fenómenos económicos e sociais, cada um deles acompanhado de inconveniências públicas e privadas, mas também porque a escala mais ampla da execução das operações implica males e perigos que era admissível ignorar numa escala mais pequena. Entre os mil exemplos deste efeito do simples crescimento que eu poderia apresentar, inclui-se o vasto trabalho que a sociedade tem agora de ter para impedir o envenenamento das suas principais fontes de abastecimento de água. A respeito destas novas leis, e de toda a nova atividade necessária para assegurar o seu cumprimento, a função do Estado expande-se naturalmente com o avanço da civilização. Mas esta parte da questão, embora por vezes seja menosprezada, raramente é negada pelos pensadores ingleses — e só nesta medida se poderá apontar a prática inglesa como prova de que a intervenção estatal é ou tem de ser um facto crescente.

O nosso autor defende outra doutrina consideravelmente inatacável em princípio: pode-se exigir que o Estado preste todos aqueles serviços que, sendo necessários ou importantes para a sociedade, não têm uma natureza que permita remunerar alguém pela sua prestação. Deste modo, o Estado ou alguma autoridade pública têm de construir e conservar faróis e de instalar boias, visto ser impossível fazer todos aqueles que beneficiam destes requisitos essenciais da navegação pagarem uma compensação pelo seu uso. Todavia, embora existam necessidades deste género, não se pode admitir que tenham uma tendência global para se multiplicarem à medida que a sociedade avança. O progresso civilizacional, ainda que exija constantemente que se façam novas coisas, também multiplica os casos em que os indivíduos ou as associações são capazes de as fazer gratuitamente e estão dispostos a fazê-las. O nosso autor, tendo apontado muitas coisas necessárias que nunca seriam feitas por simples interesse pessoal de indivíduos, parece não estar ciente de que se pode esperar alguma coisa do seu espírito público — o que acontece, aparentemente, porque esta forma de espírito público, devido à centralização que ele aplaude, se encontra asfixiada nos países que conhece melhor. No nosso país descentralizado, no entanto, mesmo uma necessidade pública como a dos botes salva-vidas é satisfeita pela liberalidade privada através da atividade de uma associação voluntária. Formam-se associações até para zelar pela execução de leis, como as que proíbem a crueldade para com os animais, em cujo cumprimento nenhum indivíduo está suficientemente interessado. Expedições navais para fins científicos ou filantrópicos foram financiadas por subscrições; e associações privadas ocupam-se, a uma grande escala, da educação dos pobres. Para isto, na verdade, tanto aqui como noutros países, a munificência privada fez já uma grande contribuição. Durante séculos, existiram numerosas dotações que facultaram gratuitamente não só o ensino dos elementos das letras, mas também a educação intelectual mais completa à luz do conhecimento da época, a uma classe muito mais ampla do que qualquer outra que tenha obtido esses bens por outros meios. O Sr. Dupont-White não consegue mostrar que a atuação do governo em obras de utilidade pública obtém acréscimos maiores do que aquilo que subtrai à beneficência e ao zelo privados — e isto apesar de incluir no seu catálogo de coisas que só o Governo pode concretizar fins tão excecionais como a aquisição de território para colonização ou comércio. Mesmo a respeito destes fins, a sua teoria nem sempre é correta. Uma companhia de mercadores aventureiros adquiriu a Índia para a Grã-Bretanha. França esteve à frente de Inglaterra nessa parte do mundo; o império que hoje é britânico esteve muito perto de ser francês, e tê-lo-ia sido se a questão tivesse dependido não do Estado, mas de indivíduos — se o governo central tivesse deixado Dupleix e Bussy por sua conta. As funções do Governo que não consistem em proporcionar proteção legal são, na verdade, maiores quando a civilização está no nível mais baixo, isto é, quando a pobreza dos indivíduos, a sua ignorância e a sua inabilidade para cooperar não deixam à sociedade um recurso que não a ação estatal para tudo o que exija grandes meios, cooperação entre muitas pessoas e perspetivas abrangentes. Houve uma época em que as estradas, os canais, os sistemas de drenagem ou de irrigação, os bancos, as escolas, a promoção das artes, das letras ou da ciência só podiam existir como obra do governo. Num estádio civilizacional avançado, fazem-se melhor estas coisas quando elas são feitas por associações voluntárias ou pelo público em geral — embora não negue que, quando são feitas desse modo, criam a necessidade de novas leis, visto que se tem de esperar que todos os novos bens que surgem no mundo tragam consigo novos males.

Uma segunda precipitação que, parece-me, percorre toda a argumentação do Sr. Dupont-White está no pressuposto de o governo, cujas prerrogativas ele defende, é um governo ideal com poucas afinidades com qualquer governo real. O nosso autor tem todo o direito de excluir os despotismos de um homem, ou o controlo de uma classe ou casta, que possam ter um interesse inegável numa administração e em leis injustas. Tem o direito de estipular um governo eleito, a par de uma imprensa livre, em que a opinião da nação, apurada de um modo justo, tenha a última palavra nas decisões. É livre de dizer (como diz)(*) que um governo que não permita a discussão pública sobre todo o domínio da política, da religião e da filosofia não é o género de governo que tem em mente. Mas, aceites estes postulados, o Sr. Dupont-White pede-nos tacitamente para admitir um pressuposto adicional: que o governo incorpora a *élite* da nação. Ora, existirá algum governo como esse? Poderemos antever, atualmente, uma época em que existirá? O nosso autor não nos disse

---

(*) *L'Individu et l'État*, p. xlix.

como o governo terá de ser concebido para que esse fim se realize — e, na verdade, adota uma perspetiva nada menos que entusiástica a respeito da eficácia das formas de governo e das estruturas políticas em geral. Ainda assim, ele praticamente presume que, no governo que a sua teoria pressupõe, as pessoas com maiores responsabilidades seriam os melhores espíritos da comunidade. Mas esse estado de coisas é um mero ideal — um ideal pelo qual devemos bater-nos incansavelmente, mas do qual raras vezes nos aproximaremos na realidade. A maior aproximação a esse ideal geralmente dá-se naquelas grandes crises nacionais, que silenciam as invejas mesquinhas, fazem fugir da arena o rebanho de medíocres e exigem toda a força das grandes almas. Mas, pelo que sabemos da história, os únicos governos permanentes constituídos por homens capazes foram algumas más aristocracias, como a romana e a veneziana — que o nosso autor, presumo, reprovaria com toda a firmeza. A América é um exemplo suficiente de como a democracia está muito longe da realização desse ideal. As condições para o ideal, caso se pudesse supor a sua presença algures na nossa época, provavelmente estariam reunidas em Inglaterra. Mas algum inglês acreditará que os membros do Governo geralmente são os dez ou quinze membros mais esclarecidos da comunidade? Ou que a Câmara dos Comuns e a Câmara dos Lordes incorporam, ou sequer refletem, os pensamentos e opiniões dos homens mais eminentes do país? Não nos damos nós por satisfeitos se os ministros forem, na sua maioria, oradores públicos razoáveis, e se cerca de metade deles forem moderadamente assíduos e competentes como homens de negócios? Será que, do Parlamento, esperamos mais do que uma representação bastante favorável dos sentimentos e opiniões das classes influentes do país?

O poder que põe o Governo e o Parlamento em movimento é a opinião da maioria, concebida não somente em termos numéricos, mas considerada também a importância social. Por vezes o governo é um pouco melhor, e por vezes é um pouco pior, do que a opinião geral da sociedade, mas, na maioria dos casos, estes são bastante iguais. Supor, portanto, que o Governo fará melhor do que os indivíduos algo que os indivíduos podem e querem fazer é supor que a média da sociedade é superior a qualquer indivíduo que a integra — um absurdo tanto matemático como moral. Embora a *élite* da sociedade não se encontre com frequência no governo, ela entrará na competição quando algo digno do seu esforço esteja aberto a uma competição honesta. As pessoas mais habilitadas para ganhar estarão entre as que participam na corrida — e, se a sociedade tem alguma capacidade de avaliar a obra depois de concluída, essas pessoas são aquelas que têm maiores possibilidades de serem concorrentes bem-sucedidos. Aquilo que seja feito por indivíduos, sem um monopólio, tem assim hipóteses consideráveis de ter sido feito por aqueles que podiam fazê-lo melhor — e, de um modo geral, tê-lo-ão feito melhor do que o governo, que representa apenas a média.

Um terceiro defeito da argumentação do Sr. Dupont-White é a sua ideia muito inadequada do modo como a competência e a eficiência do indivíduo ficam enfraquecidas por estarem dependentes, em quase todos os seus esforços, da autorização de um superior. Ele pergunta se, agora ou ao longo da sua história, os franceses têm sido um povo destituído de energia, atividade e vida mental. Não é preciso referir uma opinião que não a sua quanto ao *género* de qualidade que costuma caracterizar os seus compatriotas. Inconscientemente, ele fez o juízo mais severo a este respeito. Diz(*) que os franceses são deficientes em espírito de iniciativa; que só são enérgicos e ativos quando fazem aquilo que lhes é definido e escolhido por uma autoridade. Discute esta peculiaridade, filosofa sobre ela, faz teorias sobre ela, mas afirma-a constantemente. Os maiores inimigos da centralização não disseram nada de mais severo contra a teoria do progresso nacional pela ação governamental. Para o Sr. Dupont-White, esta deficiência mostra que os franceses precisam de ser muito governados. Outros veem nela uma prova e um efeito de haver governo em excesso. Se um povo não construirá estradas ou conservará escolas se a isso não for compelido, pergunta, deixá-lo entregue a si mesmo será a forma de o levar a fazer essas coisas? É óbvio que não. Os membros desse povo encontram-se num estado de prostração do qual não se erguerão sem ajuda. Que sejam ajudados. Têm de ser incentivados não só pelo governo, mas por todos aqueles a que prestem atenção. Mas incentivados para quê? Para deixarem o governo agir por eles? Não, para agirem por si mesmos. Pelo menos, este é o ultimato que se deve procurar fazer-lhes.

Passando agora da questão geral da interferência governamental aos méritos comparativos do governo central e do governo local, temos de admitir que as doutrinas do Sr. Dupont-White sobre este assunto são não só um corolário legítimo, mas também um corretivo indispensável, relativamente às suas opiniões sobre a questão mais fundamental. Qualquer despotismo é preferível ao despotismo local. Se vamos ser controlados pela autoridade, se os nossos assuntos vão ser geridos como outras pessoas

(*) *L'Individu el l'État*, pp. 354, 355. *La Centralisation*, pp. 306 e seguintes.

bem entendam, que Deus nos livre de essas pessoas serem os nossos vizinhos mais próximos. Estar sob o controlo, ou ter de esperar pela aprovação, de um ministro ou do Parlamento é suficientemente mau — que, então, fiquemos a salvo das maquinações de uma Comissão de Guardiões ou de um Conselho Comum. Nas primeiras autoridades haveria algum conhecimento, alguma cultura geral, alguma atenção e deferência habitual às opiniões dos espíritos mais instruídos. Na maioria das localidades, estar sob o domínio das últimas seria, excluindo o acidente mais raro, ser escravo dos preconceitos vulgares e das vistas distorcidas, curtas e rígidas do público de uma pequena cidade ou de um grupo de aldeias. Só questões simples e de escala humilde, que não excedam a coleta de um imposto local e a sua aplicação a fins estritamente predeterminados, podem ficar confiados impunemente à gestão, livre de auxílios e de controlo, dos representantes de uma pequena localidade. O mais valoroso paladino inglês das liberdades locais provavelmente admitiria que as localidades devem fazer pouco mais do que executar, e providenciar os meios para que sejam executadas, leis e instruções definidas pela legislatura do império. A paróquia ou as Sessões Trimestrais ([24]) definem a tributação local, mas não se lhes permitiria proceder à coleta através de um imposto sobre os salários ou defini-la de um modo que não o autorizado pelo Parlamento — uma percentagem das rendas.

Do facto de a autoridade local não dever ser suprema e absoluta não se segue, no entanto, que a central deva

---

([24]) Tradução de «quarter sessions». A expressão designa tribunais locais com algumas responsabilidades administrativas. As suas sessões tinham tradicionalmente uma periodicidade trimestral.

sê-lo; ou que esta última, mediante um ato de autoridade, deva poder vencer a resistência da primeira, ou dispensar o seu auxílio, em matérias a respeito das quais a legislatura não se pronunciou. Quanto ao grau em que o executivo central deve cooperar com as localidades no controlo dos assuntos locais, há grandes diferenças de opinião entre nós. O nosso autor tem razão quando diz que a nossa legislação recente associou a autoridade central à local num grau muito superior àquele que existia. Isto acontece porque a época presente se caracteriza por reformas para combater abusos — e essas reformas não podem ser confiadas às pessoas e às instituições que introduziram os abusos. Todavia, o nosso autor supõe que esta tendência — que realmente existe — é muito mais forte do que aquilo que efetivamente se verifica. Ele nunca se cansa de repetir que Inglaterra descobriu ser necessário centralizar o auxílio aos pobres. Talvez não esteja ciente de que, em Inglaterra, o auxílio aos pobres não é central, mas local, estando sob supervisão central; e de que a Lei dos Pobres de 1834, que instituiu a Comissão Central, também criou as primeiras Comissões Locais da Lei dos Pobres aceitavelmente constituídas que Inglaterra conheceu alguma vez.

A opinião esclarecida inglesa nunca foi mais hostil do que hoje à verdadeira gestão dos assuntos locais por uma autoridade central. A centralização que aprova não é a do poder, mas a do conhecimento e da experiência. Não se satisfaria com aquilo que o Sr. Dupont-White concede às autoridades locais: *le véto et l'initiative.* São poucos os casos em que, com a nossa legislação recente, a autoridade local tem de pedir autorização à central. Dentro dos limites das suas competências, a primeira geralmente tem uma liberdade total, sujeita à interferência central apenas quando infringe ordens que o Parlamento exprime distintamente.

Ademais, se as autoridades de uma pequena zona rural não tiverem competência para se lhes confiarem deveres públicos difíceis, não é indispensável que haja autoridades locais nessa escala diminuta. Além de autoridades municipais, existem autoridades provinciais. As nossas Sessões Trimestrais são uma autoridade desse género. Outro exemplo são os Conselhos Gerais dos departamentos franceses — instituições que o Sr. Dupont-White, o Sr. Odilon-Barrot e outros autores reputados dizem ser as únicas instituições modernas que se enraizaram no país e que, com todas as mudanças políticas, continuaram a trabalhar sábia e beneficentemente. O sistema francês erra não só ao dar pouco poder aos organismos locais, mas também em ter organismos demasiado numerosos e demasiado insignificantes. A lei de Inglaterra não determina que toda a aldeia tenha o seu presidente e o seu conselho municipal. É verdade que todas as paróquias têm o seu conselho paroquial, mas hoje os seus deveres quase se limitam aos assuntos da igreja paroquial. Os nossos *chemins vicinaux* são feitos não pelas paróquias, mas pelos juízes das Sessões. Mesmo as nossas cidades, na sua grande maioria, não têm órgãos próprios e os seus assuntos locais são geridos por magistrados municipais, exceto quando o Parlamento, através de uma Lei Privada, constitui um conjunto de comissários ou uma Comissão de Pavimentação. Uma cidade de dimensão moderada, ou uma União da Lei dos Pobres, talvez seja a região mais pequena que deve ter representação local — e seria melhor confiar grande parte das suas atividades, se não às Sessões Trimestrais, a uma Comissão Municipal representativa ou a uma combinação de ambas. Poder-se-ia confiar que as comissões com uma jurisdição deste alcance, como provavelmente seriam constituídas, realizariam as atividades que lhes fossem atribuídas sem se submeterem ao executivo central, cujas funções, a seu respeito, poderiam ser limitadas à recolha e difusão de informação, bem como a levar as entidades locais a prestarem contas caso estas desrespeitassem as leis do Parlamento ou usurpassem poderes que a lei não lhes desse.

Outro aspeto ao qual o Sr. Dupont-White não dá a devida importância é o perigo para a liberdade resultante do aumento de poder e apoio do governo, que é inseparável de qualquer extensão da sua superintendência sobre os indivíduos e os organismos locais. Uma das maiores autoridades francesas na questão do governo constitucional, o Sr. Royer-Collard, proclamou há muito que uma administração extremamente centralizada não pode deixar de dominar a assembleia escolhida para a controlar. Num discurso proferido durante o governo de Villèle, perguntou:

> Quem vota nas eleições? Os eleitores? Não, muitas vezes só o ministério vota. O ministério vota por todo o vasto conjunto de cargos e salários que oferece, sendo todos ou quase todos, direta ou indiretamente, uma recompensa por uma docilidade comprovada; vota por todo o grande agregado de negócios e interesses que a centralização põe sob o seu controlo; vota por todas as instituições religiosas, civis, militares e científicas que as localidades temem perder ou querem obter; vota pelas estradas, pontes, canais e sedes de município, visto que a satisfação de qualquer necessidade pública é um favor da administração, à qual o público, que é uma nova espécie de cortesão, tem de *agradar* para o obter. Em suma, o ministério vota com o peso de todo o Governo,

que exerce toda a sua força em todos os departamentos, todas as comunas, todas as profissões, diria até em todos os indivíduos. E este Governo, o que é? É o Governo Imperial, que não perdeu um único dos seus cem mil braços; pelo contrário, conseguiu um novo vigor com a luta que teve de travar contra as poucas formas de liberdade, e, sempre que necessário, recuperou os instintos do seu berço: a astúcia e a força. (Citado pelo Sr. Léonce de Lavergne na *Revue des Deux Mondes*, 1 de outubro, 1861, pp. 586–7.)

Um governo com toda esta vasta quantidade de favores para conceder ou negar, por muito livre que seja nominalmente, detém um poder de suborno dificilmente suplantado pelo de uma autocracia manifesta, o que o torna senhor das eleições em quase todas as circunstâncias, exceto as de rara e extraordinária agitação pública. É verdade que, mesmo com essas armas, pode cair: os governos de Villèle e de Polignac foram derrotados em duas eleições sucessivas. Mas isto não afeta a verdade prática da proposição do Sr. Royer-Collard. O Governo continuou a dominar as câmaras até que a tempestade da reprovação pública se tornou equivalente a uma revolução — e, quando encontrou resistência, produziu uma revolução. A opinião pública, que fora suficientemente forte para vencer o ministério na votação, bastou para, em três dias, afastar o rei e a família real. A opinião pública que, dezoito anos mais tarde, foi novamente capaz de expulsar um rei e a sua dinastia, seis meses antes fora incapaz de fazer uma eleição geral contra um primeiro-ministro. A história recente justifica assim completamente a asserção de que um governo excessivamente centralizado não admite um controlo que fique aquém de uma revolução, sendo atraído para a sua ruína por uma aparência de poder ilimitado, que dura até todos o abandonarem.

Ainda não assinalei o grande prejuízo moral e político de treinar um povo para ser uma vasta tribo de caçadores de cargos. Todavia, se algo colhe a unanimidade dos pensadores franceses, não sendo o Sr. Dupont-White uma exceção, é o facto de a centralização ter impresso este carácter a França desde os dias do Primeiro Império. Na verdade, o nosso autor confia nas recompensas da economia produtora como uma tentação que rivalizará com a ambição de cargos. Mas se todas as atividades superiores e mais dignificadas, até a literatura e a ciência, estiverem organizadas (o que ele parece aprovar) como ramos do serviço público, quais terão de ser as consequências disso? A parte ambiciosa e ativa da nação dividir-se-á por duas classes: a dos que buscam cargos e a dos que buscam dinheiro.

Devido à noção destes males, tanto como ao afortunado hábito nacional de desconfiar do governo, quase todos os pensadores ingleses têm uma oposição inicial a qualquer extensão das funções do governo, bem como a convicção arreigada de que, logo que a nação deixa para trás as roupas da infância, o Estado deve deixar de se ocupar de muitos dos maiores interesses públicos. Mesmo quando nenhum princípio geral proíbe a sua interferência, o Estado só deve fazer aquilo que, segundo o que ficou claramente provado, não pode ser feito de outro modo. Em Inglaterra, a opinião só consentiu um financiamento nacional da educação depois de as associações privadas terem feito os seus esforços durante muitos anos e revelado os limites daquilo que se poderia esperar delas. O governo só regulamentou os navios de emigrantes depois de os horrores decorrentes da ausência de regulamentação se terem tornado um escândalo no país, sendo o recurso ao governo o único modo de acabar com a situação. A criação da Comissão da Lei dos Pobres só foi possível porque os abusos da Lei dos Pobres se tornaram perniciosos a um ponto que o país já não podia tolerar — e dois séculos tinham mostrado que as qualidades necessárias para limpar esses estábulos de Augias só se encontravam numa paróquia em cada mil, e mesmo aí a reforma dificilmente sobrevivia ao seu autor individual. Penso que o tom geral do sentimento inglês a respeito destes assuntos está, globalmente, muito próximo daquilo que devia ser. Não há um preconceito cego contra o recurso ao Estado, ao invés do que parece ter acontecido na reação ao governo em excesso de alguns dos reformistas franceses mais determinados. Todavia, existe a forte convicção de que aquilo que pode ser razoavelmente bem feito de outro modo deve ser feito desse modo, e não pelo governo. Considera-se a ação estatal um remédio extremo, a reservar, de um modo geral, para grandes fins — para momentos difíceis e críticos do curso dos acontecimentos, ou para interesses demasiado vitais para ficarem em mãos menos responsáveis. Creio que poucos ingleses não desejariam que o governo tivesse, temporária ou permanentemente, os poderes necessários para pôr um grande interesse nacional a salvo de prejuízos graves; e igualmente poucos reclamariam para o governo o poder de se intrometer naquilo que possa ficar entregue a si mesmo sem isso afetar qualquer parte vital do bem-estar público. E creio que, embora a linha assim indicada não esteja, nem possa estar, traçada de um modo muito definido, um compromisso prático deste género entre o Estado e o indivíduo, e entre a autoridade central e a local, é o resultado que tem de decorrer de toda a especulação e discussão extensa e esclarecida acerca deste grande assunto.

Não faria justiça ao Sr. Dupont-White se deixasse os seus escritos sem dar alguns exemplos dos perspicazes pensamentos pontuais, muitas vezes formulados com grande elegância, que são mais abundantes nos seus volumes do que até na maioria das obras contemporâneas da melhor categoria. Tão-pouco poderia ficar sem um peso na consciência se não criticasse alguns sentimentos e opiniões aos quais, lamentavelmente, um autor como ele deu a autoridade dos seus talentos. Destes, o pior é o seguinte:

> Consideremos isto por um instante: se a liberdade é um princípio de elevação moral, isso acontece porque significa poder. Um homem livre encontra, no poder que frui sobre si mesmo, o espaço necessário para as suas faculdades e um sentimento que o exalta a si mesmo aos seus próprios olhos. Mas, sendo assim, como poderá o poder supremo — com todos os trajetos e horizontes que abre, com todos os sentimentos que desperta — não ser um princípio de exaltação análogo ou mesmo superior à liberdade? (*L'Individu et l'État*, pp. xxi–xxii.)

Entendo que esta confusão entre o amor à liberdade e o amor ao poder, entre o desejo de não ser impropriamente controlado e a ambição de exercer controlo, é tanto um erro psicológico como a pior lição moral possível. Se há doutrina ética que, mais do que qualquer outra, tem de ser ensinada — e foi ensinada com a convicção mais profunda por todos os grandes professores morais —, é a de que o amor ao poder é a pior paixão da natureza humana; o poder sobre os outros, a coerção e a compulsão, qualquer poder que não a influência intelectual e moral, é uma armadilha mesmo nos casos em que é indispensável e, em todos os outros casos, é uma maldição tanto para quem o tem como para aqueles sobre os quais é exercido; esse poder é um fardo que nenhuma natureza moral bem constituída aceitará carregar, a não ser com um dos maiores sacrifícios que a inclinação faz alguma vez ao sentido do dever. Com o amor à liberdade acontece precisamente o oposto. O amor à liberdade, no único sentido apropriado do termo, não é egoísta; não põe ninguém numa posição de hostilidade ao bem dos seus semelhantes; todos podem ter a mesma liberdade e a única salvaguarda sólida da liberdade de um é a liberdade igual para os demais. O apetite do poder, pelo contrário, é essencialmente egoísta, pois nem todos podem ter poder; o poder de um é poder sobre os outros, que não têm a mesma posição superior e a tornam possível com a sua posição inferior. Consequentemente, o amor ao poder é a paixão das τυραννικαὶ φυσείς([25]); é a paixão daqueles que, em todas as épocas, infligiram à raça humana as suas maiores misérias; o amor à liberdade costuma ser a paixão dos seus benfeitores mais ilustres.

> A prosperidade de Inglaterra deve-se, em grande medida, a duas instituições: as Leis da Navegação e as Leis dos Pobres. As primeiras protegem os navios ingleses, excluindo embarcações estrangeiras dos seus portos. Às segundas, (...) a economia britânica deve a segurança que frui e, acima de tudo, um nível salarial que lhe permite produzir e vender a preços inacessíveis aos seus concorrentes — e triunfar em quase todos os mercados do mundo. (*L'Individu et l'État*, pp. 126, 129.)

([25]) Naturezas tirânicas. Agradeço a António Pedro Mesquita a tradução da expressão.

A respeito das Leis da Navegação, basta dizer, nesta altura, que o comércio e a navegação ingleses parecem ter prosperado maravilhosamente desde que estas foram abolidas. E raramente vi uma maior quantidade de erros factuais, em tão poucas palavras, do que nestas três afirmações: que em Inglaterra os salários são mais baixos do que no Continente, que isso se deve às Leis dos Pobres, e que os salários baixos são aquilo permite que Inglaterra venda os seus produtos a preços mais baixos do que os outros países.

> Por que razão a lei penal se aplica sem escrúpulos ao malfeitor mais estúpido e ignorante? Porque se considera que ele a conhece. E como poderá ele conhecê-la se não pelo raio divino [da consciência], que é o património original de todo o ser inteligente? (*L'Individu et l'État*, p. 226.)

O Sr. Dupont-White seguramente não toma uma simples presunção jurídica por um facto, nem acredita que a moralidade instintiva revela realmente aos mais ignorantes dos ignorantes todas as proibições importantes da lei penal! A respeito dela, eles nada sabem que exceda sequer uma partícula daquilo que lhes foi ensinado. A consciência moral não lhes mostra aquelas que poderão parecer as suas injunções mais óbvias, como a de que não devem maltratar cruelmente a sua mulher (por exemplo) ou os seus animais.

O Sr. Dupont-White aprova e aplaude a liberdade religiosa — e até a igualdade, ao ponto de defender que o Estado providencie igrejas e financiamento a todas as comunidades religiosas, que são razoavelmente numerosas. Todavia, ele julga ser correto que estes favores dependam da abstenção de propagar as suas opiniões:

> As leis francesas exigem-lhes que, em troca dessas regalias, conservem a paz, não se importunem mutuamente, se abstenham de propagandismo e não reacendam paixões de outros tempos numa época que já tem bastante que fazer para gerir as atuais. (*La Centralisation*, p. 291.)

Se este é o preço do auxílio estatal à religião, o Sr. de Pressensé e os seus amigos procederam muito bem e sabiamente ao repudiá-lo — ainda que esta recusa seja quase a maior ofensa que, enquanto organização, podiam ter feito ao Governo Imperial, o que lhes garantiu uma hostilidade velada e toda a perseguição silenciosa que o Governo ou seus funcionários entendam ser prudente. Pois, em França, não se considera que quem pertença a igrejas ou a comunidades religiosas que não são reconhecidas pela lei (por outras palavras, que não são pagas e controladas pelo Estado) tenha um direito à mesma liberdade religiosa que as outras pessoas.

Passo à tarefa mais aprazível de selecionar alguns dos pensamentos valiosos ou admiráveis que se encontram dispersos pelas páginas do Sr. Dupont-White.

As nações que chegam mais cedo a um certo estádio da evolução têm uma tendência para ficar por aí:

> De um modo geral, os povos que chegam primeiro a um género de grandiosidade religiosa ou política têm uma tendência para ficar permanentemente nesse ponto. Isto talvez aconteça porque as influências da raça, do clima e da posição que aceleraram o seu desenvolvimento tenham também o poder de o travar; talvez aconteça porque esses povos, tendo começado por ser superiores aos que os rodeavam, tomaram a sua excelência relativa por absoluta, a sua superioridade pela perfeição. (*L'Individu et l'État*, p. xxx.)

A separação entre o poder espiritual e o temporal foi uma descoberta mais importante do que a imprensa:

> A grande descoberta da Europa Ocidental não foi a imprensa, mas a divisão entre o espiritual e o temporal; por si mesma, a imprensa teria servido apenas para multiplicar o Alcorão ou os Vedas. (Pp. xxix–xxx.)

As coisas em que a humanidade avança mais são aquelas que, virtual ou literalmente, admitem acumulação:

> Tudo aquilo que possa ser acumulado e capitalizado desenvolve-se constantemente: as riquezas, a ciência e até a moralidade. Mas o que dizer da poesia, da eloquência, da escultura? As do nosso tempo são superiores à *Ilíada*, ao Pártenon, ao pódio ateniense? [...] Os elementos constituintes da natureza humana, como os da natureza dos outros animais, não mudam. Todavia, certas faculdades humanas geram produtos que admitem acumulação e transmissão, resultando daí o progresso. (Pp. 360–1.)

As classes privilegiadas são a fonte original dos sentimentos elevados:

> O senhor feudal, com a sua imagem altiva de si mesmo, alcançou o orgulho, que é o começo da virtude. Quando esses indivíduos são numerosos e constituem uma classe, a classe cria um modelo grandioso, capaz de elevar os demais, para a educação do país. Existe, como é óbvio, uma grande distância entre os sentimentos e a conduta, entre o modelo e o feito heroico, mas o primeiro já contribui muito para exaltar o padrão ideal de uma sociedade. Não nasce nenhuma grande alma que não se torne ainda maior com o esforço

de se aproximar desse modelo. De uma máscara heroica, algo se conserva permanentemente e é transmitido para os traços de um povo. Uma grande deficiência dos russos é nunca terem tido espírito cavaleiresco. Mesmo o sentimento de honra chegou-nos do período feudal. [...] A sociedade não pode dar-se ao luxo de prescindir daquilo que confere maior estatura à pobreza da natureza humana — *qui peut guinder notre indigente espèce.* (*La Centralisation*, pp. 15–16 e 112.)

A melhor forma de terminar será com outra citação, que repreende enfaticamente um sentimento profundamente enraizado no espírito francês, o qual, até recentemente, predominava em todas as suas manifestações distintas. Contudo, não seria de esperar encontrar essa denúncia numa defesa da centralização. «A unidade», diz o Sr. Dupont-White, «é apenas outra palavra para a intolerância.» (P. 188.) De facto, o termo «unidade», quando pronunciado por um político teórico ou prático, educado no governamentalismo sufocante da escola imperial, é uma das maldições da Europa. Designa a negação do principal princípio determinante da evolução, e até da continuidade, da civilização — que depende não da unidade, mas da diversidade. «Um Deus, uma França, um Rei, uma Câmara» — foi a exclamação de um membro da primeira Assembleia Constituinte. Sir Walter Scott acrescentou, como comentário apropriado, «uma boca, um nariz, um ouvido e um olho». E se o gracejo ilumina intensamente a ridiculeza, não chega de forma alguma a fazer justiça à perniciosidade daquela propensão desprezível que, para levar todas as atividades humanas a obedecer a um único padrão, contribui irresistivelmente para sujeitar todas elas a uma só vontade.

Referências

1. Obras de Mill

Os escritos incluídos neste livro figuram em *The Collected Works of John Stuart Mill* (Toronto: University of Toronto Press, London: Routledge) onde a seguir se indica:

1879. As Dificuldades do Socialismo: *Volume V: Essays on Economics and Society, Part II,* org. por John M. Robson, 1967, pp. 737–753.

1825. Discurso sobre o Sistema Cooperativo: *Volume XXVI: Journals and Debating Speeches, Part I,* org. por John M. Robson, 1988, pp. 313–325.

1836. Civilização: *Vol. XVIII: Essays on Politics and Society, Part I,* org. por John M. Robson, 1977, pp. 119–147.

1848. Sobre a Propriedade: *Volume II: Principles of Political Economy with Some of Their Applications to Social Philosophy, Books I–II,* org. por John M. Robson, 1965, pp. 199–235.

1848. Sobre os Fundamentos e os Limites do *Laissez-Faire*: *Volume III: Principles of Political Economy with Some of Their Applications to Social Philosophy, Books III-V,* org. por John M. Robson, 1965, pp. 936–971.

1862. Centralização: *Vol. XIX: Essays on Politics and Society, Part II,* org. por John M. Robson, 1977, pp. 581–613.

Outras obras de Mill aqui referidas:

1859. *Sobre a Liberdade*. Trad. de Pedro Madeira. Lisboa: Edições 70, 2006.

1873. *Autobiografia*. Trad. de Flausino Torres. Lisboa: Edições 70, 2018.

2020. *Utilitarismo e Ensaios sobre Bentham*. Org. e trad. de Pedro Galvão. Silveira: Book Builders.

2. Outras obras

Brink, David O. 2013. *Mill's Progressive Principles*. Oxford: Clarendon Press.

Dupont-White 1857. *L'Individu et l'État*. Paris: Librairie de Guillaumin et Cie. Éditeurs.

Dupont-White 1860. *La Centralisation*. Paris: Librairie de Guillaumin et Cie. Éditeurs.

Galvão, Pedro. 2019. Consequencialismo das Regras. In *Compêndio em Linha de Problemas de Filosofia Analítica*. Lisboa: Centro de Filosofia da Universidade de Lisboa.

Horácio. 2008. *Odes*. Trad. de Pedro Braga Falcão. Lisboa: Cotovia.

Larsen, Timothy. *John Stuart Mill: A Secular Life*. Oxford: Oxford University Press.

Maine, Henry Sumner. 1861. *Ancient Law: Its Connection with the Early History of Society, and Its Relation to Modern Ideas*. Londres: John Murray.

Odilon Barrot, Camille. 1861. *De la Centralisation et de Ses Effets*. Paris: H. Dumineray, Éditeur.

Miller, Dale A. 2003. Mill's "Socialism". *Politics, Philosophy & Economics*. 2(2): 213–238.

Miller, Dale A. 2010. J. S. *Mill: Moral, Social and Political Thought*. Cambridge: Polity Press.

Platão. 1990. *A República*. Trad. de Maria Helena da Rocha Pereira. Lisboa: Fundação Calouste Gulbenkian.

Thompson, William. 1824. *An Inquiry into the Principles of the Distribution of Wealth Most Conducive to Human Happiness;*

applied to the Newly Proposed System of Voluntary Equality of Wealth. Londres: Longman, Hurst Rees, Orme, Brown & Green.

von Mises, Ludwig. 1985. *Liberalism in the Classical Tradition*, 3.ª ed. Trad. de Ralph Raico. São Francisco: Cobden Press and the Foundation for Economic Education.

Índice Remissivo